职业教育汽车专业课程改革创新教材



# 汽车美容

## Car Beauty and Decoration

吴继宗 关永安 ◎ 主编
杨翰 周泳鑫 汤龙根 ◎ 副主编

人民邮电出版社
北京

图书在版编目（CIP）数据

汽车美容 / 吴继宗，关永安主编. -- 北京 : 人民邮电出版社，2014.9(2021.7重印)
职业教育汽车专业课程改革创新教材
ISBN 978-7-115-35951-3

Ⅰ. ①汽… Ⅱ. ①吴… ②关… Ⅲ. ①汽车－车辆保养－职业教育－教材 Ⅳ. ①U472

中国版本图书馆CIP数据核字(2014)第166306号

## 内 容 提 要

本书以典型工作任务的操作介绍为主，采用项目教学的方式组织内容，每个项目来源于汽车美容行业的典型工作任务。全书共 4 个项目，主要内容包括新建汽车美容店、新车美容、车辆日常美容以及美化精品。学生通过该书的学习，能准确掌握汽车美容典型工作任务的操作和了解自主建店的方法。

本书作为各类职业院校汽车相关专业的教学用书，也可作为相关从业人员的培训用书。

◆ 主　　编　吴继宗　关永安
副 主 编　杨　翰　周泳鑫　汤龙根
责任编辑　刘盛平
责任印制　焦志炜

◆ 人民邮电出版社出版发行　　北京市丰台区成寿寺路 11 号
邮编　100164　　电子邮件　315@ptpress.com.cn
网址　http://www.ptpress.com.cn
固安县铭成印刷有限公司印刷

◆ 开本：787×1092　1/16
印张：12.75　　2014 年 9 月第 1 版
字数：299 千字　　2021 年 7 月河北第 5 次印刷

定价：35.00 元

读者服务热线：(010)81055256　印装质量热线：(010)81055316
反盗版热线：(010)81055315
广告经营许可证：京东市监广登字20170147号

# 前言

汽车美容是汽车专业课程教学的一个重要组成部分，是促进学生认识、了解汽车美容行业从而走进行业、提高学生整体素质的有效途径。本书详细介绍了汽车美容专业典型工作任务必须掌握的技能知识和产品信息，内容涉及汽车美容店的构建、汽车企业管理、汽车美容工具、汽车精品以及汽车养护技术等知识。本书的编写思路是以学生为中心，面向汽车美容专业的工作实际，让学生结合课内与课外所学知识，通过完成工作任务，强化对汽车美容行业的理解，为日后将所学技能在行业领域中得以应用、巩固、扩展和提高打下基础。

本书是中等职业技术院校汽车专业的必备教材，也是在职培训汽车专业师生的培训教材，还可供从事车辆工程、汽运工程、汽车商贸、行政管理等工作的有关人员参考。

本书的教学目标是通过学习，使学生熟悉和掌握汽车美容专业常用的11个项目技能。项目内容涵盖了从组织准备到竣工验收各个环节的知识点，注重技能操作结合行业实际。使学生从入门到精通汽车美容项目操作，具备从业人员上岗操作的技能要求。

本书分为4个项目：新建汽车美容店、新车美容、车辆日常美容、美化精品。内容涵盖企业管理、汽车美容、汽车保养、汽车商务等领域，可根据需要对教材内容进行选择性的教学。

本书的参考学时为100～130学时，各项目的参考学时见下面的学时分配表。

**学时分配表**

| 项　目 | 课程内容 | 学　时 |
|---|---|---|
| 新建汽车美容店 | 地理环境、企业人员架构、汽车美容店注册登记 | 8 ~ 10 |
| | 设备、设施的筹备 | 8 ~ 12 |
| 新车美容 | 新车开蜡 | 6 ~ 8 |
| | 防爆膜 | 8 ~ 12 |
| | 底盘装甲 | 8 ~ 12 |
| 车辆日常美容 | 蜡水洗车 | 8 ~ 10 |
| | 打蜡 | 6 ~ 8 |
| | 抛光 | 12 ~ 14 |
| | 臭氧消毒 | 6 ~ 6 |
| | 内饰桑拿 | 6 ~ 6 |
| | 安检保养 | 2 ~ 2 |
| 美化精品 | 车身贴膜 | 10 ~ 14 |
| | 汽车车身镀晶 | 6 ~ 10 |
| | 安装汽车倒车雷达和防盗器 | 6 ~ 6 |
| 课时总计 | | 100 ~ 130 |

由于编者水平有限，书中难免存在疏漏和不当之处，欢迎广大读者提出宝贵意见，以便今后修订改进。

编　者

2014年3月

# 目录

# 项目一

# 新建汽车美容店

## 任务一　选择地理环境

### 【任务引入】

随着创业热的不断升温，如今想开汽车美容店的人越来越多。虽然开汽车美容店是一个风险小、投资少、回报快的项目，但是开店并非像“春天播种，秋天结果”那么简单，其中开店选址就是创业关键的一步，它往往直接决定着创业的成败。那么如何选址、怎样选址呢?

### 【知识目标】

（1）能正确认识商圈的定义。

（2）能对周边环境进行简单分析。

（3）了解汽车美容店的设计与装修方案。

### 【知识链接】

### 一、商圈分析

选店址时首先要分析商圈，它不仅事关创业伊始的起步成功，而且为日后营销策略的展开和品牌形象的树立提供用武之地。商圈是一个地理概念，它是指汽车美容店能够有效吸引顾客来店的地理区域，即店铺的辐射范围。

#### 1. 商圈形态

对商圈形态的了解是进行商圈分析的基础，一般而言，商圈形态可分为以下几种。

（1）商业区。商业行业的集中区，其特色为商圈大，流动人口多、热闹，各种商店林立。其消费习性快速、流行、娱乐，消费金额比较高等，如图1-1-1所示。

（2）住宅区。该区住户数多，须有1 000户以上。住宅区的消费习性为消费群稳定，便利性、亲切感、家庭用品购买率高等，如图1-1-2所示。

图 1-1-1　商业区示范商圈

图 1-1-2　住宅区示范商圈

（3）文教区。该区附近有大、中、小学校等。文教区的消费习性为消费群以学生居多，消费金额普遍不高，休闲食品、文教用品购买率高等，如图1-1-3所示。

（4）办公区。该区为办公大楼林立。办公区的消费习性为便利性、外来人口多、消费水准较高等，如图1-1-4所示。

（5）混合区。住商混合、住教混合。混合区具备单一商圈形态的消费特色，属多元化的消费习性，如图1-1-5所示。

图 1-1-3　文教区示范商圈

图 1-1-4　办公区示范商圈

图 1-1-5　混合区示范商圈

## 2. 商圈的确定

汽车美容店的商圈由核心商圈、次级商圈和边缘商圈3部分组成。

核心商圈是指离店铺最近、客户密度最大的区域，它占客户总数的45%～60%，一般来说，汽车美容店的核心商圈半径为4km，由于汽车美容店客户都是驾车而来，核心商圈的范围还会更广些。

次级商圈位于核心商圈与边缘商圈之间，客户较为分散，店铺辐射较弱，偶然消费的概率较大，占客户总数20%～25%，次级商圈的半径为5～7km。

边缘商圈位于核心商圈的最外围，客户大都为偶然性、机遇性消费，边缘商圈的半径为8km以上。

## 3. 商圈分析的内容与步骤

商圈分析的目的：一是可获取客户各种消费资讯，以便提供相应的服务；二是可以确定促销活动，根据商圈大小选择传媒，确定宣传、公关的模式；三是可对商圈内的同业店确定竞争方案，或者说能否在有同业店的商圈内开设店铺；四是要充分反映店铺地理位置上的优缺点，如距居民区的远近，居民区汽车的拥有量，交通便利程度，人流车流数量，进店客观便利性等。

商圈分析主要包括以下9个部分的内容。

（1）人口规模及特征：人口总量和密度；年龄分布；平均教育水平；拥有住房的居民百分比；总的可支配收入；人均可支配收入；职业分布；人口变化趋势；到城市购买商品的邻近农村地区顾客数量和收入水平。

（2）劳动力保障：管理层的学历、工资水平；管理培训人员的学历、工资水平；普通员工的学历与工资水平。

（3）供货来源：运输成本；运输与供货时间；制造商和批发商数目；可获得性与可靠性。

（4）促销：媒体的可获得性与传达频率；成本与经费情况。

（5）经济情况：主导产业；多元化程度；项目增长；免除经济和季节性波动的自由度。

（6）竞争情况：现有竞争者的商业形式、位置、数量、规模、营业额、营业方针、经营风格、经营商品、服务对象；所有竞争者的优势与弱点分析；竞争的短期与长期变动；饱和程度。

（7）商店区位的可获得性：区位的类型与数目；交通运输便利情况、车站的性质、交通联结状况、搬运状况、上下车旅客的数量和质量；自建与租借店铺的机会大小；城市规划；规定开店的主要区域以及哪些区域应避免开店成本。

（8）法规：税收；执照；营业限制；最低工资法；规划限制。

（9）其他：租金；投资的最高金额；必要的停车条件等。

## 二、店址的确定

### 1. 选址要素分析

选择汽车美容的店址时应分析下列要素。

（1）车辆交通：车辆数量、类型档次。

（2）步行交通：人数、类型。可判断店址的热闹、繁华度。

（3）停车设施：停车位数量、入店铺的容易度，街道栏杆开口位置、车流方向与店址位置。

（4）店铺群构成：同业或次同来店铺数目和规模、店距、店铺相容性。

（5）特定地点：店招可见度，店址建筑形状、大小、特征，店招形状及视角辐射范围。

（6）开店条件：租赁条件、营运成本、税收、区域规划及区域法规。

### 2. 位置选择

下列位置较适宜开设汽车美容店。

（1）汽车销售聚集点（街）或车管所、运管处周围。

（2）附近客源充足，有较多功能的宾馆、酒楼及机关单位等。

（3）门面最好位于停车场、加油站或高档住宅区旁。

（4）同业或次同业店铺较多的地段。

（5）店铺周围道路宽敞，车流量大，车辆进出方便，但不能靠路口太近。

（6）店铺门面必须临街，周围环境卫生整洁。

（7）店铺门前有较多空地，可同时停放车辆4～6台。

（8）门面上方能竖较大的招牌，广告效应好。

（9）水源充足，排水条件优越。

### 3. 汽车美容店的最佳位置

什么样的地点才能算是适当的汽车美容店的地点呢？一般来说，适合汽车美容店的地段有以下一些类型，各有自己的特性。

（1）加油站附近地段。加油站附近是往来车流聚集的地区，也是适合汽车美容店开业之地，如图1-1-6所示。此地段的特征在于，这里的顾客主要是过往加油的司机，由于车流动量大，该地段商业价值较高，尤其适合发展经营洗车等汽车美容店业务。这样的店还可以和加油站联合经营，比如，加油达到一定的金额，凭加油收据便可以免费洗车或美容；也可以向司机推销小件的汽车用品，如车用香品、小挂件、车用饰物、汽车内饰品等，在开店时应针对特定的消费层，在开店方向和经营方式上做文章。店铺方向最好面对车站出入口，并且以顺着进出车站的交通路线为最佳。开店的商品符合车主需要，具有价位不高且易于携带的特点。

加油站附近开设汽车用品店，要以价位较低、小物件的汽车用品为主，一方面，在购买小物件商品时，人们不会太计较价钱或商品的质量问题，所以挑选的时间会比较少，适宜人们随时购买。另一方面，小件商品进货价低，可利润往往很高，有时，可能是翻出几倍的毛利收入，这对于商家来说，应是一个比较不错的经营选择。

（2）汽车卖场地段。距离汽车卖场较近的地段，也是汽车美容店开业的最佳地点，如图1-1-7所示。当消费者在购买到自己满意的汽车后，都会对新车装饰、美容一番。这一地段的特征是，商业效益好，投资量相对较大，应针对某些特定顾客服务。在节假日顾客多时，切勿关门，可灵活聘用学生打工。

图1-1-6　加油站附近地段

图1-1-7　汽车卖场地段

（3）企业、事业单位聚集地附近。该地段处于企业、事业单位所在地附近，由于企业事业单位的用车多，并且大多是公款消费，所以对汽车用品和汽车美容有很大的消费，应针对这一部分人的需要，提供适合他们的高档汽车用品和汽车美容消费项目，一定能取得很好的经济效益，如图1-1-8所示。

（4）大社区附近。该地段的顾客是住宅区内和附近的居民，以家庭顾客为主，节假日和下班时间为主要的消费时段，如图1-1-9所示。这一地段的特征是，一些爱车人士常把汽车当成自己的第二个家，所以他们对汽车的内部装饰乐此不疲，凡能给生活带来乐趣的汽车用品，都能获得较好的销量。

图 1-1-8　企业、事业单位聚集地附近

图 1-1-9　大社区附近

（5）三叉路口。汽车美容店设在三叉路的正面，店面十分抢眼，同样被认为是非常理想的地理位置，如图1-1-10所示。处在这一有利位置的汽车美容店应注意尽量发挥自己的长处，在店正面入口处的装潢、店名招牌、广告招牌、展示橱窗等要精心设计，抓住顾客的消费心理，将过往的车主吸引到自己的店中来。

（6）城乡交接地段。该路段以往被认为是不太理想的开店之地，但由于城市迅速发展，车辆大量增加，市郊路段的商业价值正在上升，如图1-1-11所示。有的市郊地段随着城市建设的发展，会变成繁华的社区中心，眼光远大的投资者如能把握机会，提前一步择地开创基业，日后定会生意兴隆。

图 1-1-10　三叉路口

图 1-1-11　城乡交接地段

以上几种地段的分类并不是绝对的，而且有的地方同时具有两到三个地段的特征，所以在店铺开业选择地点时需要具体问题具体分析。不过，店铺营业地段的分类，给开业者提供了一个基本思路，可以大致判断所选定的开业地点是否适宜本店铺经营的方向。

## 三、汽车美容店的设计与装修

### 1. 确定投资规模

（1）汽车美容护理屋。

投资：几千元起步至80 000元。

功能：

①洗车。

②专业美容护理。

③快速换机油。

④冷却、燃油供给、润滑等系统维护。

主要设备：高压清洗机、研磨机、打蜡机、抽油机、泡沫清洗机（选购）。

（2）汽车美容护理中心。

投资：80 000 ~ 120 000元。

功能：除包括汽车美容护理屋全部功能外，还有以下功能。

①汽车划痕快速专业处理。

②风挡玻璃专业修复。

③保险杠快速修复。

④皮革快速修复、翻新（仪表台、皮革座椅）。

⑤化纤（内饰）快速修复。

⑥燃油系统机械清洁护理。

⑦润滑系统机械清洁护理。

⑧冷却系统机械清洁护理（选购）。

⑨自动变速器机械清洁护理（选购）。

⑩动力转向系统机械清洁护理（选购）。

主要设备：包括汽车美容护理屋所有设备外，另加燃油系统清洗机、润滑系统清洗机、划痕快速修复设备、划痕专业修复设备、风挡修复专业工具。

（3）电脑洗车美容护理中心。电脑洗车美容护理中心是工业化美容企业，它具有电脑洗车、抛光和打蜡等设备，并能完成70项综合服务。

国产设备：

①龙门式电脑洗车房，160 000 ~ 250 000元。

②通道式电脑洗车房，450 000 ~ 500 000元（其中含进口组装件）。

进口设备：

①通道式电脑洗车房。

②龙门式电脑洗车房。

③无触摸通道式电脑洗车房。

④全自动电脑抛光打蜡机。

电脑洗车、抛光专业用品：脱蜡洗车液、洗涤液、洗涤上光液、上光液、密封液、抛光液、2001配方抛光镀膜。

### 2. 专业汽车美容店规划实例

专业汽车美容店一般由洗车区、美容区、精品屋、接待室、烤漆房、办公室等几个部分组成。

洗车区是汽车美容店的主要设施，汽车的美容工作的第一步都在此完成。由于洗车产生的污水较多，为了保持场所的干净整洁，应在此处设置地下排水通道，将污水迅速排到污水处理器中，同时还应经常冲洗、清扫。洗车场的结构一般分为：单道式、通道式，值得推荐的是“通道式”结构，它省去了倒车的麻烦，并节省工作区域，提高服务效率，如图1-1-12所示。

接待室是接待客户和前来进行汽车美容的车主休息的场所，如图1-1-13所示。由于汽车价值昂贵，车主往往不愿在汽车洗车时离开自己的视线。因此，接待室与洗车场之间应用玻璃隔开。这样，既能让车主放心，又能增加操作的透明度，让车主了解自己的汽车是怎样焕然一新的。

图 1-1-12　通道式洗车区

图 1-1-13　休息室

精品屋主要是提供一些汽车用品和车迷用品，如汽车护理液、汽车用装饰品、各种汽车模型以及汽车维修、保养、美容的杂志等，以满足不同爱好的顾客的需求，如图1-1-14所示。

大型的汽车美容店还可设烤漆房，用于对漆面被严重损伤、底漆被破坏的汽车进行漆面修复，如图1-1-15所示。

图 1-1-14　精品屋

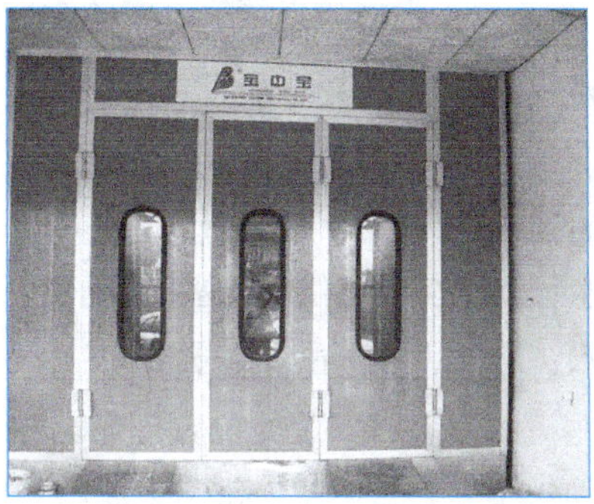

图 1-1-15　烤漆房

专业汽车美容店的设计、施工基本要求如下：

①结合区域服务市场，确定经营规模和目标。

②洗车场应该注意环境，造型要美观大方适应发展需要。

③施工场址要符合城市卫生标准（清洁、整齐、美观）。

④洗车用品应采用正规厂家生产的，合格的环保型产品。

⑤洗车美容店的设计和投资应咨询专业的公司，并由其制定方案，进行工程监理。

⑥水、电管路应离地面1m以上，以确保安全。

⑦大、中型规模的店址还应设有1～2$m^2$的卫生间。

（1）操作间装修。操作间（含洗车区和美容区）是汽车美容店的主要设施，汽车的美容工作都在此完成。

①墙面。操作间墙面装修时，在材料选择上应注意两点：一是要先择防水材料；二是要选择防腐材料。墙壁以白色为基调，若是连锁店，各分店墙面色调应基本一致。另外，墙面上还应悬挂“汽车美容项目牌”及“标准收费牌”。

②地板。操作间进出的台阶应做斜板，斜板的大小，宽度、斜度应与店面相宜，斜板太小会影响店容及汽车进出的方便。营业店面的地板不能太光滑，地板防滑是店内装修的另一个要点。新铺的地板应考虑排水问题，有排水沟的一边可低一点，以便排水。

③房顶。房顶以方格（即铝合金框架加较轻的板材）为宜，并悬挂宣传品牌的彩旗。

（2）办公室装修。办公室是店铺管理及财务人员工作的场所，除按照一般办公场所装修外，还应满足下列要求：

①墙上悬挂各职能人的岗位职责。

②设经理办公桌椅及办公用品。

③设财务人员办公柜台，其作用是收银和开票，一般设在进出口处。

（3）接待室装修。接待室是接待客户和客户休息的场所，应设置沙发、茶几及饮水机等接待设放。

（4）精品屋装修。精品屋主要是提供一些汽车用品和车迷用品。

①橱窗：主要用于摆放产品及其他商品，也用于摆放促销用品及其他展示。

②壁橱：用于展品展示，用玻璃门为宜。

③柜台：柜台与壁橱一般是连为一体的，柜台最好有不遮拦平台可放置作业时用的瓶子及其他用具。

（5）烤漆房。大型的汽车美容店还在设烤漆房，用于对漆面被严重损伤，底漆被破坏的汽车进行漆面修复。

（6）水、电设施安装。

水设施如下。

①供水：汽车美容对供水的水质要求不高，但要求有足够的水压和供水量。

②排水：店内边线应挖有排水沟，以保证店内不积污水。

③水龙头的安装：安装的位置应靠墙角，店内面积较大的，在不同的方位可以多装1~2个，但要注意操作时方便。还应安排一个放洗衣机专用的水龙头，因为每天要用许多毛巾、浴巾之类的擦抹布具，所以店内配有洗衣机，以保证此类工具的清洁和及时循环使用。

电设施如下。

①照明：一般汽车美容车间都使用日光灯，因有时会遇到夜间作业或采光效果较差的场所，因此照明问题在装修时应考虑光线的充足。

②供电插座：供电插座一定要使用质量较好的防水型插座，因为在清洗汽车的过程中水花四溅，这是基本的安全问题。一般来说，插座的高度离地面在30 ~ 50cm。

③供电量：总开关的负载量应考虑照明、抛光机、清洗机等其他电器同时作业的功率。如果有烤漆房的美容店，应将烤漆房的用电量也考虑进去。

## 【小结】

（1）商圈是指汽车美容店能够有效吸引顾客来店的地理区域。

（2）汽车美容店的商圈由核心商圈、次级商圈和边缘商圈3部分组成。

（3）店址的确定的方法：选址要素分析、位置选择。

（4）投资规模分类：汽车美容护理屋、汽车美容护理中心、电脑洗车美容护理中心。

（5）专业汽车美容店一般由洗车区、美容区、精品屋、接待室、烤漆房等几个部分组成。

## 【课后练习】

### 1. 根据实际情况完成汽车美容店选址调查表

店址：

位置图：

附近宾馆、酒楼：________________________________

附近油站、车场：________________________________

附近汽配、汽修：________________________________

附近机关、单位：________________________________

### 2. 根据店址周围 1km内停车数量完成以下统计

| 时段<br>日期 | 8：00—12：00 | 12：00—16：00 | 16：00—20：00 |
| --- | --- | --- | --- |
| 星期一 | | | |
| 星期二 | | | |
| 星期三 | | | |
| 星期四 | | | |
| 星期五 | | | |
| 星期六 | | | |
| 星期日 | | | |

综合评述：________________________________

调查人：　　日期：

### 3. 一周内店前道路轿车流量统计表

| 日期＼时段 | | 8: 00—12: 00 | 12: 00—16: 00 | 16: 00—20: 00 |
|---|---|---|---|---|
| 星期一 | 顺流 | | | |
| | 逆流 | | | |
| 星期二 | 顺流 | | | |
| | 逆流 | | | |
| 星期三 | 顺流 | | | |
| | 逆流 | | | |
| 星期四 | 顺流 | | | |
| | 逆流 | | | |
| 星期五 | 顺流 | | | |
| | 逆流 | | | |
| 星期六 | 顺流 | | | |
| | 逆流 | | | |
| 星期日 | 顺流 | | | |
| | 逆流 | | | |

### 4. 选址综合情况评判表

店址名称：________________________________

具体地址：________________________________

联系人：______联系电话：________________________

车辆高峰时间：____________车流特点：________________

店址对顾客的可见度：　很好　　好　　一般　　较差

车辆方便程度：　非常方便　　比较方便　　一般

店址周围竞争情况：　激烈　　中等　　轻微　　不存在　互相促进

店址周围竞争者情况：________________________________

________________________________________________

离消费者距离：______离汽车市场、加油站距离：________________

场所大小：________场所成本：________________________

水电网络设施情况：________________________________

# 任务二　企业人员架构

**【任务引入】**

企业要快速发展，强大的内部凝聚力是重要前提之一，而有效的人员管理则是保证公司内部凝聚力的重要手段。员工在企业里为实现企业目标而一起工作，必须担任一定角色，不论这些角色自己是否喜欢，他都要努力去担任好。他们明了自己的工作任务是构成集体工作的一个组成部分，同时他们拥有必要的权力、手段和信息去完成它。

## 【知识目标】

（1）能叙述汽车美容企业的架构组成。

（2）掌握汽车美容店各岗位的职责。

（3）了解汽车美容企业的管理制度。

## 【知识链接】

# 一、汽车美容店的人员构成

一般来说，专业的汽车美容授权施工中心架构如图1-2-1所示。

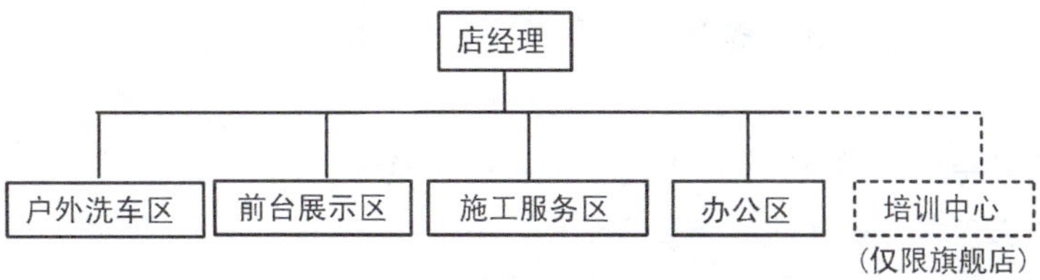


图 1-2-1　汽车美容授权施工中心架构

规模不同的汽车美容店的职员配备不尽相同。人员构成主要分为5类：董事会、管理人员、操作人员、接待人员、财务人员。人员的数量分配主要视企业的规模而定，表1-2-1所示的职员配置与数量，仅供参考。

表 1-2-1　　汽车美容店职员配置与数量

| 职业配置 | | 职员数量（名） | | |
| --- | --- | --- | --- | --- |
| | | 电脑洗车美容护理中心 | 汽车美容护理中心 | 汽车美容护理屋 |
| 董事会 | 董事长 | 1 | | |
| | 董事 | 2 名以上 | | |
| 管理人员 | 经理（店长） | 1 | 1 | 1 |
| | 副经理 | 1 | | |
| 操作人员 | 技师 | 6 | 2 | 2 |
| | 普工 | 20 | 10 | 5 |
| 接待人员 | 接待主管 | 1 | 1 | 1 |
| | 服务小姐 | 3 | | |
| 财务人员 | 会计 | 1 | 1 | 1 |
| | 出纳 | 1 | 1 | |
| | 收银员 | 1 | 1 | 1 |

## 1. 经理（店长）岗位职责。

岗位名称：经理（店长），如图1-2-2所示。

图 1-2-2 店长

本职工作：领导店面的生产经营、销售和管理，对企业负全责。

直接责任：

①服从董事长的领导，直接对董事会负责。

②主持店内的经营管理工作。

③主持例会，参加企业重要专题会议。

④制定各项管理制度，并组织贯彻落实，做到公平、公正、公开，奖罚分明。

⑤提出企业的更新改造发展规划方案及预算外开支计划。

⑥建立工资与效益挂钩的激励机制，并按规定办事。

⑦定期检查下属工作，评定直接下属的工作表现；监督、检查企业中各方面的工作。

⑧关心员工思想和生活、待遇。

⑨解决下属和员工提出的实际困难和问题。

⑩批阅企业公文、报告和其他资料。

领导责任：

①对店面资产的保值、增值和完成预定的利润指标负责。

②确保合法经营，对一切法律行为负责。

主要权力：

①有对店面管理的指挥权。

②在店面内，有权向下授权。

## 2. 技师岗位职责

岗位名称：技师，如图1-2-3所示。

图 1-2-3 技师

本职工作：带领团队保证日常营业的顺畅运行及服务质量。

工作责任：

①本小组内设备维护修缮保管。

②定时实施本项目的培训计划。

③客户抱怨案件的分析、检查与改善措施。

④了解本项目的工作情况及有关数字，及时对下级工作成绩做出评定，向上级报告真实情况。

⑤及时对下级的争议做出裁决，并代表本项目投诉。

⑥根据需要调配工作人员并授权确保工作不间断。

⑦对产品、原物料、加工品等规格及作业标准，提出改善意见或建议。

⑧掌握施工进度，根据需要进行现场指挥、检查。

主要权力：

①所属范围的管理权、指挥权。

②对所属下级的检查权。

③对所属下级通过会议的考核权、表彰权、批评权、处分权。

④对所属范围内纠纷的裁决权。

### 3. 普工岗位职责

岗位名称：普工，如图1-2-4所示。

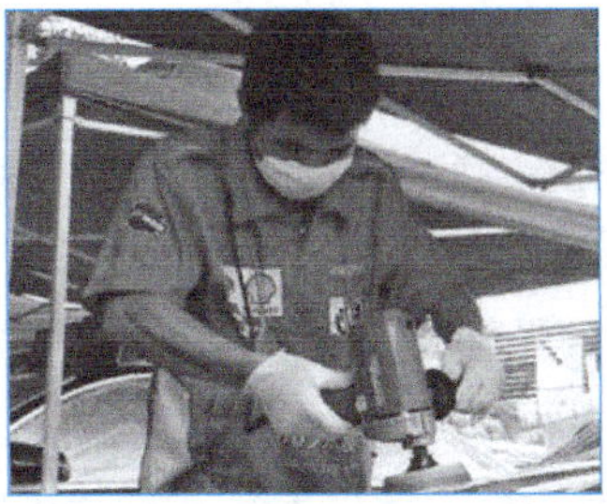

图 1-2-4　普工

本职工作：完成各项美容施工。

工作责任：

①服从管理，认真学习，遵守纪律，团结同事，帮助他人。

②完成好上级交予的任务，并做出汇报。

③做好区域内的清洁工作，整理好工具以及用品，发现易耗品不足或工具损坏时及时上报主管。

④严格按照各项施工流程和标准进行操作。

⑤施工时节约材料，爱护设备，施工结束后妥善保管。

⑥施工结束认真做好自检与互检，交车前报主管验收。

⑦施工时发现车辆异常或有损伤及时上报主管。

⑧客户在一旁观看操作时，向客户介绍所做项目的相关知识。

⑨客户提出建议时，要认真听取并记录，及时反馈给上级主管。

⑩做好施工后的清洁整理工作和下班前的收班整理工作。

### 4. 接待主管岗位职责

岗位名称：接待主管，如图1-2-5所示。

本职工作：带领接待团队保证日常营业的顺畅运行及提高客户满意度。

工作责任：

①向经理负责，对接待处进行管理。

②协助制定接待处的岗位责任制、操作规程和其他各项规章制度，

图 1-2-5　接待主管

并监督执行。

③做好下属的思想工作，帮助下述解决工作与生活的难题，调动员工的工作积极性。

④对服务小姐进行有效的培训和考核，提高其业务水平和素质。

⑤负责接待处的设备维护，确保设备的正常运转。

⑥协调与美容部、维修部和接待工作相关的班组和部门之间的关系。

### 5. 服务小姐岗位职责

岗位名称：服务小姐，如图1-2-6所示。

本职工作：接待、销售。

工作责任：

①服从接待主管的领导，努力学习，不断提升自己的专业技能。

图 1-2-6 服务小姐

②按流程接待客户，将车辆指引进入操作车间。

③服务时要做到热情、周到、礼貌、大方，接车时协助技师查看客户车辆情况并做好登记。

④提醒车主保管好自己的贵重物品。

⑤详细填写《派工单》，与技师做好派工交接，服务项目要填写清楚、明确，客户的特殊要求要写清楚，并做好口头交接，避免技师施工遗漏造成客户投诉。

⑥客户需要等待时，将其带入休息室，并根据客户需求提供茶水或咖啡。

⑦正确与客人沟通，有计划性地向客户推销作业项目、美容产品和其他精品。

⑧根据交流，建立“客户登记表”，以便提升自己的销售成绩。

⑨负责精品区和客户休息区的卫生工作。

⑩车辆施工结束后，全程陪同客户验收车辆，检查美容效果，尽量满足客户需求，务必使每一辆车均满意而去。

⑪及时研究客户资料，协助店长制定销售计划和促销方案。

⑫做好客户的跟踪服务，以提升我们的服务标准，增加客户的二次消费率。

### 6. 财务人员工作职责

岗位名称：财务人员，如图1-2-7所示。

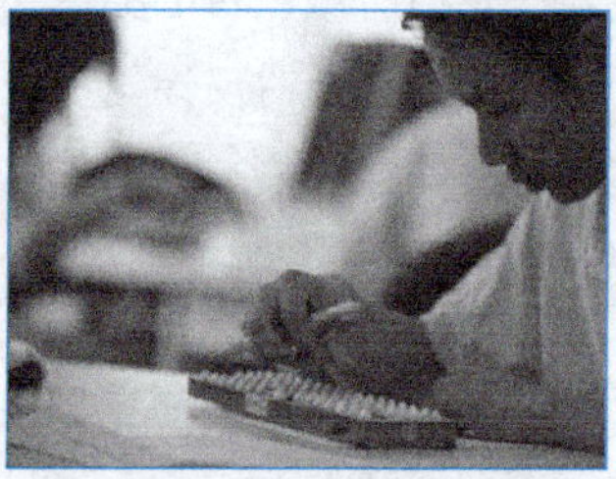

图 1-2-7 财务人员

本职工作：确保公司资产完整，资金有效使用，实现企业价值最大化的财务管理目标。

工作责任：

①服从经理的领导，认真执行财务制度与法规。

②按标准收费，为吸引客户，在经理赋予的权限范围内，采取恰当的折扣和优惠措施。

③计算员工工资，并按时发放。

④及时向税务部门报税、交税。

⑤建立计算机客户登记管理系统，及时录入各项数据资料。

⑥定期进行财务结算，按时上报财务报表。

## 二、员工守则

制度化管理讲究的是各部门法制健全，在管理中事事处处都有规章制度约束。企业制度化管理具有以下优点。

①利于企业运行的规范化和标准化。

②利于企业提高工作效率。

③制度健全而规范的企业更容易吸引优秀人才加盟。

④制度化管理是企业防止腐败的最有效的措施之一。

⑤制度化管理可在很大程度上减少决策失误。

⑥制度化管理能强化企业的应变能力，增强企业的竞争力。

因此，每家汽车美容企业都应当订立一套适合自身的员工守则用制度化管理企业。员工守则一般都包含以下几个方面。

### 1. 行为规范

（1）公司规定。公司有一些规定，员工要特别注意，如有违反，将视情节轻重，给予相应的处分。

①员工应严格依照公司规定的工作时间，坚守工作岗位，未经主管批准不得擅离工作岗位。

②所有员工必须遵守顾客至上的原则，礼貌待客，任何情况下不得与顾客争吵。

③考勤是个人的工作记录，必须由本人打卡签到。请勿代他人打卡签到。

④经常留意内部公告栏，未经店经理同意，切勿擅自张贴或更改公告栏上的通告。

⑤办公电话是供公司营业使用的，若个人有需要时，请征求店经理同意后使用。

⑥工作时间不得咀嚼口香糖；不能在用膳时饮用含有酒精的饮料；不能在非吸烟区吸烟。

⑦公司对个人财产不负责任，在上班时，建议员工不要携带大量现金和贵重的东西。在岗位上，禁止员工在身上携带现金。服务区域内严禁存放私人物品。

⑧员工不得接受客人的小费。

⑨员工应珍惜公司的一切设备及用品，不得损毁或浪费。若有任何公物被蓄意破坏或遗失，员工应负责赔偿。

⑩公司不允许亲友在上班时私访及使用公司为员工准备的物品。

此外，请向你的店经理询问公司其他特别的规定。

（2）工作时间。公司一周营业7天，全年12个月都营业。店经理会根据营运要求安排员工的工作时间，每周平均工作不超过40小时。

如果员工有需要可以要求调休或请假，但必须以书面告知，并必须在店经理制定排班表之前提出，才予以酌情考虑安排。

（3）加班。由于工作需要，公司会要求员工加班工作。员工在接到加班要求后，除有特殊原因，应该参加加班工作。

加班工资支付根据工作性质和公司安排确定或由店经理安排另外的时间补休。

（4）辞职。如果员工要辞职必须以书面形式提前30日面呈店经理。

（5）员工合作。公司的成功依赖于公众、客户及员工的公平合理利益的满足。公司每一成员都应全心合作。

（6）公司信息的保密。

①保守公司信息机密是员工应有的责任。

②员工不得向外泄漏有关公司的经营状况、内部行政制度及措施。

③员工应避免在公众场所谈论一切有关本公司之事务。

④公司的一切文件、记录及档案，未经许可不得擅自复印、存档或带离公司。

⑤员工的薪酬属于保密资料，不得向同事谈论或查询。

⑥员工不得向外界泄漏商店的客户名单及其一切资料。

（7）制服。在员工进入公司后，公司会根据有关政策借给员工1~2套制服。经验告诉我们，在公司里不整洁的制服是不受欢迎的，也非常不利于员工的身体健康。外表整洁、仪容端庄，并在工作中养成习惯，是每个员工必须做到的。

员工应在离职前将制服归还给公司。

（8）仪容整洁。

女性员工：应化淡妆，不能染发，长发应用发卡束起，不能涂指甲油。

男性员工：应剃净胡须，不能留长发，不能戴耳环。

（9）财产损失。员工有责任向公司汇报所保管的公司物品和个人物品的遗失。

（10）个人资料更新。公司应保管员工的资料，包括：

①员工的家庭住址。

②电话号码。

③紧急情况下应通知家人的地址和电话号码。

④婚姻状况和其他个人细节。

资料的不断更新非常重要。如果员工的个人情况有变化，应立即通知公司。

（11）事故与伤害报告。任何员工在工作时受伤或发生意外，应立即报告店经理，这样可以对伤员进行第一急救。

### 2. 奖罚制度

（1）奖励。对公司有特殊贡献的员工，公司将根据实际情况给予相应的奖励。具体细节请向店经理查询。

（2）处分。

①第一次警告。当员工在工作中出现工作失误时，公司会对员工发出第一次警告。

②书面警告。当员工所犯错误情节严重或屡教不改或行为失当或工作表现继续不佳，则会受到降级、停职或开除处分。此警告副本将会存入该员工的个人档案。

③降职。员工违反公司政策或工作表现欠佳会受到降职处分。

④解聘。如员工所犯错误情节严重或屡教不改，或工作表现欠佳将可能遭到公司解聘，解聘安排将依据我国《劳动法》及《劳动合同》执行。

公司一般不会随意解聘员工，只要员工不严重违纪或工作表现严重不佳。当员工出现如下状况时公司不会因此而予以解聘：

①患病或者负伤，在规定的医疗期内的；

②女性员工在孕期、产期或哺乳期内的；

③患职业病或者因负工伤并被确认丧失或者部分丧失劳动能力的。

（3）会导致处分的行为。以下所列举的并非全面，没有列在这里的欺骗或不轨行为，也会导致纪律处分甚至解聘。

①故意违反或不依照公司政策准则工作。

②因疏忽大意导致公司的财物受到损失。

③未经同意的迟到、早退。

④不及时向店经理报告意外事件的有关情况。

⑤不按规定打卡或损坏考勤机。

⑥工作中干扰其他员工的正常工作。

⑦不忠于职守。

⑧不能上班时不告知当班店经理或不按排班表上班导致来不及安排替班，影响店面的正常营运。

⑨没有完成公司规定的目标或没有按商店规定的程序进行工作。

⑩工作中懒散怠工。

⑪所管现金严重短缺。

⑫工作不称职或效率低。

⑬对顾客或员工举止粗野、语言无礼。

⑭犯有性质与上述所列相类似的错误。

（4）会导致立即解聘的欺骗或故意行为。

①填写资料时虚报情况。

②员工在上班时间喝酒。

③无论何种原因和顾客发生打架行为。

④未经授权而擅自挪用公司的钱财或在收款后不及时将商店的现金放入收银机内。

⑤蓄意不把全部销售额打入收银机。

⑥未经授权没有收足款项，擅自拿取商店的财物送给他人。

⑦向任何人(包括新闻界、电台、电视台及传播媒介)发表声明或透露任何公司的财务资料或商业秘密。

⑧伪造考勤记录，代人打卡或签到。

⑨未经店经理批准或向店经理报告就无故旷工、迟到或早退。

⑩虚报生病而请假或缺勤。

⑪伪造申请表或提供不真实的求职资料。

⑫有性质与上述所列情况相类似的行为。

⑬蓄意破坏公司财产。

## 三、人员礼仪规范

### 1. 仪表仪容

服务企业的员工直接与顾客接触，在顾客眼中个人即代表公司，因此要求员工注重仪容仪表，并牢记下列规定。

（1）员工上班时要统一穿着本岗工作服。

（2）男员工要每天修面，发长不超过耳朵和衣领，如图1-2-8所示。

（3）女员工上班应化淡妆，不戴长耳坠，不留长指甲，不涂有色指甲油，不披头散发，如图1-2-9所示。

图 1-2-8　男员工规范

图 1-2-9　女员工规范

（4）班前检查制服是否平整，标志是否齐备。

### 2. 个人修养

（1）品德：公正守纪，诚实可靠，谦虚好学，主动肯干，严于律己，宽以待人。

（2）学习：掌握专业知识和岗位技能，不断提高综合素质。

（3）智慧：善于动脑，勇于创新，反应敏捷，明辨是非，处理问题机智妥当。

（4）勇敢：不论大事小事，敢于承担责任，并有义务举报有违反工作要求、有损公司利益的人和事。

（5）公平：客观评判事情，处理问题既对本人负责，又对公司负责，决不掺杂个人情感。

（6）严格自律，以身作则，用自己的行动带动其他员工。

### 3. 待人处事

（1）不论认识与否，只要问到必须热情礼貌，使对方得到满意答复。

（2）本人能够处理的事应立即处理，处理不了的要耐心向客人解释。

（3）不在外人面前发泄对公司或同事的不满。

（4）非本职范围内的事，不随意解答、许诺。

### 4. 服务标准

顾客是企业经营活动的血液，是员工的衣食父母。顾客并非有求于我们，而是我们有求于顾客。为顾客提供优质的服务是我们终身追求、引以自豪的工作。

（1）顾客合理的要求一定要满足，我们的责任是为其提供所需的帮助。

（2）尊重顾客，用希望别人对待你的态度礼遇顾客。

（3）学会控制自己，不将不良情绪带到工作场所和顾客面前。

（4）急顾客所急，用最短的时间为顾客解决问题。

（5）对看一看的顾客同样热情服务，他们是潜在的顾客，我们的态度将促使其购买。

（6）遇有投诉应热情接待，站在顾客的角度检讨自己的工作。

（7）某项工作对我们来说是千百次的重复，但顾客却可能是第一次光临。因此，始终要精神饱满。

（8）顾客有时提出的要求不是份内的工作，但仍应尽最大努力予以帮助，不能推诿。

（9）时刻注意自己的言行，准确使用规范的服务用语。

（10）在服务中保持真诚的微笑。

## 四、有效激励员工

### 1. 奖惩激励制度

一般对于业绩突出的员工要进行奖励，对于工作中出现差错的员工要进行处罚，做到奖惩分明。汽车美容店对员工奖励的形式主要有奖金奖励、荣誉奖励等。

奖金奖励分为定期奖励和临时奖励，定期奖励一般在月末、年终进行，当月度考核或年终考核时，员工达到优秀级别、良好级别的评定结果时，经理应该根据美容店的赢利状况给予奖金奖励，并在员工会议上点名表扬，年终奖励应颁发荣誉证书。这一方面是给予员工与其劳动付出相对等的报酬，另一方面，可以大大提升被奖励员工的忠诚度，同时激励后进员工努力工作。需要说明的是，即使美容店经营出现亏损，只要员工在考核中获得优秀或良好的评定结果，也应该奖励，这种情况下奖励的数额可以少一点。

### 2. 工资激励制度

汽车美容店应按照员工的职位、岗位、工作资历、工作能力等情况制定工资标准，为激励员工，美容店每年对工资都要有一定幅度的上调。当员工在美容店连续工作满一定年限后，应该按月在其原有工资的基数上增长一定的数额。这个工作年限一般定为一年为宜，具体的增长数额可以根据美容店的经营业绩、员工的工作时间长短、员工的工作岗位、职位高低以及以往工作表现等确定。

一般技术类岗位的员工增长数额，在工作时间相同的情况下应比其他岗位的员工高一些，职位高的员工增长数额应高于职位低的员工。

### 3. 晋升激励制度

为培养懂技术、会管理的人才，激励员工积极向上的意识，汽车美容店应建立晋升激励制度。这项制度旨在通过给员工设定一个目标，只要员工努力工作，经年终考核达到晋升的条件，即可晋升到更高一级的职位上，从而既实现了美容店的经营目标，也实现了员工的个人理想。

具体做法是将每一个岗位分成1～3个职位级别，只要员工在较低的职位级别上工作满1年，经年终考核获得优秀，就可直接升任较高一级的职位，年终考核评定为良好的员工可以晋升半级，累计两次评定为良好可升任1级。连续3年晋升3级的员工则可以升任该部门的副职，如果在部门副职的岗位上连续3年晋升3级，则可任命为该部门的主管。这项制度的实施效果是：企业培养了越来越多的既懂技术又善于管理的人才。这样，经过5年左右的发展，该店在资金和人才上就同时具备了再开一家连锁店的条件，可以最终实现经营规模扩张和经营利润最大化的目标，员工也可以从一个最底层的岗位走上高层管理人员的岗位，使其职业生涯产生质的飞跃。

## 【小结】

（1）汽车美容企业人员构成主要分为5类：董事会、管理人员、操作人员、接待人员、财务人员。

（2）店长职责：领导店面的生产经营、销售和管理，对企业负全责。

（3）技师职责：带领团队保证日常营业的顺畅运行及服务质量。

（4）普工职责：完成各项美容施工。

（5）接待主管职责：带领接待团队保证日常营业的顺畅运行及提高客户满意度。

（6）服务小姐职责：接待、销售。

（7）财务职责：确保公司资产完整，资金有效使用，实现企业价值最大化的财务管理目标。

（8）员工守则主要包括行为规范、奖罚制度。

（9）汽车美容店对员工奖励的形式主要有奖金奖励、荣誉奖励等。

## 【课后练习】

### 1. 填空题

（1）专业汽车美容旗舰店，在店经理下设：____________________、____________________、____________________、____________________、____________________5个部门。

（2）汽车美容企业由__________制定各项管理制度，并组织贯彻落实，做到公平、公正、公开，奖罚分明。

（3）汽车美容企业由__________掌握施工进度，根据需要进行现场指挥、检查。

（4）汽车美容作业完成后，由普工做好__________，整理好__________，发现易耗品不足或工具损坏时及时上报主管。

（5）汽车美容施工时应________，爱护设备施工结束后____________。

（6）由______详细填写《______》，与技师做好派工交接，服务项目要填写清楚、明确。客户的特殊要求要写清楚，并做好________，避免技师施工遗漏造成客户投诉。

（7）如果员工要辞职必须以______形式提前30日面呈店经理。

### 2. 简答题

（1）汽车美容企业对员工的仪容仪表要求有哪些?

（2）汽车美容企业员工应及时更新哪些个人资料?

（3）汽车美容企业要求员工应遵守哪些行为规范?

# 任务三　汽车美容店注册登记

## 【任务引入】

在实际经济生活中，汽车美容店作为一个经营主体，只有自觉遵守国家法律、法规和政策，在核准的范围内从事汽车美容经营活动，公平竞争，才能得到迅速发展和壮大。但由于对办事流程、准备资料缺乏认识，往往令事情变得事倍功半。本任务将介绍汽车美容店的注册登记相关手续。

## 【知识目标】

（1）能正确叙述注册登记办事流程。

（2）具备填写简单表格的能力。

（3）了解办事流程中遇到的专有名词。

## 【知识链接】

汽车美容店在店面装修的同时也要对于店面经营的所需手续着手办理。经营汽车美容装饰店面所需证照有工商营业执照、税务登记证、道路运输经营许可证、排放污物许可证等相关手续证件。

## 一、工商营业执照办理

以个人或者公司名义办理营业执照由申请人自行选择。

### 1. 个人工商注册申领过程

核名：到工商局领取一张“个体工商户名称预先核准申请书”，如图1-3-1所示，填写你起好的店面名称，由工商局上网（工商局内部网）检索是否有重名，如果没有重名，就可以使用这个名称，工商局会核发一张“企业（字号）名称预先核准通知书”。（持工商局核发的名称预先核准通知书先办理交通运管部门的许可证以及环保局的环评手续，然后再办理营业执照。）

<table>
<tr><th colspan="3">个体工商户名称预先核准申请书</th></tr>
<tr><td>申请名称</td><td colspan="2"></td></tr>
<tr><td rowspan="2">备选名称<br>（请选用不同的字号）</td><td colspan="2">1.</td></tr>
<tr><td colspan="2">2.</td></tr>
<tr><td rowspan="2">经营者</td><td>姓　　名</td><td></td></tr>
<tr><td>联系电话</td><td></td></tr>
<tr><td>经营范围</td><td colspan="2"></td></tr>
<tr><td>经营场所</td><td colspan="2"></td></tr>
</table>

图 1-3-1　个体工商户名称预先核准申请书

准备申请材料：准备好经营店面的房屋租赁合同复印件（见图1-3-2）（签订好租房合同后，还要到税务局去买印花税，按年租金的千分之一的税率购买一份），字号名称核准书，一寸照片3张，身份证复印件2张即可到工商局办理营业执照。

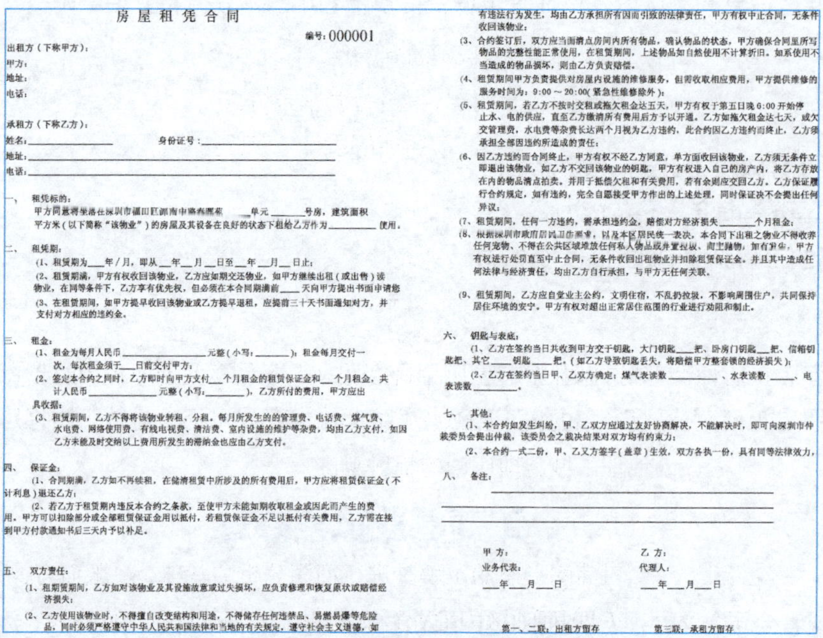

房 屋 租 凭 合 同

编号：000001

出租方（下称甲方）：

甲方：

地址：

电话：

承租方（下称乙方）：

姓名：________　身份证号：________

地址：________

电话：________

一、　租凭标的：

甲方同意将坐落在深圳市福田区[illegible]　__单元 ______号房，建筑面积　平方米（以下简称“该物业”）的房屋及其设备在良好的状态下租给乙方作为________使用。

二、　租凭期：

(1、租赁期为___年/月，即从__年__月__日至__年__月__日止；

(2、租赁期满，甲方有权收回该物业，乙方应如期交还物业，如甲方继续出租（或出售）该物业，在同等条件下，乙方享有优先权，但必须在本合同期满前____天向甲方提出书面申请您

(3、在租赁期间，如甲方提早收回该物业或乙方提早退租，应提前三十天书面通知对方，并支付对方相应的违约金。

三、　租金：

(1、租金为每月人民币________元整（小写：______）；租金每月交付一次，每次租金须于___日前交付甲方；

(2、签定本合约之同时，乙方即时向甲方支付___个月租金的租赁保证金和___个月租金，共计人民币________元整（小写：______），乙方所付的费用，甲方应出具收据；

(3、租赁期间，乙方不得将该物业转租、分租。每月所发生的的管理费、电话费、煤气费、水电费、网络使用费、有线电视费、清洁费、室内设施的维护等杂费，均由乙方支付，如因乙方未能及时交纳以上费用所发生的滞纳金也应由乙方支付。

四、　保证金：

(1、合同期满，乙方如不再续租，在储清租赁中所涉及的所有费用后，甲方应将租赁保证金（不计利息）退还乙方；

(2、若乙方于租赁期内违反本合约之条款，至使甲方未能如期收取租金或因此而产生的费用，甲方可以扣除部分或全部租赁保证金用以抵付，若租赁保证金不足以抵付有关费用，乙方需在接到甲方付款通知书后三天内予以补足。

五、　双方责任：

(1、租期赁期间，乙方如对该物业及其设施故意或过失损坏，应负责修理和恢复原状或赔偿经济损失；

(2、乙方使用该物业时，不得擅自改变结构和用途，不得储存任何违禁品、易燃易爆等危险品，同时必须严格遵守中华人民共和国法律和当地的有关规定，遵守社会主义道德，如有违法行为发生，均由乙方承担所有因而引致的法律责任，甲方有权中止合同，无条件收回该物业；

(3、合约签订后，双方应当面清点房间内所有物品，确认物品的状态，甲方确保合同里所写物品的完整性能正常使用，在租赁期间，上述物品如自然使用不计算折旧。如系使用不当造成的物品损坏，则由乙方负责赔偿。

(4、租赁期间甲方负责提供对房屋内设施的维修服务，但需收取相应费用，甲方提供维修的服务时间为：9:00～20:00(紧急性维修除外)；

(5、租赁期间，若乙方不按时交租或拖欠租金达五天，甲方有权于第五日晚6:00开始停止水、电的供应，直至乙方缴清所有费用后方予以开通。乙方如拖欠租金达七天，或欠交管理费，水电费等杂费长达两个月视为乙方违约，此合约因乙方违约而终止，乙方须承担全部因违约所造成的责任；

(6、因乙方违约而合同终止，甲方有权不经乙方同意，单方面收回该物业，乙方须无条件立即退出该物业，如乙方不交回该物业的钥匙，甲方有权进入自己的房产内，将乙方存放在内的物品清点拍卖。并用于抵偿欠租和有关费用，若有余则应交回乙方。乙方保证履行合约规定，如有违约，完全自愿接受甲方作出的上述处理，同时保证决不会提出任何异议；

(7、租赁期间，任何一方违约，需承担违约金，赔偿对方经济损失________个月租金；

(8、根据深圳市政府居民卫生要求，以及本区居民统一表决，本合同下出租之物业不得收养任何宠物、不得在公共区域堆放任何私人物品或弃置垃圾、[illegible]，[illegible]，甲方有权进行处罚直至中止合同，无条件收回出租物业并扣除租赁保证金。并且其中造成任何法律与经济责任，均由乙方自行承担，与甲方无任何关联。

(9、租赁期间，乙方应自觉业主公约，文明住宿，不乱扔垃圾，不影响周围住户，共同保持居住环境的安宁。甲方有权对超出正常居住范围的行业进行劝阻和制止。

六、　钥匙与表底：

(1、乙方在签约当日共收到甲方交于钥匙，大门钥匙___把、卧房门钥匙___把、信箱钥匙把、其它____钥匙____把。（如乙方导致钥匙丢失，将赔偿甲方整套锁的经济损失）；

(2、乙方在签约当日甲、乙双方确定：煤气表读数________、水表读数_____、电表读数________。

七、　其他：

(1、本合约如发生纠纷，甲、乙双方应通过友好协商解决，不能解决时，即可向深圳市仲裁委员会提出仲裁，该委员会之裁决结果对双方均有约束力；

(2、本合约一式二份，甲、乙又方签字（盖章）生效，双方各执一份，具有同等法律效力，

八、　备注：

________

甲 方：　　　　乙 方：

业务代表：　　　　代理人：

___年___月___日　　　　___年___月___日

第一、二联：出租方留存　　　　第三联：承租方留存

图 1-3-2　房屋租赁合同

## 2. 公司性质工商注册申领过程

核名：到工商局领取一张“企业名称预先核准申请书”，如图1-3-3所示，填写起好的公司名称，由工商局上网（工商局内部网）检索是否有重名，如果没有重名，就可以使用这个名称，工商局会核发一张“企业（字号）名称预先核准通知书”。

| 企业名称预先核准申请书 | |
|---|---|
| 申请企业名称 | |
| 备选企业名称（请选用不同的字号） | 1. |
| | 2. |
| | 3. |
| 经营范围 | 许可经营项目：<br>一般经营项目：<br>（只需填写与企业名称行业表述一致的主要业务项目） |
| 注册资本（金） | （万元） |
| 企业类型 | |
| 住所所在地 | |

图 1-3-3　企业名称预先核准申请书

租房：签订好租房合同（见图1-3-2）后，还要到税务局购买印花税，按年租金的千分之一的税率购买，如每年房租是1万元，那就要买10元钱的印花税，贴在房租合同的首页，后面凡是需要用到房租合同的地方，都需要贴了印花税的合同复印件。

编写“公司章程”：可以在工商局网站下载“公司章程”的样本，根据实际情况进行修改就可以了。章程的最后由所有股东签名，如图1-3-4所示。

＿＿＿＿＿＿＿＿＿＿＿＿有　限　公　司　章　程

本公司是依照《中华人民共和国公司法》设立有限公司。为规范本公司的组织和行为。保护公司股东的正当权益。根据《中华人民共和国公司法》和国家有关法律、法规制定本章程。本章程为本公司行为准则。公司全体股东和员工必严格遵守。

第一条：公司名称和住所

一、公司名称：

二、公司住所：

第二条：公司经营范围（具体以登记机关核定为准）：

第三条：公司注册资本：人民币＿＿＿＿万元。

第四条：股东的姓名或名称

一、股东姓名＿＿＿＿＿＿，身份证号码＿＿＿＿＿＿。

股东姓名＿＿＿＿＿＿，身份证号码＿＿＿＿＿＿。

股东姓名＿＿＿＿＿＿，身份证号码＿＿＿＿＿＿。

股东姓名＿＿＿＿＿＿，身份证号码＿＿＿＿＿＿。

股东姓名＿＿＿＿＿＿，身份证号码＿＿＿＿＿＿。

图 1-3-4　公司章程范本

刻章：法人章一律为方形,规格为1.8cm × 1.8cm或2.0cm × 2.0cm，自右而左排列，如图1-3-5所示。

注册公司：到工商局领取公司设立登记的各种表格，包括设立登记申请表、股东（发起人）名单、董事经理监理情况、法人代表登记表、指定代表或委托代理人登记表。填好后，连同核名通知、公司章程、房租合同、房产证复印件一起交给工商局。大概3个工作日后可领取执照，如图1-3-6所示。

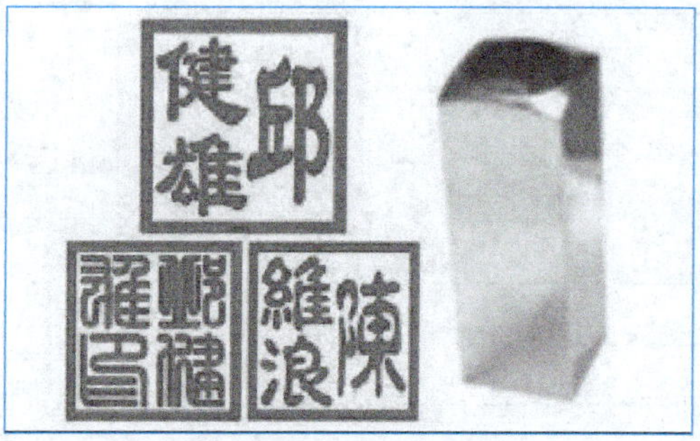

图 1-3-5　法人章

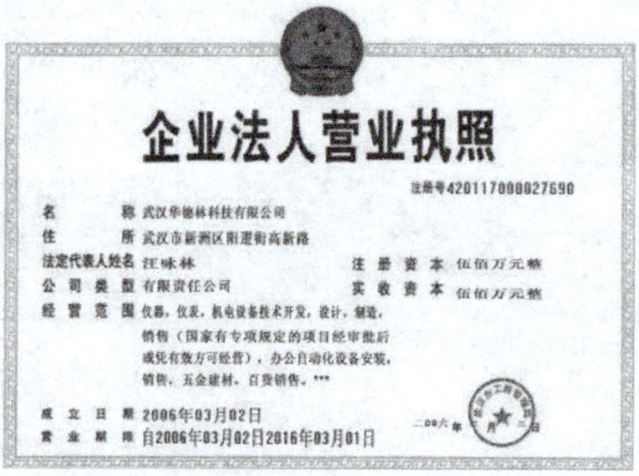

企业法人营业执照

注册号420117000027690

名　　　称 武汉华德林科技有限公司
住　　　所 武汉市新洲区阳逻街高新路
法定代表人姓名 汪咏林　　注 册 资 本 伍佰万元整
公 司 类 型 有限责任公司　　实 收 资 本 伍佰万元整
经 营 范 围 仪器，仪表，机电设备技术开发，设计，制造，销售（国家有专项规定的项目经审批后或凭有效方可经营），办公自动化设备安装，销售，五金建材，百货销售。***

成 立 日 期 2006年03月02日
营 业 期 限 自2006年03月02日2016年03月01日

图 1-3-6　营业执照

## 二、税务登记证办理

一般不用建账的个体户（小规模纳税人，见图1-3-7）适用“定额纳税”。税务所根据其经营项目、坐落地点、营业面积、营业额及同行业的比较，定出每月个体户应交税金。个体户如认可，那么每月就按此交定额税。也就是说，定额纳税主要针对个体户，每个月缴纳的税额是相同的。

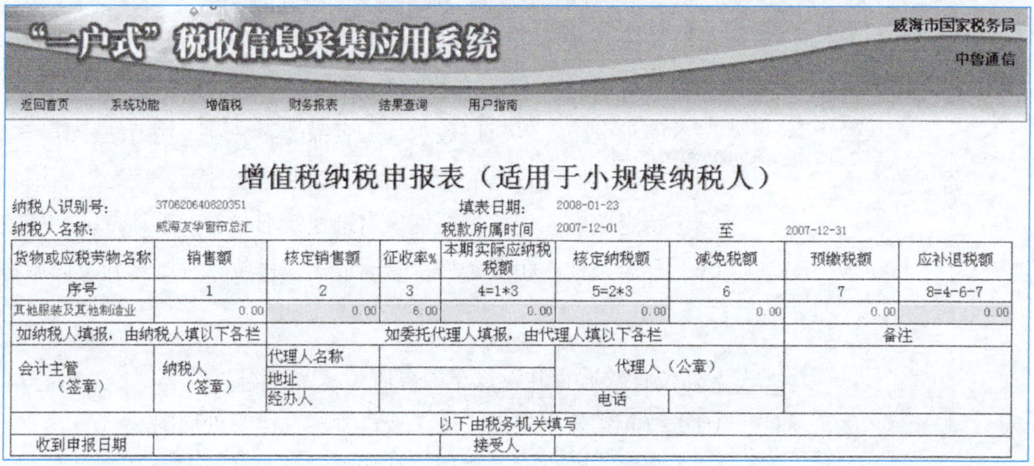



增值税纳税申报表（适用于小规模纳税人）

纳税人识别号：370620640820351　　填表日期：2008-01-23

纳税人名称：威海友华窗帘总汇　　税款所属时间 2007-12-01 至 2007-12-31

| 货物或应税劳务名称 | 销售额 | 核定销售额 | 征收率% | 本期实际应纳税税额 | 核定纳税额 | 减免税额 | 预缴税额 | 应补退税额 |
|---|---|---|---|---|---|---|---|---|
| 序号 | 1 | 2 | 3 | 4=1*3 | 5=2*3 | 6 | 7 | 8=4-6-7 |
| 其他服装及其他制造业 | 0.00 | 0.00 | 6.00 | 0.00 | 0.00 | 0.00 | 0.00 | 0.00 |
| 如纳税人填报，由纳税人填以下各栏 | | 如委托代理人填报，由代理人填以下各栏 | | | | | 备注 | |
| 会计主管（签章） | 纳税人（签章） | 代理人名称 | | 代理人（公章） | | | | |
| | | 地址 | | | | | | |
| | | 经办人 | | 电话 | | | | |
| 以下由税务机关填写 | | | | | | | | |
| 收到申报日期 | | | 接受人 | | | | | |

图 1-3-7　小规模纳税人纳税申报表

另外的是发票性的营业税征收汽车美容店面也可以采取申报缴纳营业税的报税方式。发票数量是根据个体工商户的规模申请使用，没有数量限制（个别地区的税务机关可能会设定限制），个体纳税是根据核定定额进行申报，如果个体纳税人开具的发票金额计算的税额超过了原来的定额，要补缴超过的部分。连续3个月超定额，主管税务机关要重新对定额进行核定，也就是开发票就交税没有则免缴。

在汽车美容营业税的基础上还会征收2%~7%的城市建设税、教育附加费、地方教育附加费。

公司性质税务登记申领凭营业执照，到公安局指定的刻章社去刻公章、财务章。公章：个体、私营企业的印章规格为圆形，直径为3.8cm，圆边宽为0.1cm，中央刊五角星，印章上刊刻营业执照上核准的企业名称，自左而右环行，印文字体一律使用简化的宋体，如图1-3-8所示。财务章：财务章上刻有公司名称，中间刻有财务专用章字样，财务章大部分为圆柱形。财务专用章也可以是方形，尺寸为22cm ×22或25cm ×25mm，如图1-3-9所示。

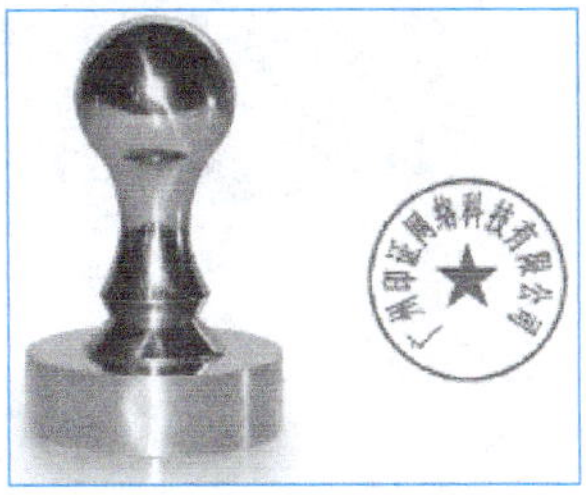

图 1-3-8　公章

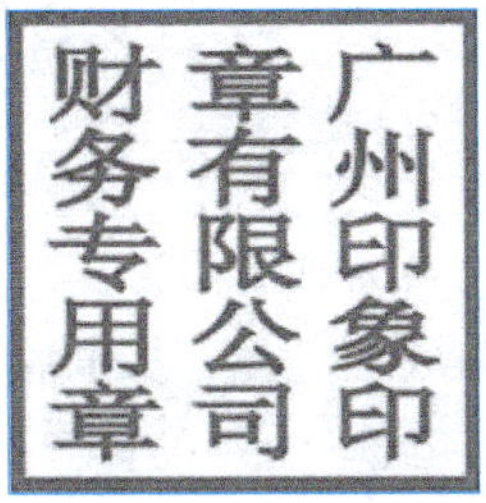


图 1-3-9　财务章

办理企业组织机构代码证：凭营业执照到技术监督局办理组织机构代码证，如图1-3-10所示，办这个证需要半个月，技术监督局会首先发一个预先受理代码证明文件，凭这个文件就可以办理后面的税务登记证、银行基本户开户手续了。

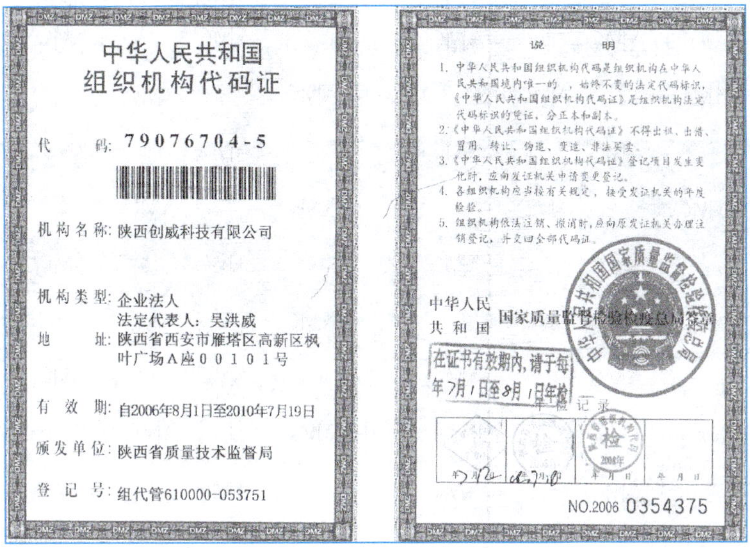

中华人民共和国
组织机构代码证

代　　码：79076704-5

机构名称：陕西创威科技有限公司

机构类型：企业法人
法定代表人：吴洪威
地　　址：陕西省西安市雁塔区高新区枫叶广场A座00101号

有 效 期：自2006年8月1日至2010年7月19日

颁发单位：陕西省质量技术监督局

登 记 号：组代管610000-053751

说　　明

1. 中华人民共和国组织机构代码是组织机构在中华人民共和国境内唯一的，始终不变的法定代码标识，《中华人民共和国组织机构代码证》是组织机构法定代码标识的凭证，分正本和副本。
2. 《中华人民共和国组织机构代码证》不得出租、出借、冒用、转让、伪造、变造、非法买卖。
3. 《中华人民共和国组织机构代码证》登记项目发生变化时，应向发证机关申请变更登记。
4. 各组织机构应当按有关规定，接受发证机关的年度检验。
5. 组织机构依法注销、撤销时，应向原发证机关办理注销登记，并交回全部代码证。

中华人民共和国　国家质量监督检验检疫总局签发

在证书有效期内，请于每年7月1日至8月1日年检

NO.2006 0354375

图 1-3-10　企业组织机构代码证

去银行开基本户：凭营业执照、组织机构代码证，去银行开立基本账号。

开基本户需要填很多表，把能带齐的东西全部带上，包括营业执照正本原件、身份证、组织机构代码证、公财章、法人章。开基本户时，还需要购买一个密码器（从2005年下半年起，大多银行都有这个规定），今后你的公司开支票、划款时，都需要使用密码器来生成密码。

办理税务登记：领取执照后，30日内到当地税务局申请领取税务登记证。一般的公司都需要办理两种税务登记证，即国税和地税，如图1-3-11所示。办理税务登记证时，必须有一个会计，因为税务

局要求提交的资料其中有一项是会计资格证（见图1-3-12）和身份证。你可先请一个兼职会计。

申请领购发票：根本业务范围的不同应申请不同的发票。

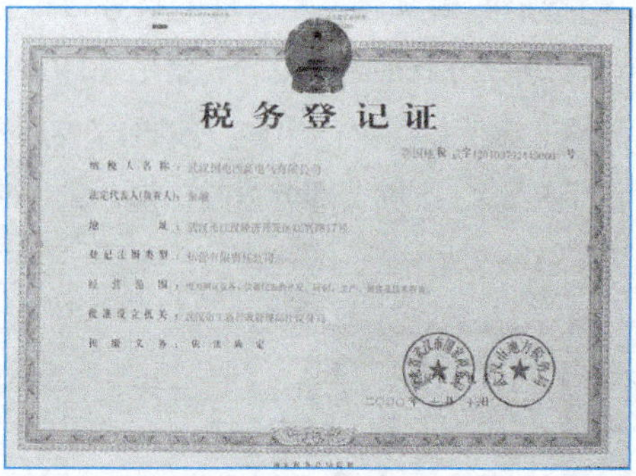


图 1-3-11　税务登记证

图 1-3-12　会计从业资格证

汽车美容装饰行业属于服务业，从事清洗、打蜡、抛光、车内吸尘以及对汽车进行全套清洁保养等汽车美容服务，属于营业税暂行条例规定“服务业”税目的征税范围，应按“服务业”税目，依5%税目征收营业税。由于金额较少可使用地方税收通用定额发票，如图1-3-13所示。

如企业为增值税一般纳税人，根据《中华人民共和国增值税暂行条例》（ 中华人民共和国国务院令第538号）第二条第四款规定，纳税人提供加工、修理修配劳务（以下称应税劳务），税率为17%。使用增值税专用发票或增值税普通发票，除客户能用增值税发票抵扣税金外一般只使用增值税普通发票，如图1-3-14所示。条例第十二条规定小规模纳税人销售货物或者应税劳务的征收率为6%，可使用通用机打发票，如图1-3-15所示。

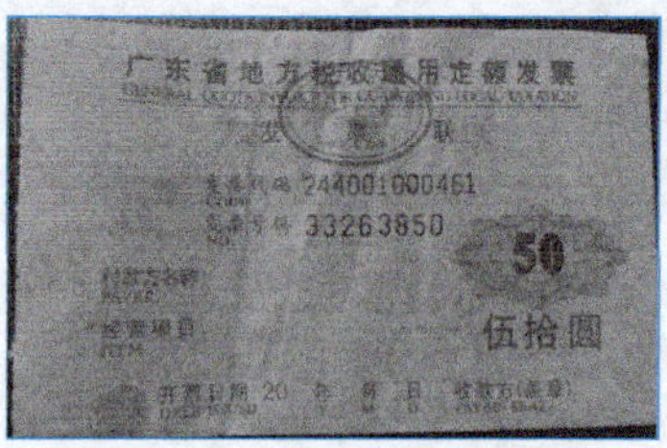


图 1-3-13　定额发票

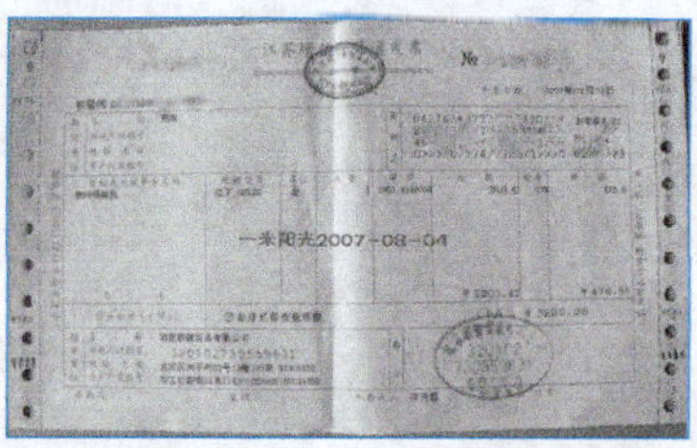

图 1-3-14　增值税普通发票

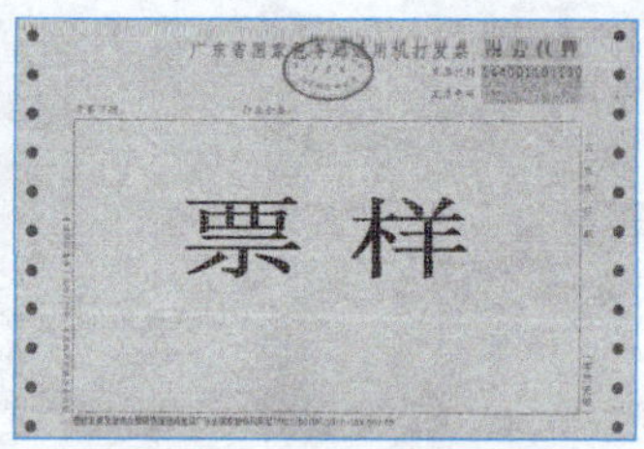


图 1-3-15　通用机打发票

最后可开始营业了。注意每个月按时向税务申报税，即使没有开展业务不需要缴税，也要进行零申报，否则将被罚款。

## 三、道路运输经营许可证

道路运输经营许可证（见图1-3-16）的办理根据地方管理政策按需求办理，汽车美容店面根据服务项目如洗车、美容、贴膜、喷漆、车身改色、车辆装饰能服务项目除纯洗车项目之外都需要办理。

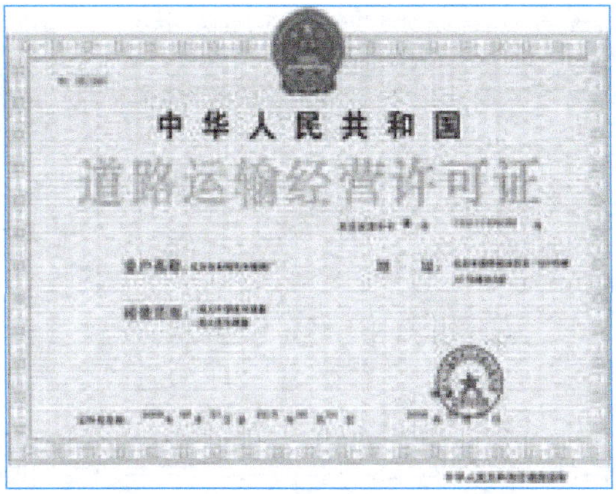


图 1-3-16　道路运输经营许可证

道路运输经营许可证交通运管部门办理。

### 1. 办事规程

有相应的机动车维修场地；有必要的设备、设施和技术人员；有健全的机动车维修管理制度；有必要的环境保护措施。

第一步：提出申请。申请人向区政务服务中心交通局窗口提出申请，填写申请表，并提交申请材料。申请材料不齐全或不符合法定形式的，应一次性告知申请人补正的全部材料。

第二步：受理、发证。交通局窗口受理申请后进行审查。予以许可的，上报市交通局制证，在承诺期内发给申请人《道路运输经营许可证》；不予许可的，应当书面通知申请人并说明理由。

### 2. 所需材料

（1）申请表：在基本情况一栏，表上只填写“齐全”与“不齐全”。

（2）设备清单：完整地填写设备名称、型号、数量。

（3）人员花名册：填写所有人员，法人代表身份证复印件附后，有技术等级证书以及任何证书的人员将证书复印件附后。

（4）维修场地证明：土地使用证或者租赁协议的复印件。

（5）管理制度：包括安全生产制度；废油、废液、废气、废蓄电池、废轮胎及垃圾等有害物质集中收集、有效处理和保持环境整洁的环境保护管理制度；岗位责任制度；业务受理程序、服务承诺、用户抱怨受理制度；汽车维修质量承诺、进出厂登记、检验、竣工出厂合格证管理、技术档案管理、标准和计量管理、设备管理及维护、人员技术培训制度等各项管理制度。

（6）工商核名通知单复印件。

## 四、环保部门环保批文

要带上资料（土地证明 /租赁证明）到环保局审批窗口领一份登记表，然后找监测站做个环评登记表。根据环评登记表再到环保部门办理环保批文（见图1-3-17）。其结果也就是通过和不通过，不通过的原因大都为经营场地区域问题、污水排放问题、废气排放问题。

图 1-3-17　环保批文

## 五、特种行业（洗车）经营许可

特种行业（洗车）经营许可证，如图1-3-18所示。办理手续的机构是市容环境管理局办证中心及机动车冲洗管理处，申办所需资料包括：

图 1-3-18　特种行业许可证

（1）书面备案申请书。

（2）清洗美容站法人代表身份证复印件。

（3）清洗美容站房、地产使用（包括租用）证明材料。

（4）以单位名义申办清洗美容站的，单位应出具法人代表委托书。

（5）洗车污泥清运、处置手续和措施。

（6）安全生产责任书。

（7）其他相关资料。

## 六、排污许可证

排污许可证（见图1-3-19）的办理在当地环保部门环境检查大队申报办理，一般对于机动车维护也就是洗车行业需要具有一定的服务场地；具备4m × 1.5m × 1.5m以上的的沉沙地和污水处理系统；监测站出具的环评登记表等手续并填写《排放污染物申报登记统计表》申领排污许可证。

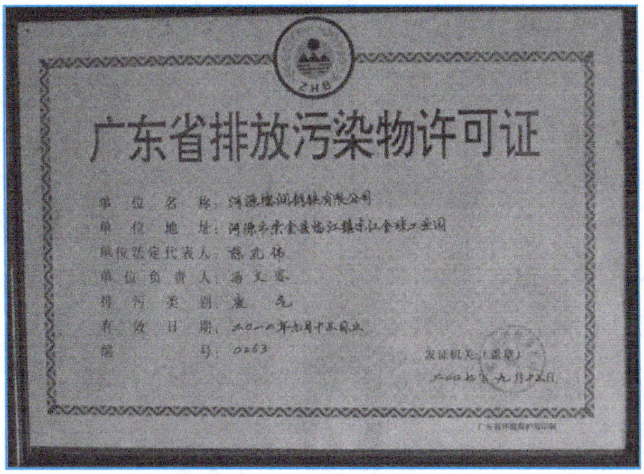


图 1-3-19　排污许可证

## 七、用水许可证

用水许可证（见图1-3-20）的办理需到当地水务局申请办理洗车行业用水许可证，安装对洗车行业另行计费的计量水表。

图 1-3-20　用水许可证

**【小结】**

（1）经营汽车美容装饰店面所需证照有工商营业执照、税务登记证、道路运输经营许可证、排放污物许可证等相关手续证件。

（2）以个人或者公司名义办理营业执照由申请人自行选择。

（3）法人章一律为方形,规格为1.8cm × 1.8cm或2.0cm × 2.0cm，自右而左排列。

（4）公章：个体、私营企业的印章规格为圆形，直径为3.8cm，圆边宽为0.1cm，中央有五角星，印章上刊刻营业执照上核准的企业名称，自左而右环行，印文字体一律使用简化的宋体。

（5）财务章：财务章上刻有公司名称，中间刻有财务专用章字样，财务章大部分为圆柱形。

（6）办理企业组织机构代码证：凭营业执照到技术监督局办理组织机构代码证。

（7）道路运输经营许可证的办理根据地方管理政策按需求办理，汽车美容店面根据服务项目如洗车、美容、贴膜、喷漆、车身改色、车辆装饰能服务项目除纯洗车项目之外都需要办理。

## 【课后练习】

### 1. 填空题

（1）印花税，按年租金的__________________的税率购买一份。

（2）拿着银行出具的_____________、_____________，以及公司章程、___________、房租合同、____________，到会计师事务所办理验资报告。

（3）一般的公司都需要办理_______________种税务登记证，即_________________。

（4）从事________________________________________________，属于营业税暂行条例规定“服务业”税目的征税范围，应按“服务业”税目，依5%税目征收营业税。

（5）纳税人提供_____________（以下称应税劳务），税率为_____________%。

（6）机动车维护也就是洗车行业需要具有一定的服务场地；具备________________________________________________________________和污水处理系统。

### 2. 看图题

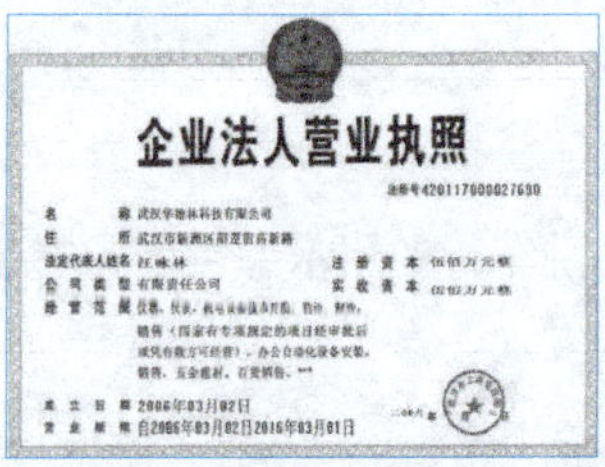

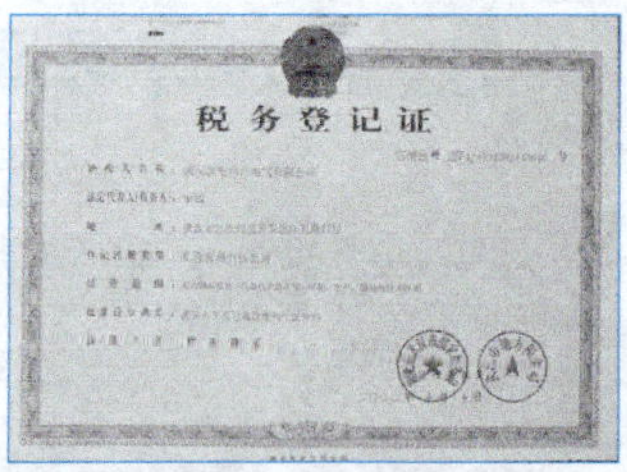

______________________　______________________　______________________

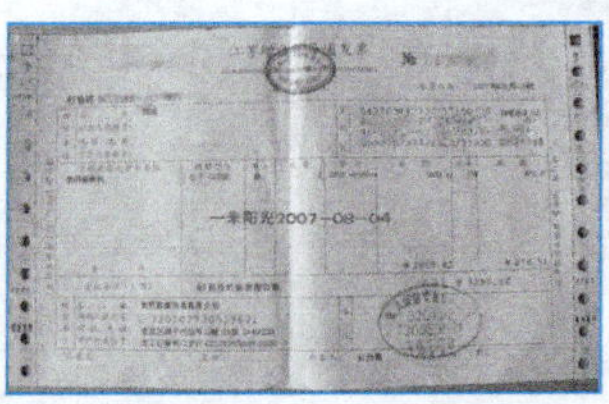
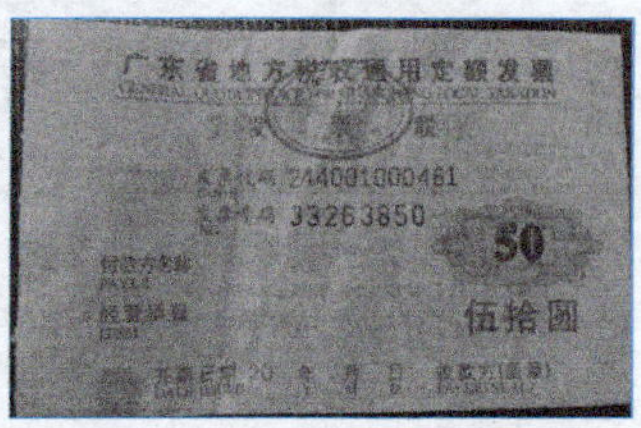

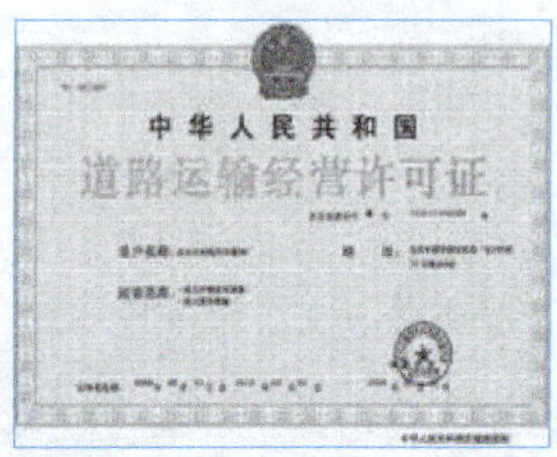


______________________　______________________　______________________

### 3. 问答题

（1）道路运输经营许可证的办事规程有哪些？

（2）特种行业（洗车）经营许可申请需准备哪些资料？

# 任务四　设备、设施的筹备

## 【任务引入】

随着我国汽车美容业的发展，汽车美容店也越来越多，汽车美容店的硬件设施至关重要，其筹备、布置是一门学问，不仅要充分利用空间，还要让整体协调，满足汽车美容的需要。

## 【知识目标】

（1）了解汽车美容店每个区间的功能及要求。

（2）了解每个区间摆放的设备及简单的使用方法。

（3）掌握汽车美容店的布置技巧。

## 【知识链接】

## 一、店面布局

汽车美容店平面图如图1-4-1所示，如果在条件容许的情况下，还要考虑到顾客休息环境的舒适性。在布局中应合理考虑产品销售流程，比如在做太阳膜产品展示区域的时候，应该按照先让车主体验→再看厂家背景介绍→最后到实际产品选择这样的几个过程。

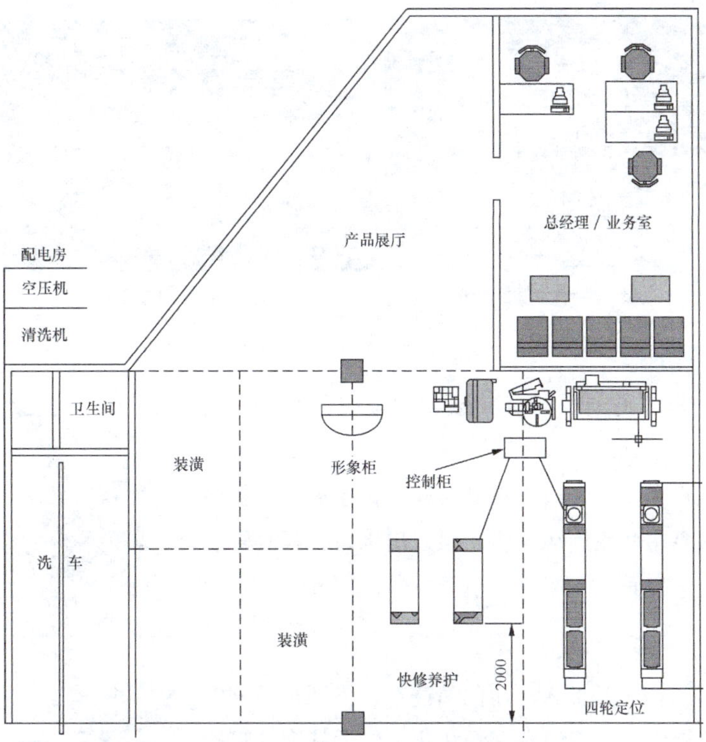


图 1-4-1　汽车美容店平面图

## 二、洗车区

在办理排污许可证时要求，洗车行业需要具有一定的服务场地，具备4m × 1.5m × 1.5m以上的沉沙地和污水处理系统，所以在洗车区地下就会有一个过滤池，如图1-4-2所示。过滤池的过滤工艺包括过滤和反冲洗两个阶段。过滤阶段是废水由水管进入池内后，再流经滤料层和承托层，废水中的细小悬浮物和胶体物质被截留于滤料表面和内层空隙中，从而使废水得到净化。

洗车区一般采用通道式，如图1-4-3所示，通道式布置适合洗车数量大、店面面积较大的地点使用。通道式布置可大大提高员工的工作效率。

图 1-4-2　过滤池

图 1-4-3　洗车区

洗车区的边线挖有排水沟，使洗车区内不积污水。气管、水枪、洗车液喷枪等设施都会悬挂在空中，如图1-4-4所示，可以使洗车区域利用率提高。还可以充分利用一般难以使用的区域修建一些小水池，将浓缩的洗车用品进行稀释，如图1-4-5所示，方便员工提高工作效率。

图 1-4-4　冲洗设备

图 1-4-5　稀释池

### 1. 冷水高压清洗机

冷水高压清洗机（见图1-4-6）主要由电动机、水泵、软管、喷枪等组成。

使用方法：先将水泵进水口与水源接通，再接通电动机电源，电动机带动水泵中叶轮旋转，将水泵入出水口，经胶管、喷枪、喷头射向汽车表面。

### 2. 喷泡机

喷泡机（见图1-4-7）是加入专用的清洗剂，再通过压缩空气（由空气压缩机提供），使清洗剂泡沫化，然后从泡沫喷枪

图 1-4-6　洗车机

图 1-4-7　喷泡机

喷出。它能将泡沫状的清洗液均匀地涂敷于车身外表。

使用方法：打开清洗机的球阀，加注清水，水满后再加入900g左右的高级洗洁清，然后关好球阀；打开气阀，把气压表的压力调至0.2~0.4MPa；打开泡沫机的喷射阀，将清洗液均匀喷射到待清洗物上，然后用干净的海绵擦净即可。

### 3. 蒸汽清洗机

蒸汽清洗机（见图1-4-8）用于清除汽车驾驶室及车厢内的各种污渍。可对丝绒、化纤、塑料、皮革等不同材料进行清洗，还可以去除车身外部塑料件表面的蜡迹。

图 1-4-8　蒸汽清洗机

使用方法如下。

（1）从上向下按逆时针方向拧开安全帽。

（2）加入一个计量杯分量的水。

（3）顺时针旋关安全帽（如按到安全帽空转请从下按压，听到“嗒嗒”声后再拧紧）。

（4）按需要组装配件。

（5）连接电源插头，此时电源指示灯会亮。等待2~5min后，按住蒸汽喷射按钮，喷射出蒸汽后就可以使用了。

### 4. 工业吸尘器

工业吸尘器（见图1-4-9）是一种能将尘埃、脏物及碎屑吸集起来的电器设备。利用电动机带动叶片高速旋转，在密封的壳体内产生空气负压，吸取尘屑。

图1-4-9　工业吸尘器

使用方法如下。

（1）使用前，应首先将软管与外壳吸入口连接妥当，软管与各段接管以及接管末端的吸嘴要旋紧接牢。

（2）检查电源线有无破损，以确保用电安全。

（3）使用时，视所清洁的场合不同，可适当调节吸力控制装置。

（4）吸尘时应确保清洁区域内无明显纸屑、铁钉玻璃等杂物。

（5）吸尘后应及时清理尘袋。

### 5. 工业脱水机

工业脱水机（见图1-4-10）是洗涤机械中的一种，一般在衣物、纺织物品等物品洗涤之后，用于除水过程。脱水之后再利用烘干机加以烘干，则可以达到彻底干燥的效果。

图 1-4-10　工业脱水机

使用方法如下。

（1）脱水机达到正常运转工作状态，出水管道开始排出大量洗涤液及水。

（2）可观察出水管是否还有洗涤液及水向外流出，如果没有那么这时可切断电源，使电动机停止工作并取出织物进行下一次工作的循环。

（3）启动脱水机前应对机器进行常规检查，确保电源、排水口等部件正常时再进行工作。

（4）切勿因为放置不均匀及放置不当而引起脱水机产生剧烈震动。当发现机器发生剧烈震动时应立即停机，并重新放置织物。

（5）机械运转时，不可将手伸入脱水机的内转笼区。

### 6. 空气压缩机

产生压缩空气的机器叫作空气压缩机（见图1-4-11）（简称空压机或风压机）。

图 1-4-11　空气压缩机

使用方法如下。

（1）油气桶泄水。

（2）检查油位。

（3）周边设备准备，如送水送电，打开压缩机出口等。

## 三、美容区

漆面抛光、封釉、镀膜、镀晶、贴膜等都是汽车美容业务的精品业务。这些业务对环境要求都非常高，一般都要求在无尘空间进行。汽车美容区就是肩负以上任务的工作区，如图1-4-12所示。美容室的墙面必须是厚厚的玻璃（让服务的顾客可以观赏美容师的工作），美容室要放一套美容衣服及各种抛光封釉打蜡的美容产品，毛巾几条且折叠要整齐，而且需要一个高速、一个低速的抛光机，遮蔽纸（保护漆面用的）。美容室里必须做一个像书架一样的格子，放置美容产品，地面要刷地面漆，防滑而且容易打扫卫生。

### 1. 打蜡机

打蜡机（见图1-4-13）主要用于汽车的表面处理，包括清洗、上蜡、抛光。

图 1-4-12　汽车美容区

图 1-4-13　打蜡机

使用方法如下。

（1）清洗：为了保证打蜡效果，打蜡前对车辆必须进行彻底清洗。

（2）上蜡：上蜡可分为手工上蜡和机械上蜡两种，手工上蜡简单易行，机械上蜡效率高。 无论是哪一种方法，都要保证漆面均匀涂抹。手工上蜡时，首先将适量的车蜡涂抹在海绵上（专用打蜡海绵），然后按一定顺序往复直线涂抹，每道涂抹应与上道涂抹区域有1/5~1/4的重合度，防止漏涂及保证均匀涂抹。机械上蜡时将车蜡涂在打蜡机海绵上，具体涂抹过程和手工雷同。值得注意的是，在边、角、棱处的涂抹应避免超出漆面，而在这方面手工涂抹更容易把握。

（3）抛光：根据不同车蜡的说明，一般涂抹后5~10min即可进行抛光。抛光时遵循先上蜡先抛光的原则，确保抛光后的车表不受污染，抛光作业通常使用无纺布刷往复直线运动，适当用力按压，以清除剩余车蜡。

### 2. 抛光机

抛光机（见图1-4-14）用于所有的抛光、磨光及最后的修饰、清洁工作。

图 1-4-14　抛光机

使用方法：当抛光机进行抛光的时候，抛光盘与试样磨面要保持绝对的平行，而且做到均匀地轻压在抛光盘上，要注意防止试样因压力超大而出现新磨损，甚至飞出的现象。在抛光过程当中，不要使用任何添加剂，这些做的目的是为了能够保持抛光的温度保持。

### 3. 热风枪

热风枪（见图1-4-15）是用于加热窗膜，使其收缩变形，达到与玻璃一致的形状。还可以将玻璃上有用的粘贴物加热后，便于取下。

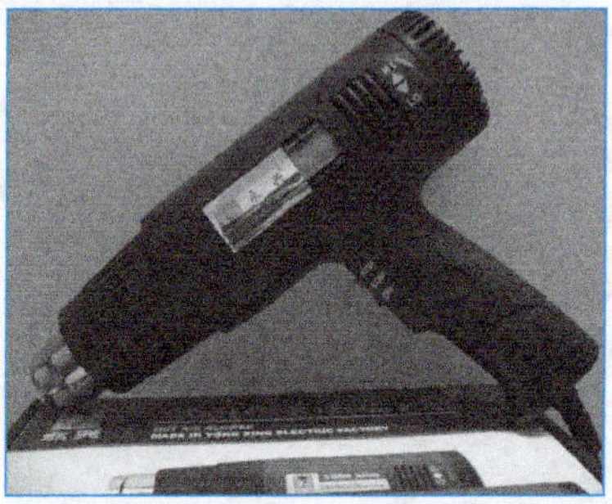

图 1-4-15 热风枪

使用方法如下。

（1）热风枪启动时先接通电源，将开关扳到低挡（LOW）或高挡（HIGH）,听到“嗡嗡”声（表示电动机在工作），电热丝会慢慢发红，且会冒出一些烟，这是因为电热丝线的表面涂有一层黄色的油，作防锈用，烟会很快消失。当使用一段时间后，前管如变黑色，这是由于高温所至，对热风枪的使用无妨碍。

（2）如果在使用中马达不转动，应立即把开关扳到OFF的位置，并将电源插头拔出，将此热风枪送销售点或生产商修理。

（3）停止使用时，应把开关扳到OFF位置，并将热风枪的白铁管头朝上立于平面上，使其自然冷却，如白铁管头朝下，会使里面热量不能很快散发，导致马达内部温度升高，还会减低热风枪的寿命。待白铁管冷却后，才可把它收存起来。

（4）为有助于热风枪的冷却和延长寿命以外，在停止使用时，将热风枪开关先从高挡（HIGH）调到低挡（LOW）后吹上15s，再从低挡调至OFF，并及时把插头拔掉。

### 4. 塑料刮板

塑料刮板（见图1-4-16）用于刮平窗膜，窗膜加热收缩后辅助成型，窗膜排水，清洁玻璃。

使用方法：自上而下将膜贴到玻璃内侧，固定好后用橡胶刮板赶水，在膜上铺附膜，在附膜上大力赶水，用棉布吸膜边缘的水分。

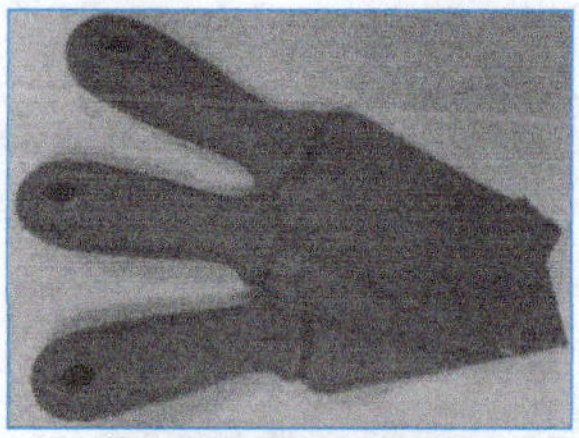

图 1-4-16 刮板

### 5. 喷壶

喷壶（见图1-4-17）用于盛放玻璃清洗液和安装液，使用时能产生一定的压力，将液体喷出，还可以调节喷雾形状。

使用方法：先将壶内装一定量的水，然后旋紧壶盖，按动压柄不断地向壶内压入空气，最后再按下按柄，水就会从喷嘴喷出。

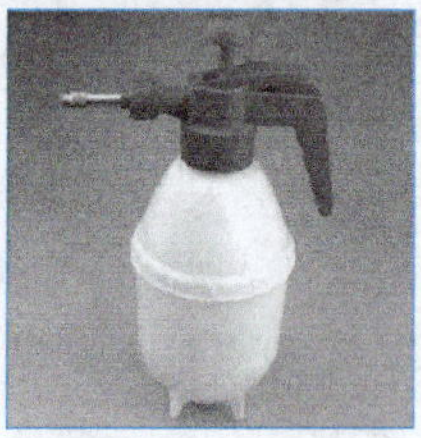

图 1-4-17 喷壶

## 四、快修保养区

汽车快修是指从事汽车维护以及汽车小修作业活动，但不得从事整车修理、汽车总成修理、二级维护作业。其服务范围锁定在2小时内可以完成的120项快修保养。

常见的快修保养项目：油液类的更换（机油、自动变速器油、手动变速器油、制动液、冷却液）；易耗品更换（空气滤清器、机油滤清器、燃油滤清器、空调滤清器、制动片、雨刮器片、发动机皮带、蓄电池、轮胎）；制冷剂添加、四轮定位、轮胎动平衡等项目。

为满足以上作业项目的要求，快修保养区将进行以下装潢。地面：采用环氧地坪漆，颜色为灰色；门前立柱：采用蓝色或红色装饰板包起来；门头广告：采用胶合板打底，并设计明显标记，切忌过多过杂；修理车间墙面（1米高）：采用有色砖贴面（一般为黄、暗黄、红、暗红等）；修理间顶部：能吊顶就吊顶，不能吊顶则采用白水泥刷白，如图1-4-18所示。

图 1-4-18　快修区

### 1. 举升机

举升机也叫举重机，如图1-4-19所示，它用2个或4个支架将车平稳地支起来，举升到半空中后可以方便的对汽车底盘维修操作。一般有电动机带动和液压两种方式。

（a）剪切　（b）四柱　（c）双柱

图 1-4-19　举升机

使用方法如下。

（1）停车入位。

（2）调节举升臂位置，将臂上的垫块对准汽车的举升点（可以被举升的位置）。

（3）按下举升按钮后当汽车被举起时观察汽车是不是被水平托起。

（4）把车托起离地面5～10cm时停下，检查车是否被平稳举起，各个支点有无偏差，如果有问题放回汽车再调整，总之要保证汽车安全平稳地停在上面。

（5）确认没有问题以后，继续举升汽车到维修需要的高度停下。

（6）一定要拉下锁定装置，再次检查汽车是否平稳，然后就可以进行维修了。

（7）工作完成后须放回汽车时，先清理现场，然后拉开锁定装置将汽车放回地面，拉开举升臂开出汽车，举升机使用完毕。

## 2. 四轮定位仪

四轮定位仪（见图1-4-20）用于检测汽车车轮的主销后倾、主销内倾和车轮外倾，测量汽车的前束。

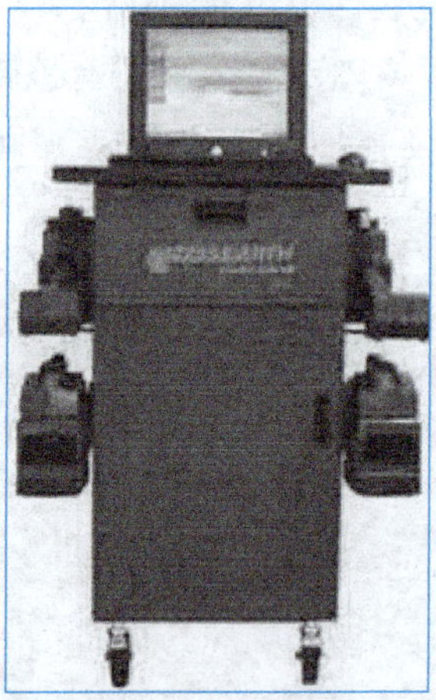

图 1-4-20 四轮定位仪

## 3. 扒胎机

扒胎机（见图1-4-21）也叫轮胎拆装机。它的作用就是更换轮胎。当一个轮胎需要更换时，首先要把轮辋和外胎分离，这时就要用到扒胎机。

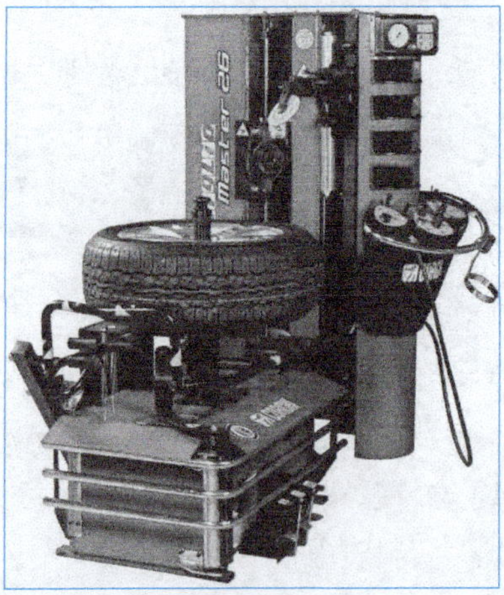

图 1-4-21 扒胎机

使用方法如下。

（1）胎机作业前应空载检查机械性能有无异常现象，严禁带病作业。

（2）扒胎机应使用规定压力的压缩空气，并定期排水。

（3）在安装或拆卸轮胎的过程中注意扒胎机的拆装头与轮毂的距离，避免损伤轮毂表面。

（4）扒胎时应将轮毂夹持牢固，检查好之后再启动，转动时严禁用手分离轮胎。

（5）加气时手应放在安全位置，防止夹伤。

（6）按期进行安全性能检查，清洁和保养，保证机器随时处于完好状态。

### 4. 轮胎动平衡机

更换新胎时，或进行过轮胎拆装后都需要动平衡。轮胎安装在轮辋上后通常都不可能100%地均匀分布重量,使用平衡机测试轮胎轮辋在运动情况下的平衡性,在不平衡点使用平衡块配重,确保轮胎可以平顺行驶,避免抖动。

使用方法如下。

（1）清除被测车轮上的泥土、石子和旧平衡块。

（2）检查轮胎气压，视必要充至规定值。

（3）根据轮辋中心孔的大小选择锥体，仔细地装上车轮，用大螺距螺母上紧。

（4）打开车轮平衡机电源开关，检查指示与控制装置的面板是否指示正确。

（5）用卡尺测量轮辋宽度*L*，轮辋直径*D*（也可从胎侧读出），用平衡机上的标尺测量轮辋边缘至机箱距离*A*，再用键入或选择器旋钮对准测量值的方法，将*A*、*D*、*L*值键入指示与控制装置中去。

（6）放下车轮防护罩，按下起动键，车轮旋转，平衡测试开始，自动采集数据。

（7）车轮自动停转或听到“嘀”声后按下停止键并操纵制动装置使车轮停转后，从指示装置读取车轮内、外不平衡量和不平衡位置。

（8）抬起车轮防护罩，用手慢慢转动车轮。当指示装置发出指示（音响，指示灯亮，制动，显示点阵或显示检测数据等）时停止转动。在轮辋的内侧或外侧的上部（时钟12点位置）加装指示装置显示的是该侧平衡块质量。内、外侧应分别进行，平衡块装卡要牢固。

（9）安装平衡块后有可能产生新的不平衡，这就需要重新进行平衡实训，直到不平衡量<5g(0.3oz)，指示装置显示“00”或“OK”时才能满意。当不平衡量相差10g左右时，如能沿轮辋边缘前后移动平衡块一定角度，将可获得满意的效果。

（10）测试结束，关闭电源开关。

轮胎动平衡机如图1-4-22所示。

图 1-4-22 轮胎动平衡机

### 5. 气动抽油机

气动抽油机（见图1-4-23）主要用于抽废机油，比采用传统的松开油底壳螺丝放油的方法更便捷（不用把车升起来或者钻到车底下去拧放油螺丝）、高效（迅速把机油抽干净）、可靠（不必担心放油螺丝口多次拆卸造成油封垫损坏、螺丝抑扣、螺丝扣磨损、螺丝松动等造成的漏油问题）。

图 1-4-23　气动抽油机

使用方法如下。

（1）抽真空。将空气压缩机软管与真空发生装置接头相连接，慢慢打开阀，通过真空发生装置开始给量杯减压到真空表示数的绿色区域，即为真空表能显示的最大真空度，至此抽真空过程结束。

注意

此时阀处于关闭状态，否则量杯内无法形成真空。

（2）吸油。

①阀仍处于打开位置。

②选择合适的吸管一端插入汽车需抽取机油的部位，另一端与真空表上延伸出的长软管连接。

③打开阀，车体中机油依据负压原理自动被吸入到量杯中，最大抽油量为7L。

注意

阀不要一次性开启到最大，尤其是接近抽完时，以防止大量的空气进入量杯破坏真空。

④吸油结束后，关闭阀2。拆下空气压缩机软管，并将阀1关闭。

（3）排空量杯，将机油转入储液罐。

①开启阀4，并开启阀3，开始排空量杯，将机油转移入储液罐中。

②当量杯排空后，立即关闭阀门。

（4）排空储液罐。

①将排油软管放入废油回收桶中，并打开软管阀5。

②将阀置于关闭状态。

③将接头连接至空气压缩机软管，慢慢打开阀。

④将空气冲入罐中。

⑤排空完毕后，关闭阀，并拆下空气压缩机软管。

### 6. 快速充电机

快速充电机（见图1-4-24）能完成蓄电池的初充电、补充充电、跨接起动等充电作业。

图 1-4-24　快速充电机

使用方法：红色是正极夹在蓄电池（+）上面，黑色是负极夹在蓄电池（–）上面。充电机上如果有12V转换24V的按钮，把按钮转换到12V，还要把充电电流旋钮调到电流表指示到20A。

### 7. 冷媒回收机

冷媒回收机（见图1-4-25）主要用于回收汽车空调系统内残存的冷媒。通过干燥、过滤、油气分离等一系列净化过程使回收的冷媒达到R134a标准，需要时再使用。

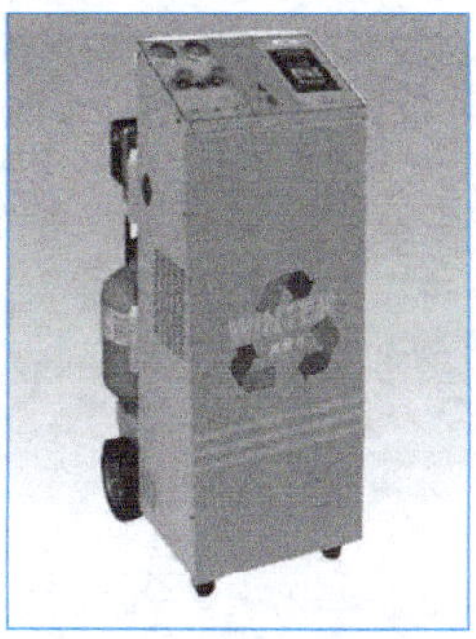

图 1-4-25　冷媒回收机

使用方法如下。

回收作业：先把高、低压阀门开关，回收阀门开关打开，再把回收开关打开，回收灯亮，进行回收。回收完成后，指示灯灭。回收完成后关闭回收开关和回收阀门开关。

抽真空作业：把本设备的高、低压软管接到空调系统的高、低压端，先打开高、低压阀门开关，抽真空阀门开关，然后打开抽真空开关，抽真空指示灯亮，进行抽真空，达到一定真空度后，先关抽真空阀门开关，再关闭抽真空开关。

### 8. 汽修工具车

汽修工具车（见图1-4-26）又名系统化台车、轮胎拆装车、系统化维修工具车。

图 1-4-26　汽修工具车

## 五、客户休息区

中高档汽车美容店的项目一般施工时间为2~3个小时，所以，汽车美容店的客户休息区内要尽量给客户提供舒适的沙发、茶几、电视、计算机、饮水机等设备，如图1-4-27（a）所示，给车主提供一些能够打发等待时间的项目，对提高车主的体验很有帮助。为提供更优质的服务，还可以提供电子看板观看汽车维修/保养进程。增设独立的品茶区域，如图1-4-27（b）所示，摆放操作台（主要功能：清洗茶具、摆放咖啡机和热水壶）、茶艺桌要求要大，贯通整个品茶区域，茶艺桌的前左右方提供客户品茶下棋，后面为服务人员的服务区域。尽可能降低客户在等待过程中产生的烦躁情绪。

（a）　　　　　　（b）

图 1-4-27　客户休息区

将整套商品完整地向顾客展示，如图1-4-28所示，如将全套汽车美容作为一个整体完整地进行陈列。整体陈列形式能为顾客作整体设想，方便顾客的购买。实际上整齐陈列的变化，表现的也是商品的量感，一般为单款式多件排列有序地堆积，将装有商品的纸箱底部作盘状切开后留下来，然后以盘为单位堆积上去，这样可以加快汽车美容陈列速度，也在一定程度提示顾客可以成批购买。

图 1-4-28 精品陈列区

将商品随机堆积的方法，主要是适用于陈列特价商品，它是为了给顾客一种“特卖品即为便宜品”的印象。采用随机陈列法所使用的陈列用具，一般是圆形或四角形的网状框，另外还要带有表示特价销售的提示牌，给汽车美容陈列设置一个主题的陈列方法。主题应经常变换，以适应季节或特殊事件的需要。它能使专卖店创造独特的气氛，吸引顾客的注意力，进而起到促销商品的作用。

## 【小结】

（1）办理排污许可证时要求，洗车行业需要具有一定的服务场地；具备4m × 1.5m × 1.5m以上的的沉沙地和污水处理系统所以在洗车区地下就会有一个过滤池。

（2）洗车区设备：冷水高压清洗机、喷泡机、蒸汽清洗机、工业吸尘器、工业脱水机、空气压缩机。

（3）美容区设备：打蜡机、抛光机、热风枪、塑料刮板、喷壶。

（4）快修保养区设备：举升机、四轮定位仪、扒胎机、轮胎动平衡机、气动抽油机、快速充电机、冷媒回收机、汽修工具车。

（5）洗车区作用：完成车身及室内清洁、漆面打蜡等汽车美容业务。

（6）美容区作用：完成漆面抛光、封釉、镀膜、镀晶、贴膜等中高档汽车美容精品业务。

（7）快修保养区作用：油液类的更换（机油、自动变速器油、手动变速器油、制动液、冷却液）；易耗品更换（空气滤清器、机油滤清器、燃油滤清器、空调滤清器、制动片、雨刮器片、发动机皮带、蓄电池、轮胎）；制冷剂添加、四轮定位、轮胎动平衡等项目。

## 【课后练习】

### 1. 填空题

（1）冷水高压清洗机使用中：先将__________与水源接通，再接通__________，电动机带动__________旋转，将水泵入出水口，经胶管、喷枪、喷头射向汽车表面。

（2）工业吸尘器是一种能将____________吸集起来的电器设备。

（3）吸尘时应确保清洁区域内无明显__________等杂物。

（4）空气压缩机使用前应：____________________________、______________________、
________________________。

（5）快修保养中：油液类的更换（______、______、______、______、______）。

（6）轮胎动平衡前应清除被测车轮上的______、______和______。

## 2. 看图题

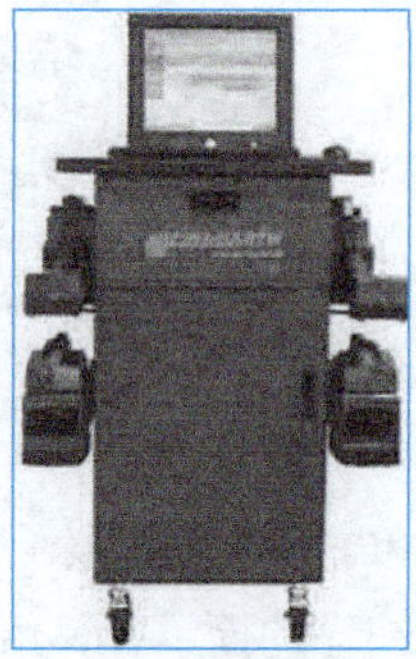

______　　______　　______

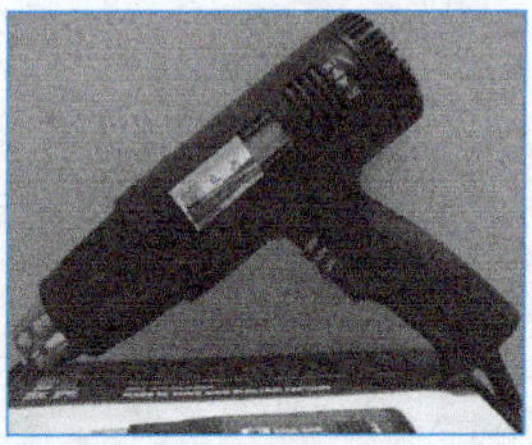

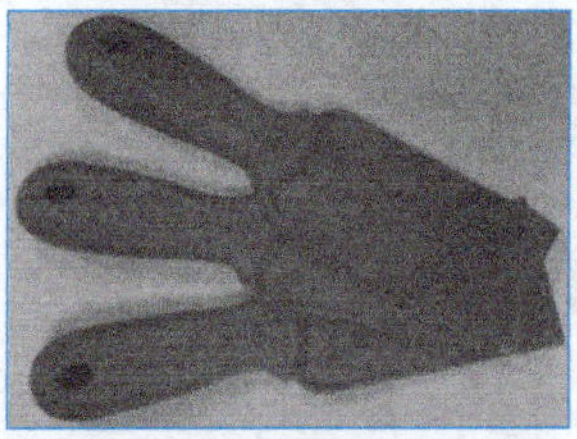

______　　______　　______

## 3. 问答题

（1）汽车美容店中常见的快修项目有哪些？

（2）汽车美容店中快修区应准备什么设备？

# 项目二

# 新车美容

## 任务一　新车开蜡

**【任务引入】**

陈先生买了一台森雅M80汽车（见图2-1-1），提车后他听说过要新车开蜡，所以他就把车开到了4S店咨询美容技师，美容技师告诉陈先生，你的车不需要进行新车开蜡。同学们，你们听说过新车开蜡吗？为什么美容技师告诉陈先生他的新车不用进行新车开蜡呢？让我们带着这些问题进行学习吧。

图 2-1-1　陈先生买的国产汽车

**【知识目标】**

（1）能正确向客户解释什么是开蜡。

（2）了解封蜡的类型并准备好开蜡所需用品。

（3）掌握开蜡操作工序的操作。

**【知识链接】**

### 一、新车开蜡的定义

买新车特别是进口轿车时（见图2-1-2），会发现有些车外表脏兮兮的，其实你不必担心，这些脏兮兮的东西是一些保护性的封蜡。这些封蜡的作用主要是为了抵御运输途中海水、刮蹭等因素对漆膜的损伤。一般情况下汽车生产商不允许封蜡停留于车漆表面一年半以上，否则封蜡将会因阳光紫外线、大气酸性物质的助解性而演变成有害物质腐蚀车体。所以新买的车辆都要清除封蜡，这种过程被称为“开蜡”。

图 2-1-2　海运卸货

## 二、封蜡的类型

下面介绍几种在新车上经常见到的保护性封蜡。

### 1. 油脂封蜡

车体蜡壳呈半透明状态，多用于长途海运的出口汽车，如图2-1-3所示。它可提供蜡壳极硬的保护层，即使碱性极高的海水飞溅于涂有封蜡的车体表面，也不能对其造成任何损害，并可防止大型双层托运车在途中遇到树枝或其他人为所造成的轻微损伤，保证了新车在出厂后一年内不受其他有害物质的侵蚀。

图 2-1-3　海运出口商品车

### 2. 树脂封蜡

车体蜡壳呈亚透明状态，主要用于本国短途运输的汽车，如图2-1-4所示。

它可为车身提供一年以上良好的硬质保护层，能防止运输新车过程中人为轻微刮蹭所造成的划痕现象，但无法抵御海水的侵蚀，所以这种树脂封蜡不适合在海洋运输中为汽车提供防止碱性物质侵蚀的保护层。

图 2-1-4　短途运输商品车

### 3. 硅性油脂保护蜡

车体蜡壳呈透明状态，为新车出厂时提供短期的保护层，如图2-1-5所示。它能有效防止阳光紫外线、酸碱气体、树枝、风沙等一般的侵害。对于海水或运输新车过程中所造成的刮蹭现象却不能起到很好的保护作用。

图 2-1-5　商品车

## 三、开蜡所需产品

### 1. 油脂开蜡洗车液

市场上80%的油脂开蜡洗车液（见图2-1-6）属于非生物降解型溶剂，主要原料提炼于石油，强碱性药剂，因此使用时应注意劳动保护。

### 2. 树脂开蜡洗车液

树脂开蜡洗车液（见图2-1-7）属于多功能轻质水溶性清洁剂，含有树脂聚合物的溶解元素，渗透性较好，使用起来比较安全。

### 3. 强力脱蜡洗车液

强力脱蜡洗车液（见图2-1-8）属于生物降解型产品，主要提炼于天然橙皮，并含有阴离子表面活性剂，泡沫丰富，分解性较好，因此成本也较高。

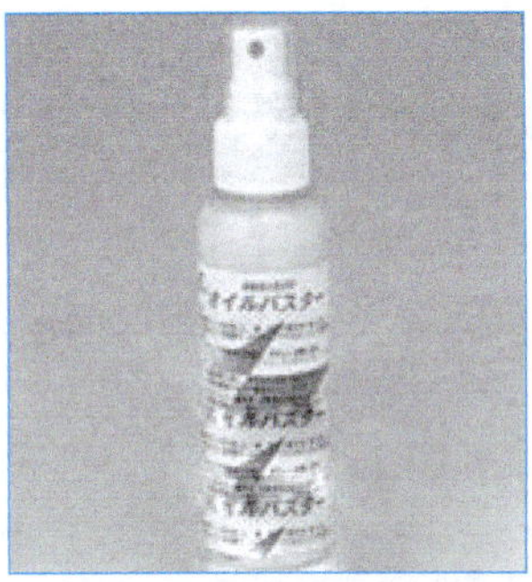

图 2-1-6　油脂开蜡洗车液

图 2-1-7　树脂开蜡洗车液

图 2-1-8　强力脱蜡洗车液

## 四、开蜡所需工具

### 1. 专用洗车海绵

专用洗车海绵（见图2-1-9）是中密度海绵，具有极好的包容性，在清洁车身过程中能将沙粒及尘土深藏于气孔之内，避免了因擦洗工具过硬而不易包容泥沙给车体造成划痕的问题，配合高润滑性阴离子表面活性剂（高泡洗车液）更可保证操作中万无一失。

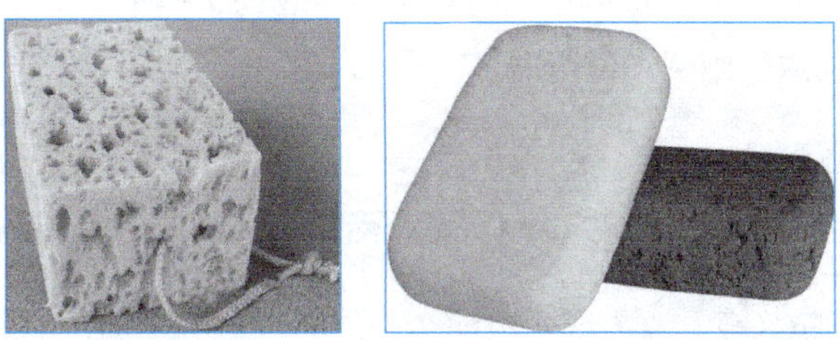

（a）　（b）

图 2-1-9　洗车海绵

### 2. 高密度纯棉毛巾

高密度纯棉毛巾（见图2-1-10）在3遍开蜡工序中都需使用，因其质地比较柔软，即使清洁车体后表面仍存有少量泥沙，开蜡过程中也不致于对漆面造成影响外观效果的较大伤害。

### 3. 塑料异形刮板

塑料异形刮板（见图2-1-11）较软，具有一定韧性，加之垫有纯棉毛，所以操作时不会对漆面造成任何损伤。

图 2-1-10 纯棉毛巾

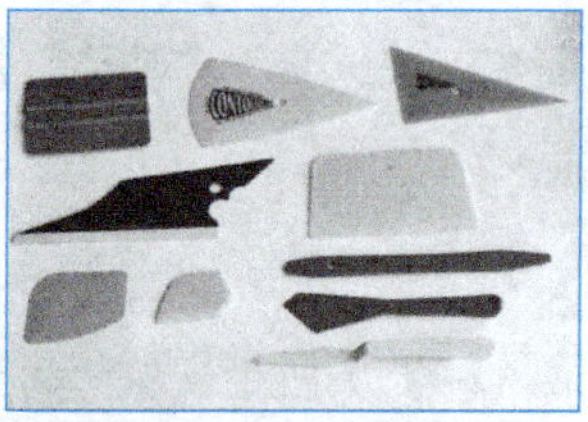

图 2-1-11 刮板

### 4. 防护眼镜

防护眼镜（见图2-1-12）主要是防止施工中毛巾擦洗车体时药剂飞溅入眼。

### 5. 橡胶手套

因多数开蜡液均属轻质性煤油类产品，渗透分解性极强，对皮肤有害，所以应使用橡胶手套（见图2-1-13）来防护。

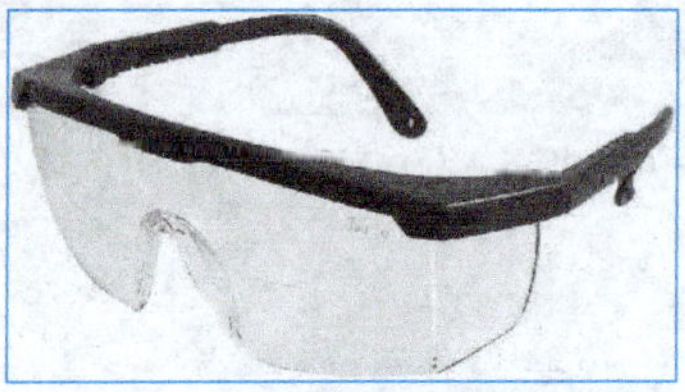

图 2-1-12 防护眼镜

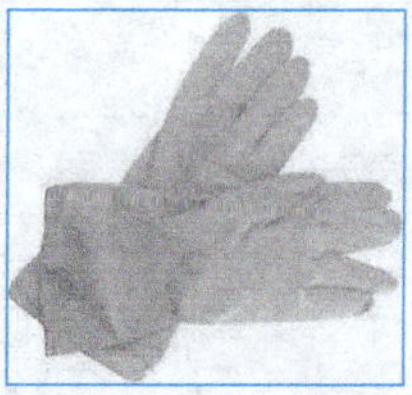

图 2-1-13 橡胶手套

## 【任务实施】

# 操作一 开蜡操作工序

由于封蜡的种类不同，与之匹配的产品特点也不尽相同，但进行开蜡时所采取的操作步骤是大同小异的。产品使用前应仔细阅读说明书。

### 1. 油脂封蜡开蜡程序

（1）首先将车体污物冲净，如图2-1-14所示，然后用配制好的脱蜡洗车液清洁车身，冲洗后无须擦干。

（2）将油脂开蜡洗车液均匀喷洒于车体，如图2-1-15所示。

（3）晾3min后，喷洒清水冲洗，如图2-1-16所示，用半湿的毛巾按顺序全车擦拭，然后用配制好的脱蜡洗车液将全车清洗，冲净后无须擦干。

图 2-1-14　车身冲洗

图 2-1-15　喷洒洗车液

图 2-1-16　车身冲洗

（4）将油脂开蜡洗车液再次喷洒于某一板块，晾1min后，将喷洒过药液的板块用半湿性毛巾再次擦拭，这时此板块残留封蜡应可完全清除，如图2-1-17所示，然后用脱蜡洗车液清洁。

（5）最后验车时，应将车身连接缝隙处残留的封蜡清除干净，并将全车外表用脱蜡洗车液再次清洁，如图2-1-18所示，擦干后打蜡即可。

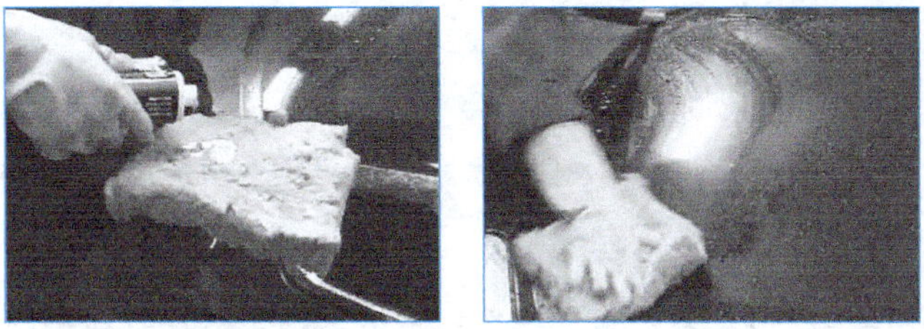

（a）　（b）

图 2-1-17　开蜡

图 2-1-18　干车

## 2. 树脂封蜡开蜡程序

具体操作步骤如下。

（1）用高压水枪将车体大颗粒泥沙冲洗干净，然后用配制好的脱蜡洗车液均匀喷洒于车体，并用洗车海绵擦拭全车，冲净后无须擦干。

（2）将树脂开蜡洗车液均匀喷洒于单一板块，晾1min后，将喷洒过药液的板块用半湿性毛巾擦拭，然后用脱蜡洗车液清洁此板块。按此方法逐块清洗，直至将全车封蜡清除。

（3）将车身连接缝隙处残留的封蜡用塑料刮片垫半湿性毛巾清除干净。

（4）用配制好的脱蜡洗车液将全车再次清洁，擦干后打蜡即可。

## 3. 硅性油脂保护蜡开蜡程序

具体操作步骤如下。

（1）将车身大颗粒泥沙冲洗干净。

（2）将强力脱蜡洗车液用喷雾器均匀喷洒于车体。

（3）用洗车海绵按汽车板块顺序将全车快速擦拭。

（4）最后用高压水枪将车身擦掉的蜡质及污物冲净，擦干后打蜡即可。

提示

开蜡误区

新车开蜡误区之1：有的人图省钱，直接用该蜡对面漆进行研磨和抛光。此举万万使不得，因为该蜡早已被污染、变质，无任何利用价值，更何况又沾满了灰尘和沙粒，如用之来研磨，会严重破坏面漆。

新车开蜡误区之2：有的人认为新车的蜡层厚，除蜡可以马虎点，自作聪明地用海绵、毛巾或手纸去擦拭。这是十分错误的，因为蜡层内含有大量的灰尘和沙粒，直接擦拭的结果是给新车的面漆带来累累伤痕。

新车开蜡误区之3：有的人图方便，用汽油、煤油或柴油进行溶解除蜡，其结果是达到了除蜡的目的，但面漆的光泽性则完全破坏了，加大了后期处理的难度，得不偿失。

注意

（1）进行开蜡工序前，必须将全车外表清洁，以免操作时因车体携有沙粒给漆面造成划痕。

（2）开蜡中所使用的毛巾应不断清洁，以保证清除掉的封蜡不致存留于毛巾上太多而不便于继续施工。

（3）如在擦除封蜡过程中发现“吱吱”的响声，应立刻停止施工，说明毛巾中存有沙粒，清洗干净后才可使用。

（4）封蜡停留于车体表面两年以上的车辆，应在开蜡后进行抛光，然后打蜡即可。

（5）因开蜡后新漆膜暴露在外，极易受到氧化，所以应使用耐氧化性较好的新车保护蜡进行上光。

## 【小结】

（1）新车开蜡的定义。

（2）市场上几种在新车上经常见到的封蜡的类型介绍：油脂封蜡车体、树脂封蜡车体、硅性油脂保护蜡车体。

（3）开蜡所需产品：油脂开蜡洗车液、树脂开蜡洗车液、强力脱蜡洗车液。

（4）开蜡所需工具：专用洗车海绵、高密度纯棉毛巾、塑料异形刮板、防护眼镜、橡胶手套。

（5）开蜡操作工序：封蜡的种类不同，多种操作步骤的介绍。

（6）3个开蜡误区的介绍。

（7）新车开蜡的注意事项。

## 【课后练习】

### 1. 填空题

（1）油脂封蜡车体蜡壳呈半透明状态，多用于____________。它可提供蜡壳极硬的保护层，即使碱性极高的海水飞溅于涂有封蜡的车体表面，也不能对其造成任何损害，并可防止大型双层托运车在途中遇到树枝或其他人为所造成的轻微损伤，保证了新车在出厂后一年内不受其他有害物质的侵蚀。

（2）树脂封蜡车体蜡壳呈亚透明状态，主要用于____________________________。

（3）__________保护蜡车体蜡壳呈透明状态，新车出厂时为汽车提供了短期的保护层，能有效防止阳光紫外线、酸碱气体、树枝、风沙等一般的侵害。对于海水或运输新车过程中所造成的刮蹭现象却不能起到很好的保护作用。

（4）开蜡所需工具有____________、_____________、_____________、_____________、_____________。

### 2. 看图题

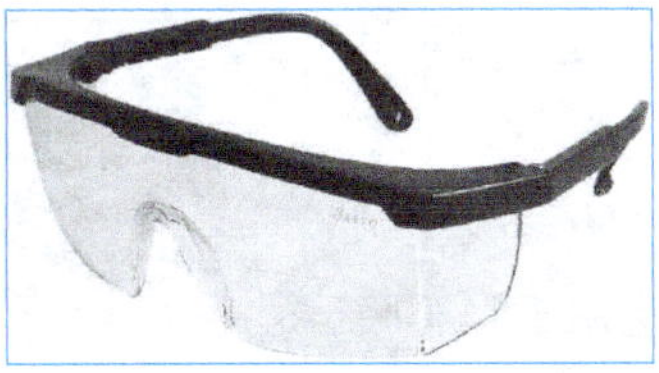

__________________　__________________

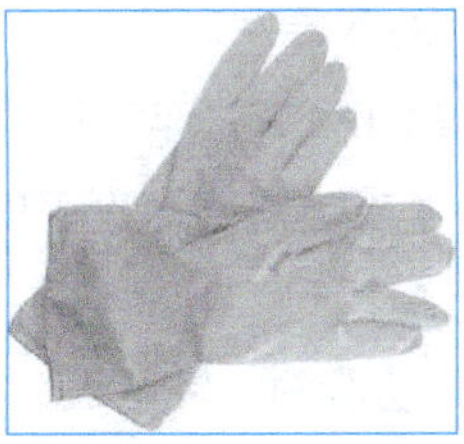

__________________　__________________

### 3. 问答题

（1）新车开蜡的注意事项有哪些？

（2）3种封蜡类型的开蜡操作工序分别是怎样的？

# 任务二 防爆膜

## 【任务引入】

刘先生在4S店买了一辆宝来新车，他在购车合同上看到其中一项精品是贴防爆膜，于是他就问销售人员，防爆膜有什么作用？怎样安装呢？现在你是这位销售人员，你该如何向他解释？如果你不会解释那必须要学会下面的知识。

## 【知识目标】

（1）了解贴汽车防爆膜操作基础知识。

（2）会贴防爆膜需要的工具及材料。

（3）会汽车车身贴膜的操作流程及标准。

## 【知识链接】

## 一、操作基础知识

### 1. 汽车玻璃防爆膜

防爆膜又称为太阳膜，顾名思义，其用途主要就是用来对付夏季那灼人的太阳光，如图2-2-1所示。

图 2-2-1 汽车玻璃防爆膜

防暴膜，在中国市场上经常被错误的称为“防爆膜”，是窗膜（英文名称是windowsfilm）在中国市场上用于汽车膜的特定称谓，这其实是一种误导，是夸大其词。

暴，是暴力的意思；爆，是爆炸的意思。在中国汽车膜市场上，绝大部分的防暴膜是PET与镀铝PET复合后的双层金属复合膜，其厚度为0.05mm（2mil），这种厚度的PET膜与汽车玻璃通过胶黏剂贴合起来后，只能达到延长被小偷敲碎玻璃的时间，而不能防止爆炸或防盗，而真正的防爆膜至少达到0.3mm（12mil）与汽车玻璃通过特种胶黏剂复合后才能防止爆炸。

因此，国内将防暴膜称为“防爆膜”实际上是对其功能的一种夸大。

### 2. 汽车防爆膜结构

（1）抗磨层：由耐磨聚氨酯组成，硬度高达4H。

（2）带色PET安全基层：由高强度、高透明PET聚酯与颜料熔融挤出双向拉伸制得，由于颜料夹在PET膜里面，可防止氧化变色，寿命长达8年。

（3）金属隔热层：在PET膜上通过真空蒸镀或真空磁控溅射金属铝、银、镍等对红外线有较高反射率的纳米级金属层。

（4）复合胶黏剂：由耐候性良好高透明的聚氨酯胶黏剂组成。

（5）UV吸收层：由特种UV吸收剂构成，可阻隔99%的紫外线。

（6）透明PET安全基层：由高强度、高透明PET聚酯膜组成，目的是把金属层夹在中间，防止金属氧化，延长金属膜的寿命。

（7）安装胶黏剂：由耐候性良好高透明的丙烯酸酯胶黏剂组成。

（8）高透明PET离型膜。

### 3. 功能作用

（1）结构功能。①安全基层；②隔热层；③彩色腹膜；④紫外线吸收层； ⑤透明胶层；⑥PE合成纤维层； ⑦HC耐磨层。

（2）作用。①创造最佳美感；②提高防暴性能；③提高空调效能；④抵御有害紫外线；⑤保证乘车隐密性。

### 4. 工作原理

安全防爆膜，是运用一种高精度的电解质溅射喷涂法，在由PET（聚乙烯对苯=酸酯）提炼而成的透明强度复合聚酯纤维膜内入金属原子层，具备高强度的黏结力、抗张力、160%高伸张度、强抗酸、抗碱性，在高温下也能保持物理性质的良好状态。通过含有各种金属镀层射99%的紫外线，同时阻隔不同波长的热能量，达到阻隔紫外线和可见光带来的热能。同时又保持良好的透光率。

提高玻璃防爆性能的关键是缓解外部冲击力，主要通过以下两个方面来实现。

第一，充分利用粘胶层和金属镀层提高玻璃刚性，将冲击力在表面分解。金属镀层的延展性和强韧度可有效抵消和分解冲击；即使玻璃破碎，膜中金属材料会产生拉伸力与粘胶层的胶质共同作用牵拉住玻璃碎片，防止飞溅，有效保护人身及财产安全。

第二，通过膜独有的叠层间相互滑动的微位移，缓解穿过玻璃作用到安全膜的冲击力，形成独特的抗撞击性。据测算可增强5~7倍的玻璃强度，有效地阻止因外力撞击所导致的玻璃破碎伤人。

### 5. 如何分辨

（1）清晰度：优质膜透光度可高达90%，且无论颜色深浅，夜间可清晰看见6m以外的物品，而劣质膜会有雾蒙蒙的感觉。

（2）手感：正品膜摸上去有厚实平滑感，而劣质膜手感薄而脆，容易起皱。

（3）颜色：优质膜的颜料是均匀融合在薄膜中，经久耐用，不易变色。而劣质膜的颜色在起黏合作用的黏合剂中，撕开车膜的内衬后用指甲刮一下，颜色就掉了。

（4）味道：劣质膜胶层残留溶剂中笨含量高，有异味，会严重危害车主的健康。

（5）气泡：撕开车膜的塑料内衬后，再重新复合时，劣质膜会起泡，而优质膜复合后完好如初。

（6）保质期：一般正规厂家生产的膜都有较长的质量保证期，通常是5年。

（7）贴膜环境：正规的贴膜操作应在封闭式无尘贴膜车间内进行，且施工人员必须经过品牌专业技术培训并且获得认证。

### 6. 辨别真假

在选膜过程中，应采用中医上的“望、闻、问、切”的方式，对产品进行详细了解。

（1）一望颜色。通常，防爆膜都选用较浅的绿色、天蓝色、灰、棕色、自然色等对眼睛较舒服的颜色。而且采用了金属溅射工艺，将镍、银、钛等高级金属涂在了天然胶膜上，不会出现掉色、褪色现象。从外观上看，真防爆膜色泽均匀柔和，无波浪深浅不匀的色差，从车内往外看景色自然不变色。而普通色膜是将颜色直接融在胶膜中，撕掉上层塑料纸后，用力刮粘贴面，就会有颜色脱落。另外，普通色膜拿着在地上轻轻擦拭，就会出现褪色现象。

（2）二闻味道。一般，劣质膜的胶层残留溶剂中，苯含量高，会有异味，而好的膜在出厂前，已经过了专业的处理，异味较小。专家提醒，长时间闻到此异味，会严重影响到车主的身体健康。

（3）三问指标。所谓防爆膜，必须具有隔热、防爆、防紫外线等功效。所以，消费者在选择时，可以详细地向销售人员咨询相关情况，从而判别质量的真假和好坏。

按照一般的标准，防爆膜的隔热率应达到90%左右，紫外线阻隔率一般不低于98%，高档的不低于99%。而透明度，优质膜其透光度可达90%，而且不论颜色深浅，清晰度都非常高，消费者在挑选的时候，可以透过防爆膜远望，劣质产品的效果很模糊。在防爆性能上，优质的防爆膜，由特殊的聚脂膜作基材，膜本身有很强的韧性，在正常使用下，能保护膜面不易被划伤，玻璃破裂后可被膜粘牢，而不会飞溅伤人。保质期方面，正规厂家生产的膜都有较长的质量保证期，通常是5年。

（4）四切手感。一般，安全防爆膜的厚度不低于2.5mm，所以摸起来，手感厚实平滑。另外，由于其表面经过硬化处理，一般不会划伤表面。而普通色膜由于厚度不够，手感薄且脆，在摇动玻璃的过程中，就会在膜上留下痕迹。

### 7. 施工技巧

第一，盖网点。玻璃的四周因为追求美观，每块有渐层的网点，那是突出的颗粒，技术不好的贴膜师，通常不敢覆盖，以免操作失败，损失整张膜。

第二，塑形。让防爆膜服帖弯曲的玻璃，尤其是前后挡，必须经过烘烤，烘烤的过程要喷水，如果技术不良，多次的一冷一热就会造成玻璃的脆化，有时不当场破裂，当离开后，遇到坑洼的震动，就会马上破裂，车主遇到这种状况将投诉无门。

第三，防护措施。防护之一：使防爆膜服帖的过程需要在车内玻璃上大量喷水，以利准确粘贴，不周到的防护，水很容易流入仪表板或门缝，造成电子元件失灵。

防护之二：贴膜过程最忌灰尘，而灰尘又无所不在，尤其是车内，专业的喷雾系统和专业的椅套脚垫是保障灰尘降到最低的设备。

防护之三：每部车的车型不一，切割防爆膜在玻璃上最为方便，如果技术不良，切割过重会划伤玻璃，过轻则切不断，且粗心的贴膜师带刀进出车内容易划伤皮椅、天花板，造成无法挽回的遗憾。

## 二、人员配备

### 1. 接车部

人员需求：1人。

工作任务：提前准备好洗车工单、笔，并记录车型、车牌、来店时间、预计交车时间。请客户到休息区休息。

仪表要求：面部、头发、口腔卫生、服装要符合工作的要求。

### 2. 汽车装饰部

人员需求：2人，其中贴膜技师1人，贴膜小工1人。

工作任务：在施工之前，需要进行全车清洁，清洁过后便可进行整车施工。

## 三、工具配备

根据防爆膜工具的用途不同，可分为保护工具、清洗工具、裁膜工具、热成型工具和排水工具。

（1）保护工具如表2-2-1所示。

表 2-2-1　　保护工具

| 工具名称 | 用途 | 实物 |
| --- | --- | --- |
| 保护膜 | 防止内饰部件和车身被清洗液和安装液淋湿，或液体残留而产生难以去除的污渍 | 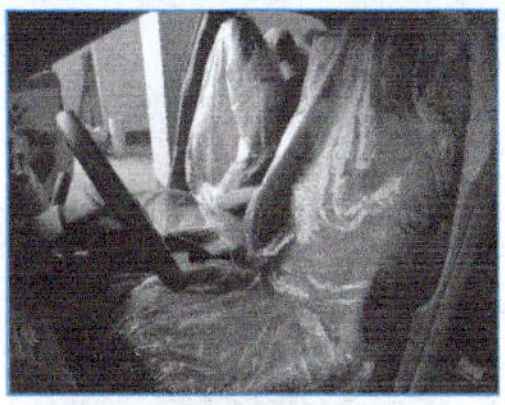 |
| 毛巾 | 用来保护仪表台、座椅等内饰，垫放工具，防止工具划伤和吸收流淌下来的清洗液和安装液 |  |

（2）清洗工具如表2-2-2所示。

表 2-2-2　　清洗工具

| 工具名称 | 用途 | 实物 |
| --- | --- | --- |
| 水壶 | 盛放玻璃清洗液和安装液，使用时能产生一定的压力，将液体喷出，还可以调节喷雾形状 | 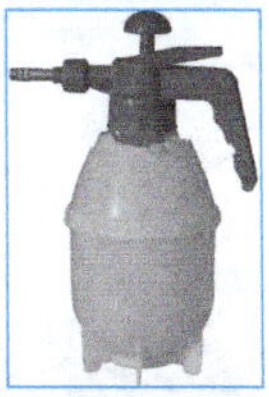 |
| 铲刀 | 清除玻璃上的顽固污渍和残留的粘贴物 | 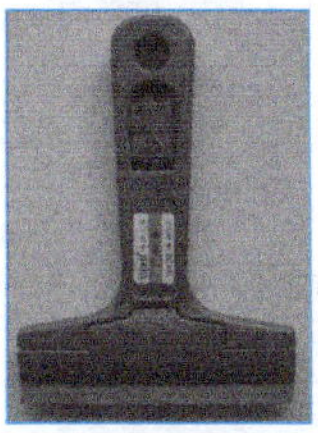 |

（3）裁膜工具如表2-2-3所示。

表 2-2-3 裁膜工具

| 工具名称 | 用途 | 实物 |
| --- | --- | --- |
| 裁切剪刀 | 用来裁剪窗膜，修饰形状，与保护膜分离。窗膜的裁切是在车窗玻璃上直接进行的，为了精确地裁出窗膜，同时又不划伤玻璃，必须掌握正确的持剪刀方法 | 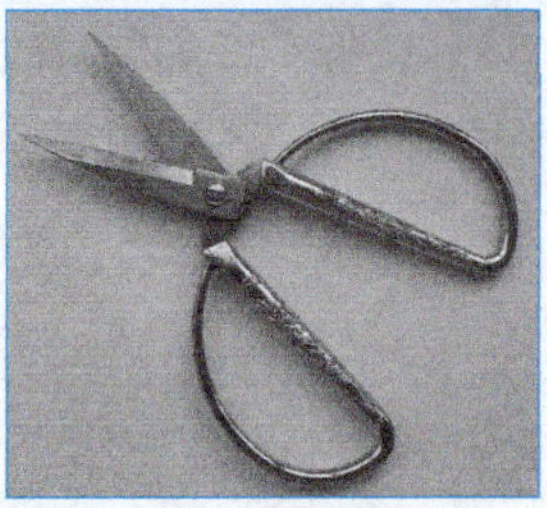 |
| 测量尺 | 用来测量车窗和窗膜的尺寸，便于粗裁；裁膜时取直 | 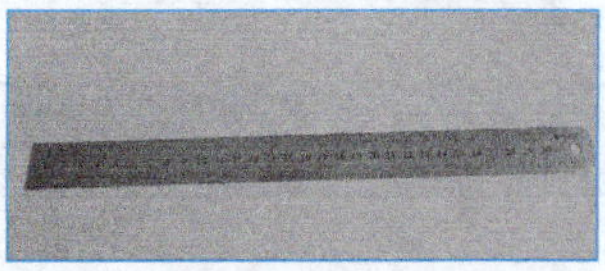 |
| 裁膜工作台 | 用来摆放窗膜和窗膜粗裁时的操作台，要求平滑还不能过硬 |  |

（4）热成型工具如表2-2-4所示。

表 2-2-4 热成型工具

| 工具名称 | 用途 | 实物 |
| --- | --- | --- |
| 热风枪 | 加热窗膜，使其收缩变形，达到与玻璃一致的形状。还可以将玻璃上有用的粘贴物加热后，便于取下 |  |
| 大号塑料刮板 | 刮平窗膜，窗膜加热收缩后辅助成型，窗膜排水，清洁玻璃 | 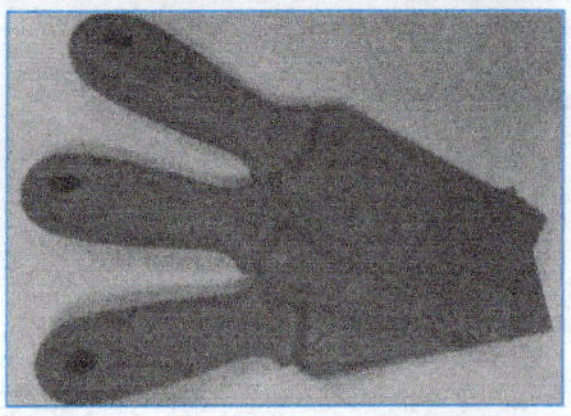 |

（5）排水工具如表2-2-5所示。

表 2-2-5　　排水工具

| 工具名称 | 用途 | 实物 |
| --- | --- | --- |
| 橡胶刮水铲 | 刮平窗膜，可以在成型时使用，也可以在贴膜时排水使用 |  |
| 橡胶刮板 | 用来排水，排水彻底 |  |
| 小号塑料刮板 | 贴膜时辅助窗膜插入密封条内，彻底排水 |  |

## 四、材料配备

### 1. 清洗液

在清洗玻璃时，禁用酸碱性高的溶济清洗，也尽量别让皮革油类的油性液体沾到窗膜上，清洗方式可以用清水或非酸碱性高的清洗液，市面上大多数玻璃清洗剂都能很好用来清洗窗膜，更适合窗膜的清洗液是水加家用清洁精以10：1的比例稀释而成。

### 2. 安装液

安装液用过滤的自来水加上少量的中性洗碗精调配而成。过滤水能降低水中杂质，贴膜才不会夹带灰尘。洗碗精调配比例浓度过高，会导致薄膜过于滑动无法紧贴玻璃，调配浓度过低，则导致薄膜摩擦力过大无法移动，比较之下浓度低比浓度高的安装液更容易损坏膜。调配比例约在30：1，可依照个人习惯、薄膜性质、洗碗精本身浓度，来增加或减少比例。

### 3. 防爆膜品牌

防爆膜的品牌如表2-2-6所示。

表 2-2-6 防爆膜的品牌

| 品牌 | 品牌公司介绍 | 产品介绍 |
| --- | --- | --- |
| 寰球窗膜 | “寰球窗膜”是美国寰球聚酯膜有限公司旗下的汽车膜品牌，寰球窗膜汽车膜产品由于自主生产聚酯基片，保证了聚酯膜极高的清晰度，进而为驾驶者提供了最清晰的视觉感受 | 寰球窗膜的主要系列产品：冰酷、动感、清新、超越、传奇 |
| 威固 | 上海海晏威固国际贸易有限公司（以下简称海晏威固）是经威固国际授权在中国境内唯一从事威固隔热产品销售的国家代理 | 应用于汽车玻璃窗上，高可见光及选择性的热阻隔使车友在炎炎的夏日享受到超爽的清凉 |
| 龙膜 | 龙膜是美国首诺科 cpfilms 公司在全球推广其玻璃功能膜时所用的统一商标，是指直接贴在玻璃表面，把普通玻璃变成高性能玻璃的一种高科技节能安全材料 | llumar 龙膜玻璃处理膜是由聚酯和金属化涂层通过粘胶合成的一种很薄的膜 |
| 量子膜 | 量子膜 Quantum 量子膜由 Bekaert Specialty Films，LLC（即 BSF）——美国贝卡尔特特殊渡膜公司出品，公司位于美国加州圣地亚哥市，美国贝卡尔特特殊镀膜公司（Bekaert Specialty Films，LLC，BSF）是全世界磁控溅射膜的最大生产商，也是国际公认的在薄膜金属化、涂布和复合、产品研发、技术创新、生产制造方面的行业领导者 | 汽车防爆膜行业顶级品牌——Quantum（量子膜）已经进入中国市场。量子膜是全球第一款专为汽车贴膜市场设计的 100% 双层磁控溅射薄膜，这一技术也因量子汽车防爆膜产品的逐渐推广而深受欧洲名车奔驰、宝马、奥迪、沃尔沃、大众、雷诺、欧宝和雪铁龙等原产地制造商的青睐，并成为这些厂家选用并应用于汽车玻璃窗上的隔热技术 |
| 强生 | 美国 johnson（强生）公司，是世界贴膜协会的倡导者和重要成员，自 20 世纪 50 年代开始，就致力于发展超安全、超设计的玻璃贴膜，每午的生产以 50% 的惊人速度增长，其产品的品质一直处于世界领先地位 | 强生公司又对其生产线进行了大规模的技术改造，使其产品质量更出色，产量也翻了一番 |
| 3m | 3m 公司创建于 1902 年，总部设在美国明苏达州的圣保罗市，是世界著名的产品多元化跨国企业。3m 公司素以勇于创新、产品繁多著称于世，在其百多年历史中开发了六万多种高品质产品，百年来，3m 的产品已深入人们的生活，从家庭用品到医疗用品，从运输、建筑到商业、教育和电子、通信等各个领域 | 公司在中国销售的知名品牌包括：3mtm、post-ittm（报事贴）、scotchgardtm（思高洁）、scotchtm（思高）、nomadtm（朗美）、thinsulatetm（新雪丽）等 |
| 雷朋 | 雷朋汽车隔热膜的特点是：整个产品线都是纯进口的，即雷朋所有的产品都是由美国和日本两家隔热膜工厂生产制造 | 坚持采用美国和日本进口的隔热膜，等于确保了雷朋产品在质量与效能上的绝对保障 |
| 联邦膜 | 联邦是 A&B films pte Ltd 旗下的高端防爆膜品牌，秉承 A&B 的领先技术及成功管理经验，逐渐成为全球隔热膜行业的领军品牌 | 联邦以其非凡的品质和卓越的性能，被汽车、银行、保安、建筑等行业广泛应用 |
| 美装膜 | FIL-ART 美装汽车防爆膜，是日本的强势车用膜品牌，有着悠久的历史和优质的品质，在日本市场占据了很大比重的份额。公司主要技术力量是用在研发玻璃膜与胶卷膜上面，拥有自主的知识产权与专利，其美装产品在日本地区拥有约 150 家的连锁加盟专贴店，它的售卖店约 500 家 | 广泛用于汽车和大楼的玻璃上面，是一家集研发、生产、销售于一身的老牌膜供应商，也是日本最强势车用膜品牌之一 |

续表

| 品牌 | 品牌公司介绍 | 产品介绍 |
| --- | --- | --- |
| FSK 汽车防爆膜 | FSK 汽车防爆膜日本 LINTEC 株式会社）总公司位于日本东京都，拥有 70 多年生产胶膜历史、37 家国内外子公司，在全球黏着制品的领域上是首屈一指的公司。所提供的系列产品包括：薄膜、标签专用的黏着纸、黏着胶膜或是包装用胶带、建材装潢用材、汽车相关产品、半导体制程相关胶带、光学机能性胶膜、保健相关产品等，所含括的领域相当多元也相当丰富 | LINTEC 株式会社拥有精密涂布技术以及专业研究所，所开发生产之窗户隔热膜具高透明、高断热、易施工特性，以优越的产品性能及专业质量闻名全球 |

# 五、操作流程

## 标准技术施工流程（车间）

### 1. 交车检验

检查车身漆面及玻璃是否有刮花、脱漆、凹陷、锈蚀，内装潢、皮椅有无毁损，清点车内物品并作登记，请客户带走随身重要物品，填写交车表。交车检验的内容和方法如表2-2-7所示。

表 2-2-7　　交车检验

| （1）车主交车 | （2）检查车外玻璃及前窗雨刷 |
| --- | --- |
| 车主交付车锁匙，技师将车开入车间检视车辆 | 检查车外玻璃部份有无损坏，前风窗玻璃检查雨刷是否正常 |
| （3）检查车身漆面 | （4）检查轮框漆面 |
| 检查车身漆面是否有毁损，仔细观察，重点检查刮花、脱漆、凹陷、锈蚀 | 检查轮框漆面是否有刮花、脱漆、锈蚀 |
| （5）检查皮椅 | （6）检查门板 |
| 检视车内装潢皮椅部分是否破损、掉件 | 检视车内装潢门板部分是否破损，重点检查门板上夹玻璃的两条玻璃固定胶是否损毁、氧化 |
| （7）检查水切胶条 | （8）检查玻璃面 |
| 重点检查门窗上，夹玻璃的两条水切胶条是否损毁、氧化 | 重点检视玻璃面，是否有刮痕、裂痕、缺角、结晶等 |
| （9）检查电子设备 | （10）检查空调叶片 |
| 车内电子设备中控台是否操作正常，有显示屏要更加注意是否正常 | 空调出风口检查叶片是否正常摆动，有无缺少叶片 |
| （11）检查中控台面 | （12）检查前风窗玻璃 |
| 检视中控台面是否有 GPS 接收器、倒车距离感知器，台面表面有无破损 | 前风窗玻璃检查有无刮痕、裂痕、缺角、结晶等，重点检查后照镜与玻璃黏接处有无裂痕 |
| （13）检查后搁板音响 | （14）检查后风窗玻璃 |

续表

| 后搁板音响是否发出正常声音，有无破音状况 | 后风窗玻璃检视重点在于除雾功能的除雾线，是否每条都能发挥作用、发热 |
| --- | --- |
| （15）移出车内物品 | （16）车辆检验表签名 |
| 将车内多余物品清出，放置在箱内保管好，并登记有哪些物品在表格上 | 最后车主与店家双方在车辆检验表上签名，保障双方权益，完成交车流程 |

## 2. 施工前准备

依照车辆及内装颜色，给予车主选膜建议，将皮椅、地毯、转向盘、中控台盖上不渗水防护套，备妥施工工具准备施工，如图2-2-2所示。附上保护层的操作如表2-2-8所示。

（a）安装座椅套

（b）座椅套安装完成

（c）安装上储物盒套

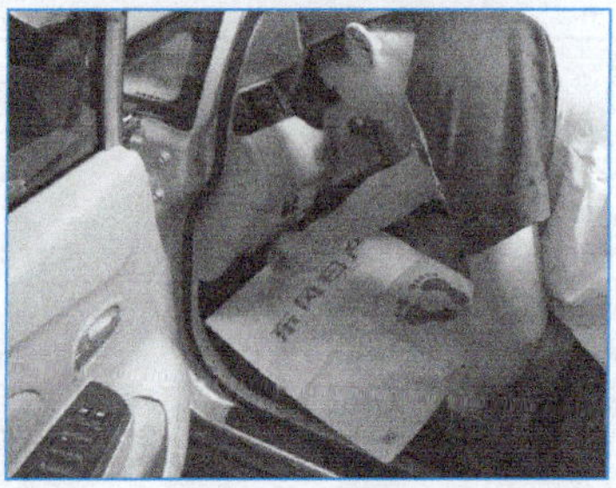

（d）装入地毯环保垫

图 2-2-2　施工前准备

表 2-2-8　附上保护层

| （1）引擎盖 | （2）后车厢盖 |
| --- | --- |
| 车外引擎盖上附上保护层，避免放工具或使用工具时刮伤或撞伤车身漆面，尤其是热风枪，使用时电线的摩擦，使用完枪口的温度高，是伤害漆面最大原因 | 车外后车厢盖，附上保护层，用意与引擎盖完全相同，避免放工具或使用工具时造成漆面伤害 |
| （3）仪表台与转向盘 | （4）前座椅 |
| 车内仪表台与转向盘附上保护层，避免施工中工具碰撞、服装纽扣拉链刮伤方向盘，避免施工中水气过多流入仪表台电子设备中尤其要注意 A 柱与仪表台衔接之缝隙（有些电子模块会固定在 A 住下）一定要挡水 | 前座椅部分附上保护层，避免施工服纽扣或拉链刮花或弄脏座椅，避免施工时水气过多弄湿座椅，避免工具刮花、烫伤或破坏座椅 |
| （5）前后门板 | （6）后座椅 |
| 车内前后门板上附上保护层，避免施工水气过多导致玻璃升降功能失灵及门板音响喇叭短路现象，避免施工时工具刮花、烫伤、破坏内装门板 | 后座椅部分附上保护层，避免施工服纽扣或拉链刮花或弄脏座椅，避免施工时水气过多弄湿座椅，避免工具刮花、烫伤或破坏座椅 |

## 3. 初步清洗

将车辆外部清洗一次，用吸尘器将车内吸尘一次，将贴膜环境四周以喷壶雾状喷洒，降低四周飞尘，将要施工的玻璃面初步清洗一次，如图2-2-3所示。

（a）用高压水枪冲洗车顶

（b）用高压水枪冲洗车侧

（c）用毛巾将车身抹干净

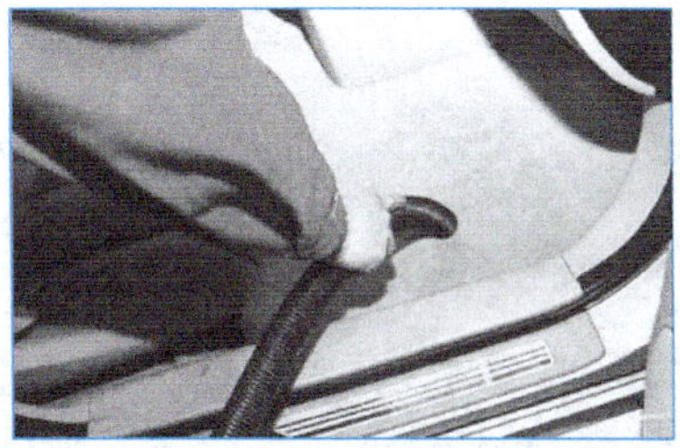

（d）用吸尘机将地毯灰 尘、沙粒及杂物洗干净

图 2-2-3　初步清洗

## 4. 障碍排除

排除阻碍施工的后照镜、后刹车灯壳、后遮阳板、窗帘，用胶带黏贴窗口框毛边，拆除玻璃上的通行证及贴纸。排除障碍的方法如表2-2-9所示。

表 2-2-9　排除障碍

| （1）前风窗玻璃装饰品、贴纸、后照镜 | （2）前风窗玻璃边缘 A 柱及天花板毛边 |
|---|---|
| 将前风窗玻璃上多余的装饰品、贴纸、后照镜排除，为了让施工便利需将以上东西通通排除，贴纸则是为了隔热膜完整贴附在玻璃，延长其寿命 | 前风窗玻璃边缘 A 柱及天花板毛边排除，利用较弱粘性胶布将边缘毛边完整贴附，避免清洗玻璃时或上膜时碰触而造成灰尘飞扬，导致施工不便 |
| （3）侧窗及后侧窗玻璃边框毛边 | （4）后座椅枕头 |
| 侧窗及后侧窗玻璃边框毛边排除，一样使用弱粘性胶布将毛边完整贴附，若车窗边框橡胶部分与玻璃过于紧密，则将橡胶部分暂时拆除，以便施工 | 后座椅枕头部分排除，将枕头拆除能使施工时更便于将玻璃的清洗过程及整张上膜施工技术，减少清洗时角落清洗不干净，及整张上膜时减少折伤或角落碰触引起灰尘的好处 |
| （5）后风窗玻璃边缘 C 柱及天花板毛边 | （6）拆饰板 |
| 后风窗玻璃边缘 C 柱及天花板毛边排除，利用较弱粘性胶布将边缘毛边完整贴附，避免清洁玻璃或上膜时碰触而造成灰尘飞扬，导致施工不便 | 如遇后风窗拆饰板玻璃下缘与后喇叭饰板十分接近，建议拆饰板，一定要用专用工具（Y 口起子） |

## 5. 裁切与烘烤

初步剪裁薄膜，薄膜剪裁大小需超过玻璃的面积，薄膜贴合玻璃，离心层向外以H字烘烤法用热风枪将薄膜四周烘烤定型，定型后再做精裁修边动作，如图2-2-4、图2-2-5所示。

（a）测量玻璃尺寸　　（b）在工作台裁切出合适尺寸的防爆膜

图 2-2-4　测量及裁切防爆膜

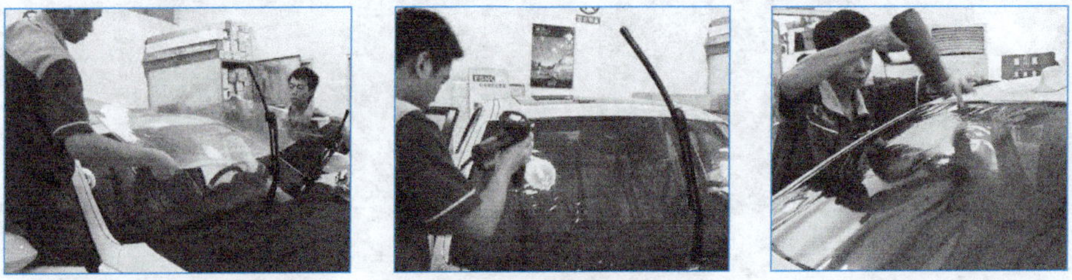

（a）把膜搁到外面定型　　（b）用热风枪烤前风窗玻璃进行定型　　（c）用热风枪烤后风窗玻璃进行定型

图 2-2-5　烘烤防爆膜进行定型

## 6. 玻璃清洁

喷水方式由中向外、由上往下，将玻璃完全降下，用布将边框细缝擦拭过，再将玻璃升起一半，利用拨水刮板将玻璃上水刮除，再将玻璃完全升起，用玻璃刮板将水完全刮除，不留水痕，如图2-2-6所示。

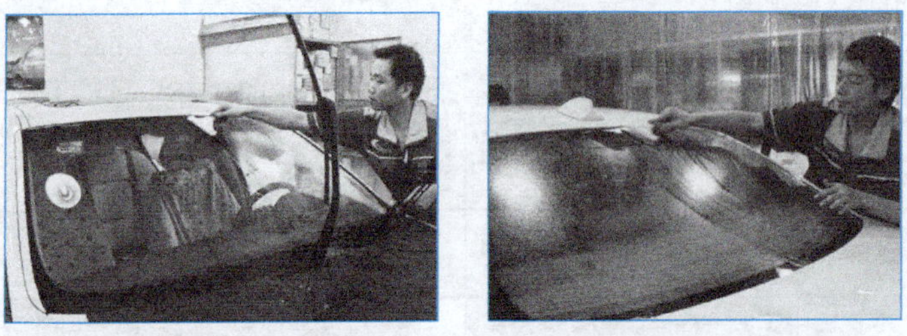

（a）清洁前风窗玻璃　　（b）清洁后风窗玻璃

图 2-2-6　玻璃清洁

## 7. 完成贴膜

平均喷洒安装液在玻璃上及薄膜上，拆开一半离心层喷洒安装液，贴合在玻璃上，用玻璃刮板排出一些水分，再将其余离心膜撕开，喷上安装水，用玻璃刮板将水排出，再把撕掉的离心纸覆盖在薄膜外，用三角板将水完整排出，取掉离心层，完成贴膜，如图2-2-7所示。

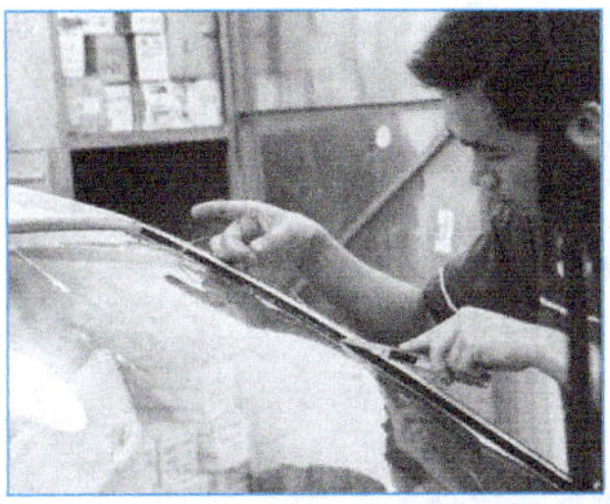

（a）裁切出多余的防爆膜

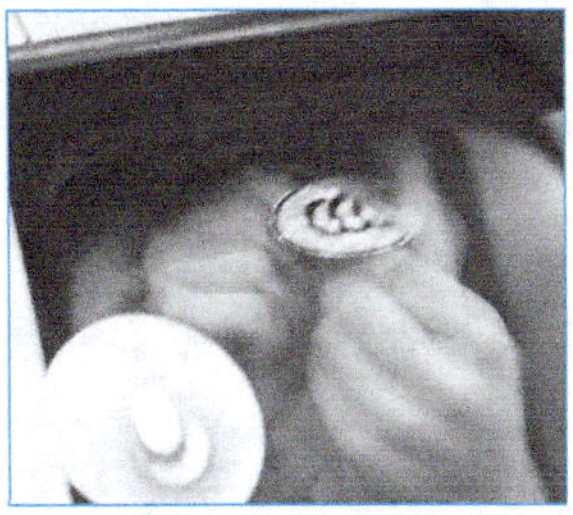

（b）将前风窗玻璃标识撕下

（c）在车厢里面清洁前风窗玻璃

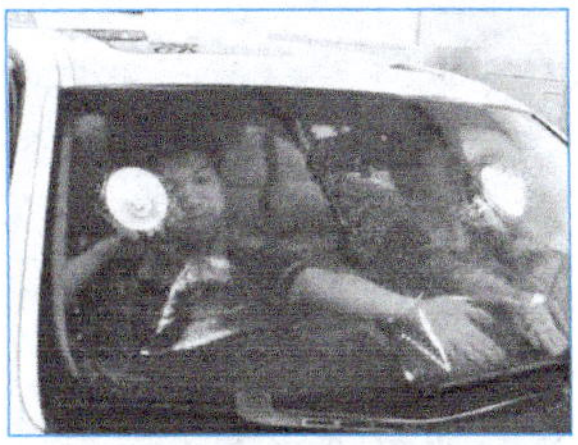

（d）将防爆膜贴入前风窗玻璃

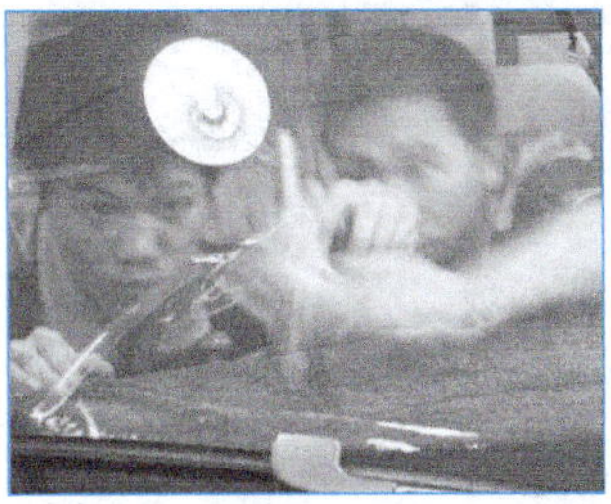

（e）将防爆膜外层撕下

（f）用小刮板修整防爆膜

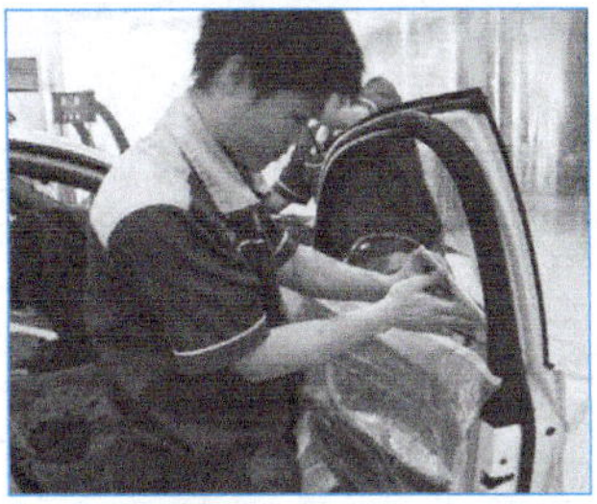

（g）将防爆膜贴上车窗玻璃

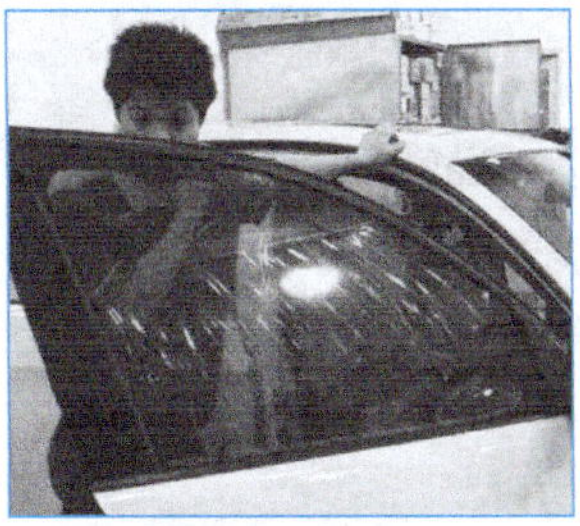

（h）检测贴上的车窗玻璃防爆膜有无气泡

（i）前风窗玻璃完工后效果

（j）车窗玻璃完工后效果

图 2-2-7　整车完成贴膜过程

### 8. 环境清洁

把玻璃清洗干净，移除防渗水防护套，将车内原本有的物品归位，擦拭掉车漆在贴膜过程中所留下的指纹，最后把施工环境废材、积水清理干净。

### 9. 成品验收

验收成品，符合贴膜标准无灰尘、无折痕、无漏光原则，并让车主检验，无问题后，告诉车主使用车膜的注意事项及清洁事项，填写质保卡，网上登录输入质保卡号，交付钥匙。

## 六、检验标准

### 1. 防爆膜

（1）安装防爆膜后不得出现折痕或破损。

（2）安装防爆膜后不得出现刮痕或压痕。

（3）安装防爆膜后，防爆膜表面不得出现气泡、沙粒及过多水纹。

（4）安装在汽车玻璃表面上的膜是否与原汽车玻璃表面一样平滑。

（5）防爆膜安装后，膜边缘为平顺线状而非锯齿或不规则线状，且不起边。

（6）每张防爆膜张贴后，不得出现拼接贴法。

（7）安装烘烤过的防爆膜，不得有脱色或脱胶现象。

（8）安装后，防爆膜4个角落部分不得出现密极度过高的细灰尘。

（9）安装后，玻璃上出现的细灰尘不得超过0.5mm。

（10）安装同款同系列之防爆膜，颜色必须一致，不得有差异。

### 2. 前风窗玻璃

（1）前风窗玻璃安装防爆膜后，清晰度是否依然，不可出现雾状或波纹。

（2）前风窗玻璃与后风窗玻璃安装后，边缘必须压过黑边0.3~0.5cm。

（3）前风窗玻璃，内反光不得超过10%。

### 3. 侧风窗玻璃

（1）安装侧风窗玻璃后，在侧风窗玻璃上缘与隔防爆上缘距离不得少于0.5cm，多于1cm。

（2）安装侧风窗玻璃后，将玻璃关上玻璃上缘不得出现漏光现象。

（3）侧风窗玻璃安装后，防爆膜上缘必须与玻璃上缘形成平行现状态。

（4）贴上侧窗膜，不得过度影响两侧后视镜的视线，必须看得到镜中后方状况（除非必要，才进行挖孔处理）。

### 4. 后风窗玻璃

（1）安装后风窗玻璃，不得使用老式的拼接贴法，必须采用整张烘烤贴法。

（2）后风窗玻璃安装后，其除雾线运作依然正常。

（3）不分车种后风窗玻璃具有制动灯，安装必须绕过制动灯，制动灯部分不得被防爆膜遮住。

（4）不过度影响照后镜的视线，过度影响需告知车主情况，以保驾车安全。

### 5. 窗框、玻璃

（1）安装后检视玻璃表面上是否有出现新刮痕、刮伤等。

（2）安装侧风窗玻璃后，检视玻璃上缘边缘是否有新的缺角。

（3）安装后一天玻璃若产生裂痕、暴裂等现象，店家需与车主协调更换（内反光率高于10%者不适用）。

（4）窗框不得出现刮痕，窗框橡皮不得破损或脱落。

### 6. 车身、内装

（1）车身漆面不得有出现新的刮伤，不得有出现新的凹痕。

（2）车身配件保有交车时完整（天线、镀烙饰品等）。

（3）安装后，不得有水或清洁剂残留在内装门板、仪表板台、沙发上。

（4）安装后，内装里不得出现破损刮伤等（门板、仪表板台、沙发上）。

（5）不得有清洁剂残留在漆面上，不得有漆面出现部分退色。

## 【小结】

1.汽车玻璃防爆膜：又称为太阳膜，顾名思义，其用途主要就是用来对付夏季那灼人的太阳光。

2.汽车防爆膜结构：（1）抗磨层；（2）带色PET安全基层；（3）金属隔热层；（4）复合胶粘剂；（5）UV吸收层；（6）透明PET安全基层；（7）安装胶粘剂；（8）高透明PET离型膜。

3.汽车防爆膜作用：（1）创造最佳美感；（2）提高防暴性能；（3）提高空调效能；（4）抵御有害紫外线；（5）保证乘车隐密性。

4.汽车防爆膜辨别真假：（1）一望颜色；（2）二闻味道；（3）三问指标；（4）四切手感。

5.贴防爆膜工具：工具的用途不同分为保护工具、清洗工具、裁膜工具、热成型工具和排水工具。

6.材料配备：（1）清洗液；（2）安装液；（3）防爆膜品牌。

7.标准技术施工流程：（1）交车检验；（2）施工前准备；（3）初步清洗；（4）障碍排除；（5）裁切与烘烤；（6）玻璃清洁；（7）成品贴膜；（8）环境清洁；（9）成品验收。

## 【课后练习】

### 1. 填空题

（1）____________________，又称为太阳膜，顾名思义，其用途主要就是用来对付夏季那灼人的太阳光。

（2）防暴膜，在中国市场上经常被错误的称为“防爆膜”，是窗膜（____________________）在中国市场上用于汽车膜的特定称谓，这其实是一种误导，是夸大其词。

（3）防爆膜作用：①创造最佳美感；②_______________；③提高空调效能；④抵御有害紫外线；⑤保证乘车隐密性。

（4）在选膜过程中，应采用中医上的“______________”的方式，对产品进行详细了解。

（5）贴防爆膜工具用途不同分为保护工具、________________、裁膜工具、_______________和排水工具。

（6）检查车身漆面及玻璃是否有刮花、脱漆、__________、锈蚀，内装潢、_____，清点车内物品并作登记。

## 2. 看图题

（1）施工前准备。

 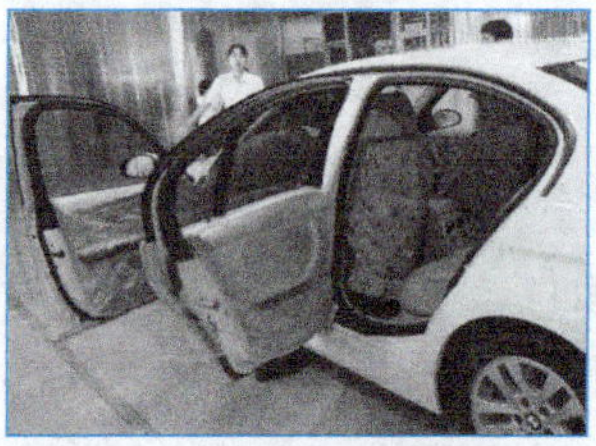

________________ ________________

（2）裁切与烘烤。

________________ ________________

（3）玻璃清洁。

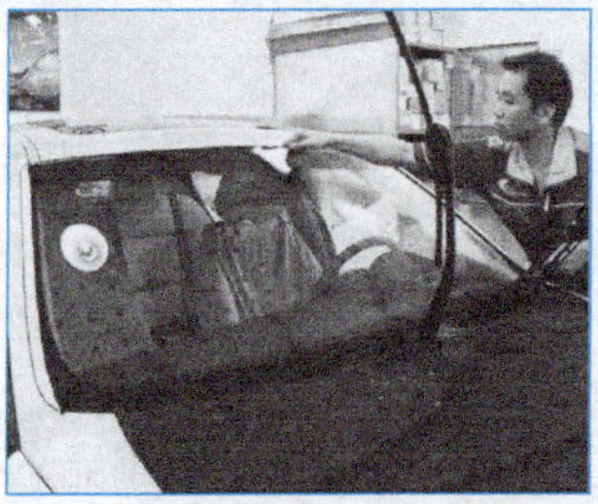 

________________ ________________

## 3. 问答题

（1）防爆膜的作用是什么？

（2）如何分辨防爆膜的真假？

（3）写出贴防爆膜的流程。

# 任务三　底盘装甲

## 【任务引入】

霍先生刚刚购置了一台新车，他来到美容店洗车。负责精品销售的接待员适时地向他讲解了底盘装甲的优点及重要性后，霍先生马上签单为他的爱车进行底盘装甲的施工。我们的精品销售接待员是如何做的呢?

## 【知识目标】

（1）了解车辆进行底盘装甲的意义。

（2）能准备底盘装甲任务的设备及材料。

（3）掌握底盘装甲的操作，认识组员的分工要求。

## 【知识链接】

俗话说“烂车先烂底”，终年不见阳光，历经无数坎坷的汽车底盘，腐蚀和损坏的隐患是很大的。现在汽车的底盘都很低，在行驶过程中一些被飞溅起来的沙石不停地撞击底盘；在凹凸不平的路面行驶，汽车底盘还有可能被托底；雨雪天汽车底盘易粘结泥块，受到雨水、雪粒的锈蚀；雪后道路上布满具有极强腐蚀的融雪剂，更是对汽车底盘造成致命的摧残，大大缩短了车辆的使用寿命。

汽车在平常的行驶中常会遇到以下情况。

（1）汽车高速行驶时沙石像利刀一样切削撞击，对底盘损坏程度非常大，特别是轮弧部位，很多车在3~5年内，轮弧就开始锈蚀穿孔，如图2-3-1所示。

（2）南方潮湿气候和雨水过多的地区，汽车金属表面长年处于潮湿状态，这样相当于提供了电解液，在金属表面能很快生成铁锈，如图2-3-2所示。

（3）沿海地区经常有运海鲜的车辆，路面的盐分含量很高对汽车底盘腐蚀损害很大。北方冬天雪道上喷洒很多除雪剂（为保持路面通畅和车辆行驶安全）对汽车底盘金属件造成严重的腐蚀，如图2-3-3所示。

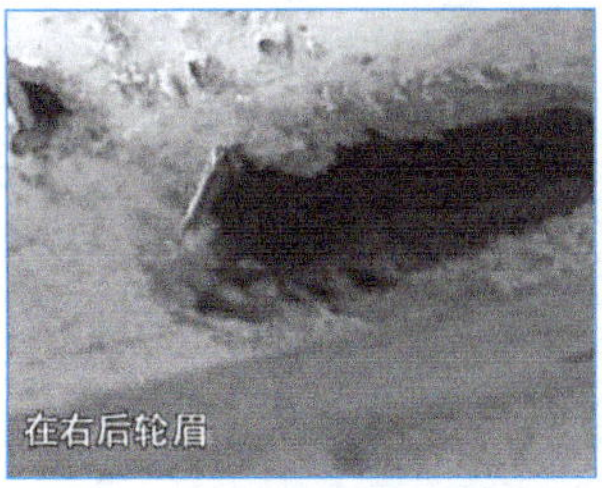

图2-3-1　轮眉锈蚀

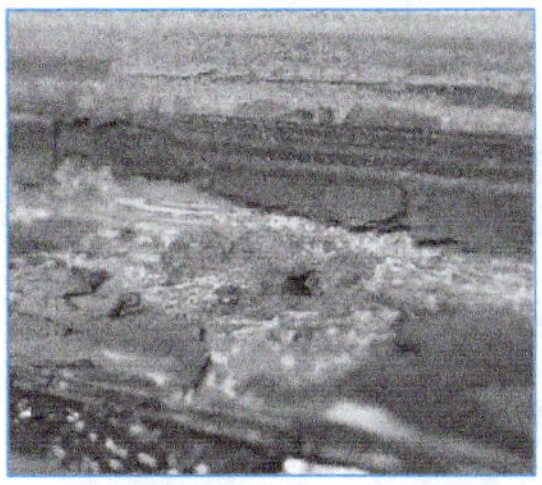
图2-3-2　车身锈蚀

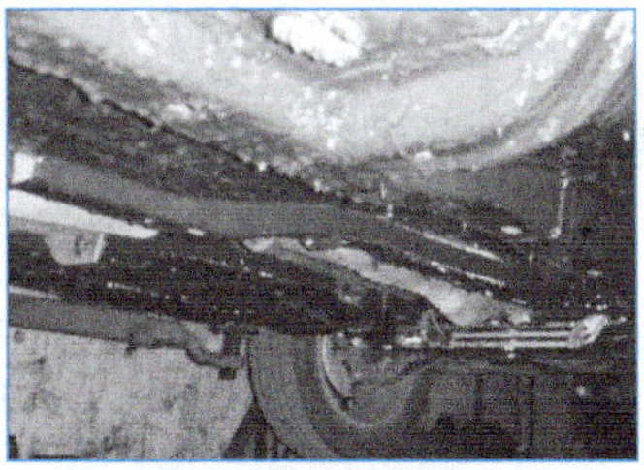
图2-3-3　底盘锈蚀

（4）汽车颠簸行驶会使底盘螺丝松脱，造成安全隐患。

以上情况都会对车有很大的损害，缩短车辆的使用寿命并影响驾驶安全。

现在很多汽车制造商一味地降低成本，在新车出厂时，只给汽车底盘喷了一层薄薄底盘涂料（有些是PVC材料的），有的车甚至连这样的涂料也只是简单地喷一下局部，大部分把防锈漆和镀锌层暴露在外，如图2-3-4所示。像这样的简单的防锈漆和镀锌层在理想的环境下也许是可以对汽车底盘起到防锈作用的，但是在我们日常行驶过程中这样的处理是根本不起作用的，所以在买新车后给车辆穿一件底盘装甲是非常必要的。

图 2-3-4 原车底盘防锈

## 一、操作基础知识

### 1. 汽车底盘装甲介绍

汽车底盘装甲的学名是汽车底盘防撞防锈隔音涂层（“UNDERCOATING”底漆），一种高科技的粘附性橡胶沥青涂层。汽车底盘装甲具有无毒、高遮盖率、高附着性，可喷涂在车辆底盘、轮毂、油箱、汽车下围板、行李箱等暴露部位，快速干燥后形成一层牢固的弹性保护层，其效果如图2-3-5所示，可防止飞石和沙砾的撞击，避免潮气、酸雨、盐分对车辆底盘金属的侵蚀，防止底盘生锈和锈蚀，保护车主的行车安全。3M底盘装甲具有良好的耐磨性，即使在温度高达148.89℃的情况也不会流动和下垂，同时弹性保护层能够减轻驾驶时道路和轮胎的噪声，提高车主的驾驶舒适度。

图 2-3-5 底盘装甲效果

### 2. 汽车底盘装甲的发展

（1）沥青漆（第一代）。沥青材质防撞漆如图2-3-6所示，主要由沥青、填料及溶剂组成，在早期因其材料来源广泛及廉价而一度畅销国内外市场。但由于富含沥青成分，沥青会导致人体皮肤过敏及致癌。另一方面，沥青漆不耐高温，在夏天车底温度高时易流畅滴落，以及沥青高温会散发出有害气体渗入车厢危害人的健康。基于以上原因，沥青类防撞漆在市场上已日渐式微。

（2）油性防撞漆（第二代）。油性防撞漆如图2-3-7所示，它又分为以下两种。

一种是由硬性树脂、增塑剂及二甲苯等组成，喷涂后早期的柔韧性较好，但在老化过程中随着增塑剂的挥发，漆膜逐渐变硬变脆而失去弹性，并容易脱落。

另一种是橡塑改性防撞漆，通常由合成橡胶、改性树脂及溶剂制成。其优点是具有良好的弹性及附着力。此类防撞漆的缺点是不耐汽油，试验方法可将喷涂成膜后的漆膜刮下，放进汽油浸泡，30min内被完全溶解。

另外，施工过程中对防火安全的要求较高。在国外，环保法案日渐严厉以保护环境及人类健康，此类溶剂型产品亦渐渐被环保型的水性产品取代。

图 2-3-6　沥青漆

图 2-3-7　油性漆

（3）水性防撞漆（第三代）。高分子弹性材质水性防撞漆如图2-3-8所示，通常由高分子弹性材料、助剂及水组成，对环境无害，是目前国外应用最普遍的新型防撞漆。这类产品为适应环保的要求而使用昂贵的材料，是市场上3类产品中价格最高的。

水溶性底盘防锈胶，由于它的稀释剂为水，不含有毒物质，所以又称水溶性底盘防锈胶，为环保型底盘防锈胶，在欧美国家大多选用这类产品。水溶性底盘防锈胶附着力强，胶层弹性较好，底盘隔音效果显著，是做底盘装甲的首选材料。

（4）复合高分子树脂型（第四代）。以有机化学成分为溶剂，把合成高分子材料溶解在其中，等溶剂挥发后，可快速形成干燥的高弹性、防锈保护胶层。该产品为快干型枪喷弹性涂层，具有超强防锈、防腐、堵漏修补、隔音、抗撞击、防水、抗氧化、保护涂层等功能，并在环保的基础上运用其独特的深层电离四元接枝技术，将4种不同性能的高分子材料融为一体，它不受湿度、温度的控制，大大缩短了施工时间，比以往的底盘装甲固化时间缩短了4倍，极大地方便了车主和施工人员。给车提供超强持久的保护，使车辆更加保值，是美国环保局（EPA）推荐产品。

图 2-3-8　水性漆

图 2-3-9　复合高分子树脂型

### 3. 汽车底盘装甲主要应用对象

（1）在露天停车场过夜的车辆。经常停靠在户外的车辆，日复一日的经历温差、寒露、暴晒、雨淋等自然环境影响，长期间的侵蚀着汽车的底盘。

（2）高速行驶的车辆。经常高速行驶的车辆，车体表面各部件都会加速磨损，而底盘及其他关联部件的磨损更为惊人。

（3）SUV或四轮驱动车辆。比普通家轿更宽阔的轮胎面积大块花纹，更容易将地面的沙、石、尘、浆带到底盘，进而造成伤害。

（4）行驶在崎岖路面的车辆。崎岖路面会产生大量的沙砾或积水，经常行驶颠簸路路面，车外异物的撞击将共同作用在汽车底盘上。

## 4. 底盘装甲的优点

（1）阻隔气候影响。夏日里地表的烘烤，酸雨的侵袭，大气的潮气、盐分，冬季雪道上除雪剂的腐蚀等每一种因素都能侵蚀车底。底盘装甲可有效防止汽车生锈，预防提前老化，即时在沿海城市温暖潮湿的气候下，带有盐分的海风吹拂也不会将钢筋铁骨蹂躏得伤痕累累。

（2）防御沙石撞击。当汽车行驶在路况不好的路面上，路面上的砂石被震动飞溅后会不断撞击汽车底盘与轮毂等部位。底盘装甲可以保护汽车底盘原有的防锈漆和镀锌层，以防金属裸露在外并与空气中的潮气和酸雨等接触生锈，强效抵御锈渍迅速蔓延腐蚀汽车内壳机件。

（3）加强行驶安全。受损的底盘可能会导致底盘的一些零件变形，特别是上下摆臂、左右方向拉杆等容易发生变形，一些轻微碰刮同样会引起汽油底壳或波箱油底等发生轻微渗漏。这些变形和渗漏不容被检测到，但是会严重影响行车安全。而进行了底盘防撞防锈处理之后，底盘不受损，安全自然有保障。

（4）为车辆保值。数据显示，通常新车使用3年左右就会发生锈蚀。而与之相对应的一个事实是：车辆保养越好，价值越高。经过一段时间的行驶之后，无论是自己使用还时准备换新车，经过底盘防撞防锈处理（尤其附有正规大公司的品质保证书）的车肯定是能够有更高的价值。尽管买车一般都不会冲着投资而去，但同样一辆车，在若干年后，价值的差别却是高下立见。

## 5. 汽车底盘材质

（1）已做防锈处理的喷漆钢材/板，如图2-3-10所示。

底涂：钢板剪切落料→除氧化皮/防锈→冲压→焊接/铆焊→脱脂→磷化→电泳或浸漆→烘干，电泳漆成分环氧树脂/重金属防腐剂/交联触媒。

中涂：聚酯 / 醇酸 / 丙烯酸 / 氨基体系的溶剂型漆 。

（2）抗石击涂料(PVC和弹性聚氨酯)，如图2-3-11所示。

PVC抗石击涂料，价格便宜，一般应用于车底及门槛下围，有粉化的倾向。

PU聚氨酯抗石击涂料，弹性更优，更好的低温柔韧性，价格较贵，仅部分车型采用。

图 2-3-10　喷涂钢板

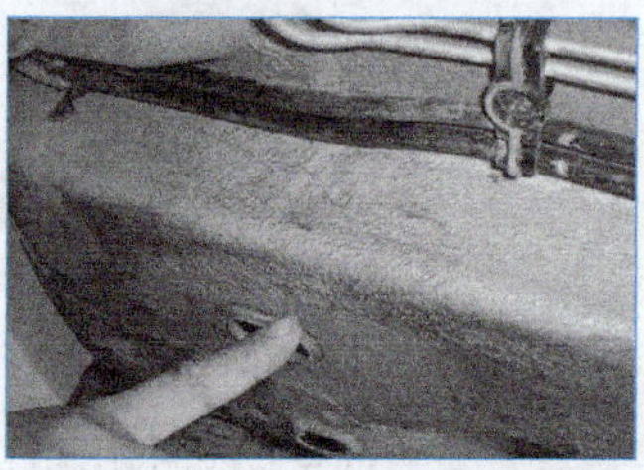

图 2-3-11　抗石击涂料（PVC）

（3）焊缝密封胶(PVC/聚氨酯/改性环氧)，如图2-3-12所示。它优良的耐磨性、低温柔软性、性能可调节范围广、机械强度大、粘接性好、弹性好，具有优良复原性，可适合于动态接缝、耐候性好，使用寿命可长达15～20年。耐油性优良、耐生物老化、价格适中。

（4）塑料HDPE（油箱），如图2-3-13所示。汽车燃油箱是车上唯一储存燃油的地方，是车上重要的功能与安全部件，它必须要牢固、密封。传统的燃油箱用金属制造，随着塑料在车上应用范围日益扩大，现在一种塑料燃油箱正逐渐取替金属燃油箱。

塑料燃油箱材料一般采用高分子量聚乙烯做基材，辅以粘接或阻隔材料，吹塑成型单层及多层复合结构的塑料燃油箱。

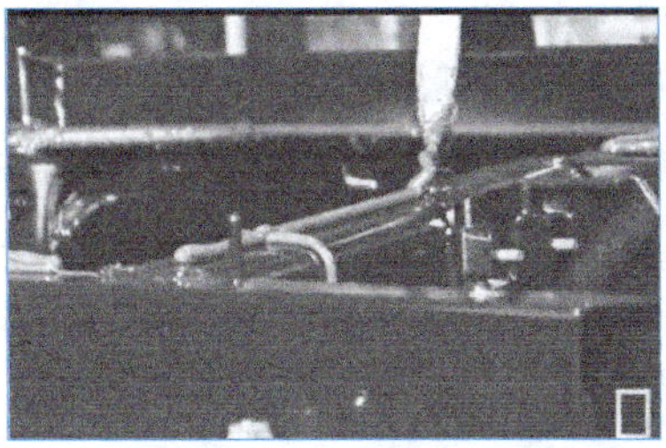
图 2-3-12　焊缝密封胶

图2-3-13　塑料HDPE(油箱)

## 二、人员配备

### 1. 接车部

人员需求：1人。

工作任务：提前准备好接车单、笔，并记录车型、车牌、来店时间、记录整理打包车上物件、预计交车时间。请客户出示会员卡，并请客户到休息区休息。

仪表要求如下。

（1）面部：整洁，无油腻，化职业淡妆。

（2）头发：经常清洗、修剪，梳理整齐，保持干净。

（3）口腔卫生：注意生活卫生，保持口中无异味。

（4）服装：按照规范穿着公司统一工作服装，要求干净、平整，如图2-3-14所示。

### 2. 美容部

人员需求：3人，即美容大工1人，美容小工2人。

工作任务：迎宾，等待客户到来、引导车辆、环车检查。美容小工负责清洁底盘、拆卸附件、漆面保护，美容大工进行底盘装甲施工作业。

### 3. 仪表要求

（1）面部：整洁，无油腻，不留胡须。

（2）头发：经常清洗、修剪，梳理整齐，保持干净，头发不得超过耳际，不过领，禁止剃光头、染发，不留奇异发型。

（3）口腔卫生：上班不饮酒，注意生活卫生，保持口中无异味。

（4）技师服装：按照规范穿着保护套装，如图2-3-15所示。

① 基本着装：牢固的长袖棉质连体服适合大多数工种。尼龙和聚丙烯连体服因其高度易燃并可能产生静电导致火星，所以并不推荐使用。污染严重的连体服须立即更换。参与在短期内可能遭受严重污染的项目时，可考虑穿戴带头罩的一次性的连体服。

② 手套：合适的手套能防止皮肤暴露于溶剂中，能帮助减少割伤和擦伤等外伤。在油漆喷涂时，橡胶手套能提供最好的防溶剂性能。

③ 鞋子：所有的鞋子和靴子须有钢头。任何情况下不允许穿露指头的便鞋。在油漆施工时，推荐使用能防静电和带有防滑鞋底和皮质鞋面的鞋。

④ 呼吸保护：任何可能接触喷雾和蒸气的人必须配戴呼吸保护设备。

⑤ 眼睛保护：在所有喷涂操作中必须保护眼睛。应配戴护目镜或面罩以防油漆飞溅。其材质须能抵抗所用的溶剂。

（5）普工服装：按照规范穿着公司统一工作服装，要求干净、平整，扣齐所有纽扣，衣领无汗迹，衣袖及裤脚不得翻转、挽起，如图2-3-16所示。

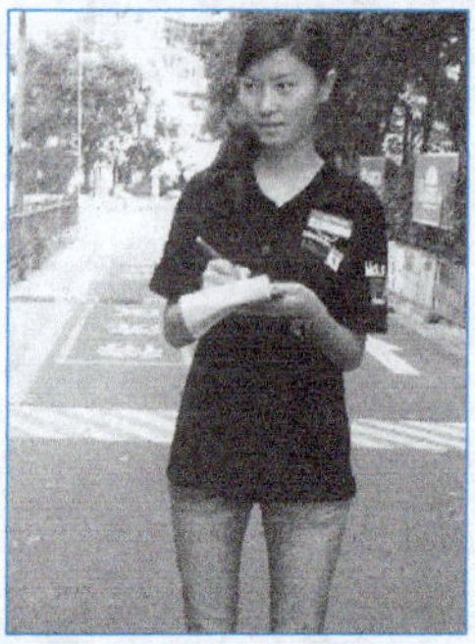

图 2-3-14 接待员

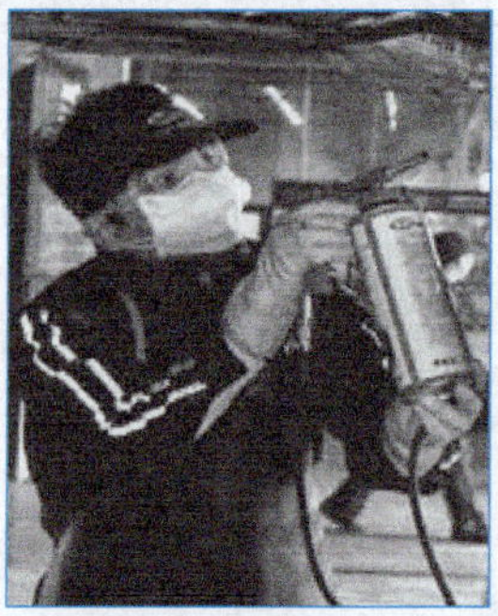

图 2-3-15 技师

图 2-3-16 普工

## 三、工具配备

### 1. 十字轮胎扳手

十字形状在操作中能更好地为拆卸螺母提供扭力。3头为6角套筒为17mm、19mm、 21mm，另一头为1/2 驱动方头，如图2-3-17所示。

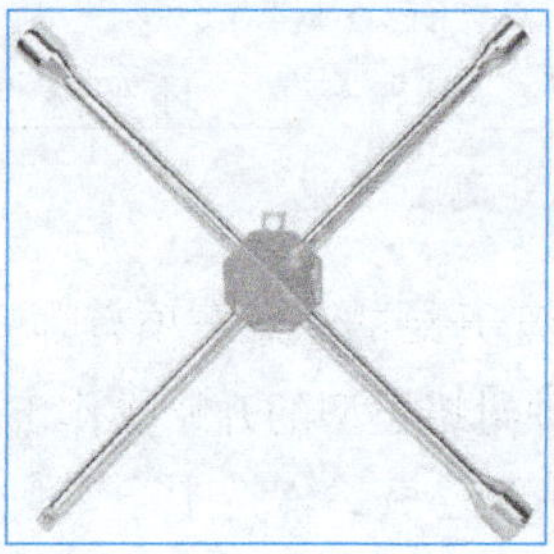

图 2-3-17 十字轮胎扳手

## 2. 防毒口罩

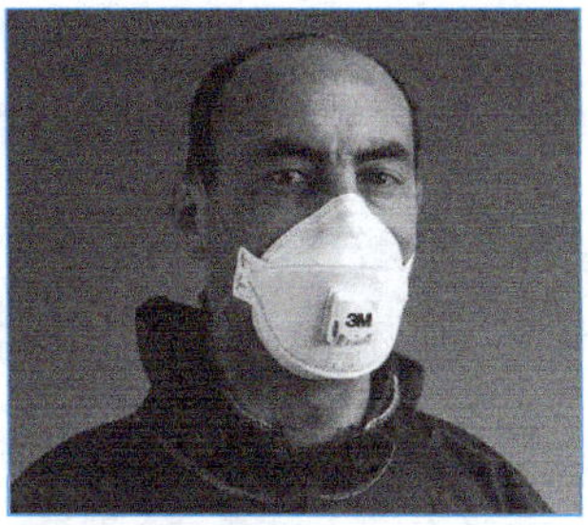

图 2-3-18 防毒口罩

防毒口罩如图2-3-18所示。其主要作用是：使含有害物的空气通过口罩的滤料过滤进化后再被人吸入。

使用方法如下。

（1）口罩使用前应检查各部件是否完好。

（2）佩戴口罩必须保持端正，口罩带要分别系牢，要调整口罩至不松动，不漏气。

（3）口罩在使用中，如口罩内开始嗅到有毒气体的轻微气味，应立即离开毒气区域，更换新的滤毒药剂。

## 3. 喷枪

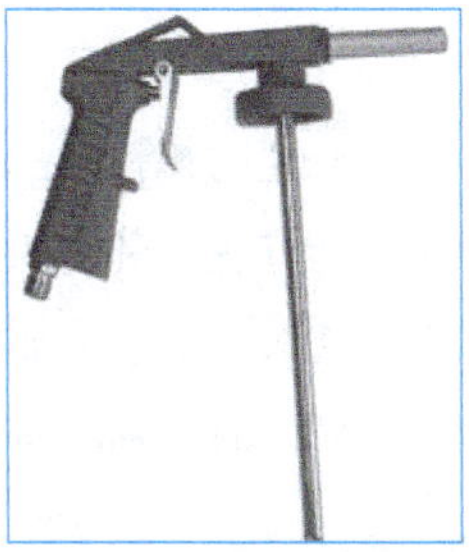

图 2-3-19 喷枪

喷枪如图2-3-19所示。当一定压力的压缩空气从喷嘴的孔喷出时在喷嘴前形成负压涂料在气压作用下，通过中心孔道被抽出，涂料与压缩空气相会后，分散成细小涂料颗粒，在被饰表面上形成漆膜。

使用方法如下。

（1）喷枪口与被涂物面间喷射距离以30~60cm为宜，过近易使涂料分散不良而出现堆积，过远会因涂料飞扬使涂层太薄。

（2）喷枪的移动速度以3~4m/s为宜，过快、过慢都不能获得均匀的涂层。

（3）喷枪的运行应与被涂物面垂直，故喷涂时应靠手臂动作而非手腕动作，因为手臂动作喷涂可达平等垂直之目的，手腕动作则会产生以手腕为支点的圆弧行动作，使喷涂不匀。

## 4. 车衣罩

图 2-3-20 车衣罩

按汽车的外形尺寸用帆布或其他柔韧耐磨材料制作的车衣罩，如图2-3-20所示。它是汽车的防护用品，能对车漆、车窗玻璃起到较好的保护作用，特别是高档小车，经常使用车衣能够延长车漆使用寿命，使车漆光亮如新。车衣由衣身、扣带、弹簧拉钩3部分组成。

## 5. 帽子

帽子有遮阳、装饰、增温和防护等作用，如图2-3-21所示。

## 6. 橡胶手套

用橡胶薄片或薄膜制成的一类手套，如图2-3-22所示。按用途分为耐酸碱手套、电绝缘手套、防辐射手套、医用手套等。按橡胶原料或制造工艺分为胶乳手套和模压手套等。

## 7. 防护眼镜

防护眼镜就是一种滤光镜，如图2-3-23所示，它可以改变透过的光强和光谱，避免辐射光对眼睛造成伤害，最有效和最常用的方法是配戴防护眼镜。

### 8. 拆卸挡泥板的工具（通用工具）

通用工具包括手锤、起子、钳子、扳手等，如图2-3-24所示。

图 2-3-21　帽子

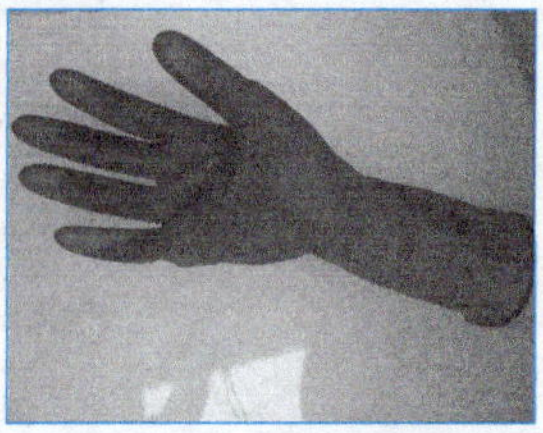

图 2-3-22　橡胶手套

图 2-3-23　防护眼镜

图 2-3-24　通用工具

## 四、材料配备

水性防撞漆——产品性能：具有持久的附着力和抗老化性能，耐汽油和酸碱，有效防止生锈，具有优良的弹性，可明显降低噪音和防止撞击；固化成分含量高，涂层厚，不垂流，方便施工；以水为分散介质，绿色环保。

常见的市场品牌如表2-3-1所示。

表 2-3-1　　水性防撞漆

| 品牌 | 图片 | 规格 |
|---|---|---|
| 伍尔特 |  | 1L |
| 汉高 |  | 1L |
| 雷朋 |  | 1L |

柏油清洁剂——产品性能：能迅速溶解、乳化车身表面的柏油（沥青），使之快速成蝌蚪状，像泪珠一样自然脱落，同时具有去除油污、尘垢、缓蚀、上光作用。不会损伤漆面，不会造成哑光，一喷即落，一抹即净。

常见的市场品牌如表2-3-2所示。

表 2-3-2　　柏油清洁剂

| 品牌 | 图片 | 规格 |
| --- | --- | --- |
| 龟牌 |  | 300~500mL |
| 保赐利 |  | 300~500mL |
| 3M |  | 300~500mL |

纸胶布——产品性能：以皱纹纸为基材、涂布水性、橡胶型或有机硅压敏胶经高温烘干而成。常见的市场品牌如表2-3-3所示。

表 2-3-3　　纸胶布

| 品牌 | 图片 | 规格 |
| --- | --- | --- |
| 雅萍牌 | 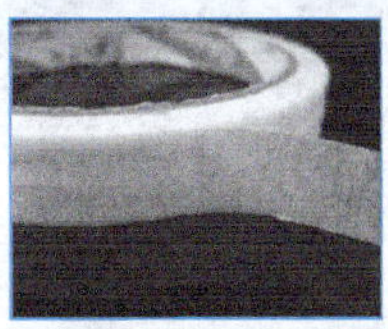 | 14 米 / 卷 |
| 3M | 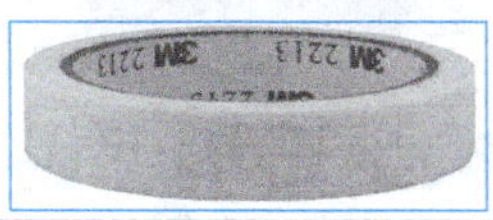 | 14 米 / 卷 |
| 枫叶 |  | 14 米 / 卷 |

## 【任务实施】

清洗底盘 ➜ 拆卸轮胎 ➜ 局部包裹 ➜ 仔细喷涂 ➜ 干透完工

## 操作一 清洗底盘

要将汽车底盘仔细洗干净，首先用举升机将汽车升高，拆除车轮和内叶子板保护胶板，用高压水枪冲洗底盘，去除底盘上的油泥和沙子，还可以用常见的铁丝网刷，把车底附着的泥沙、油污、腐锈和其他杂物刮掉，直到露出金属的本色为止。再用吹水枪将缝隙中的水吹出，并用毛巾将水擦干，如图2-3-25所示。

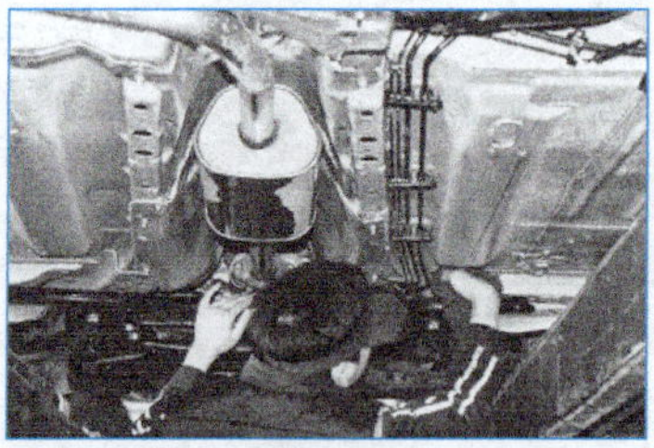

图 2-3-25 清洗并擦干

## 操作二 拆卸轮胎

车轮罩是一个较常见的锈蚀区。进行底盘装甲时必须重点喷涂，拆卸轮胎能更好地对这一区域进行喷涂。拆卸前应找准支撑点，如图2-3-26所示。拆卸轮胎应该遵循轮胎螺母对角松开的原则，如图2-3-27所示。

图 2-3-26 正确支撑汽车

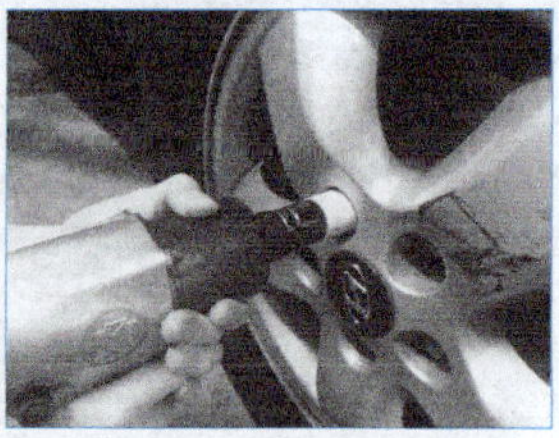

图 2-3-27 拆卸轮胎螺母

## 操作三 局部包裹

底盘装甲并非底盘全部装甲，像发动机油底壳、变速箱外壳、进排气岐管、排气管、避震弹簧、避震器、方向轴等部位，在喷涂时都要拿遮盖纸进行包裹，如图2-3-28和图2-3-29所示，避免防锈材料喷在上面。

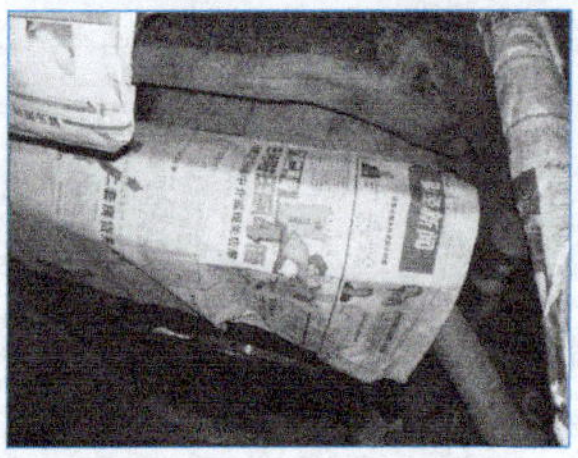

图 2-3-28 局部包裹

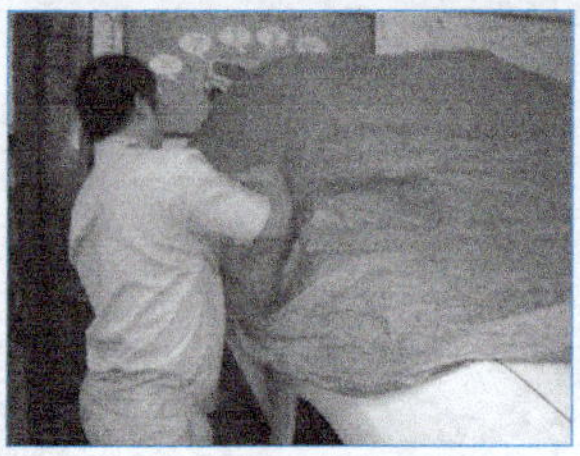

图 2-3-29 对车进行保护

## 操作四 仔细喷涂

仔细包裹好关键部位后，技师就可以开始喷涂了。正常喷射应反复薄喷3次，每次喷涂之间要有一定的时间间隔，常温时最好间隔30min以上（至指触干），在第一次喷射完毕后，对有孔洞、裂缝、接驳处必须用补缝胶修补刮平后再喷。一般来说，底盘装甲的厚度为1~3mm。当然也可以根据顾客的要求反复喷涂，直到达到顾客要求的厚度为止，如图2-3-30所示。

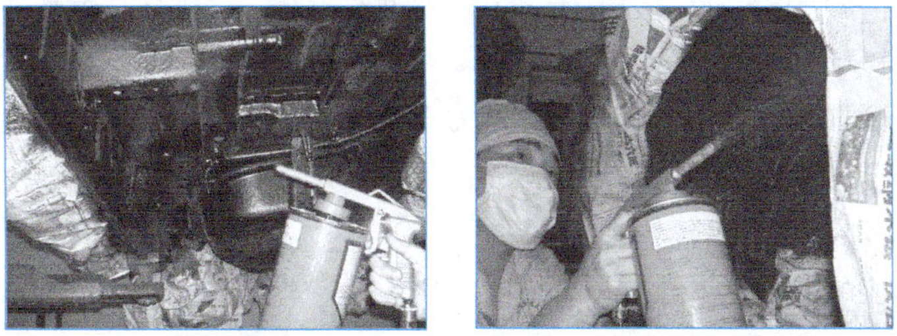

（a）汽车底盘喷涂　　（b）车轮罩喷涂

图 2-3-30　进行均匀喷涂

## 操作五 干透后装件，完工

如果天气晴朗干燥，汽车喷涂2~4h后就能投入使用，但完全干燥还需要等待3天，在这3天内最好不要用高压水枪对底盘进行清洗。干燥后的保护膜可以很好地黏附在清洁的汽车底盘上，具有极强的耐磨性和抗腐蚀性，如图2-3-31所示。材料，工艺等决定效果。

检验标准如图2-3-32所示，以下几点是检验时应特别注意的地方。

图 2-3-31　进行晾干

图 2- 3-32　检验标准

（1）非喷涂部位不能有装甲胶。

（2）喷涂层面要求均匀。

（3）喷涂部位不能遗漏。

### 【小结】

（1）汽车底盘装的发展经历了沥青漆、油性防撞漆、水性防撞漆、复合高分子树脂型4代。

（2）汽车底盘装甲主要应用对象：在露天停车场过夜的车辆、高速行驶的车辆、SUV或四轮驱动车辆、行驶在崎岖路面的车辆。

（3）底盘装甲优点：阻隔气候影响、防御沙石撞击、加强行驶安全、为车辆保值。

（4）底盘装甲操作流程：清洗底盘、拆卸轮胎、局部包裹、仔细喷涂、干透后装件，完工。

（5）喷涂重点：喷射应反复薄喷3次，每次喷涂之间要有一定时间间隔，常温时最好间隔30min以上（至指触干），在第一次喷射完毕后，对有孔洞、裂缝、接驳处必须用补缝胶修补刮平后再喷。

## 【课后练习】

### 1. 填空题

（1）复合高分子树脂型是以有机化学成分为溶剂，把____________溶解在其中，等溶剂挥发后，可快速形成干燥的______________。

（2）水溶性底盘防锈胶，由于它的稀释剂为___________，不含___________，所以又称水溶性底盘防锈胶为环保型底盘防锈胶。

（3）柏油清洁剂——产品性能：能迅速_____________车身表面的柏油（沥青），使之快速成_______________，像泪珠一样自然脱落。

（4）喷枪口与被涂物面间喷射距离以___________cm为宜，过近易使涂料分散不良而出现堆积，过远会因涂料飞扬使涂层太薄。

（5）拆卸轮胎应该遵循轮胎螺母__________的原则。

（6）如果天气晴朗干燥，汽车喷涂___________小时后就能投入使用，但完全干燥还需要等待__________天，在这段时期内最好不要用__________对底盘进行清洗。

### 2. 看图题

（1）认识以下物品。

__________　　__________　　__________

（2）操作技术。

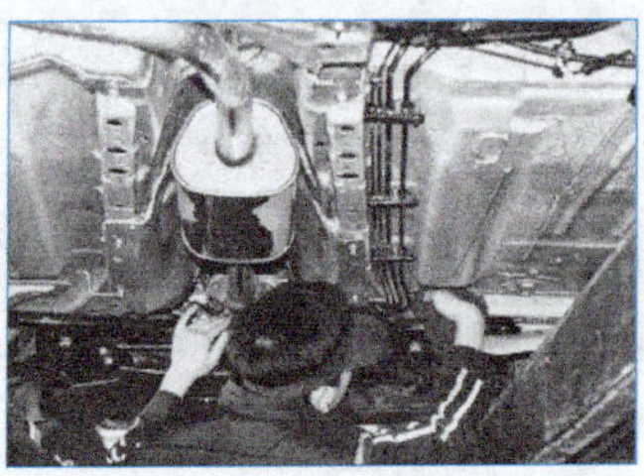

__________________　　__________________

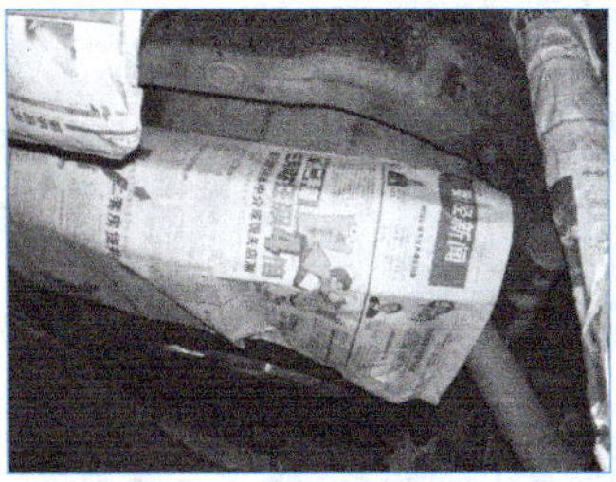

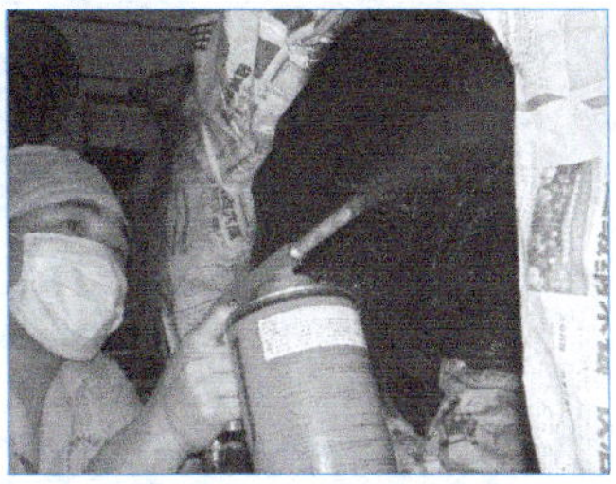

________________　　　________________

### 3. 简答题

（1）简述底盘装甲操作流程。

（2）底盘装甲操作需要准备哪些设备和材料？

# 项目三

# 车辆日常美容

## 任务一　蜡水清洗

### 【任务引入】

我在巡店时听到了罗师傅与客户的一番对话。罗师傅：“轮胎已经加满气了。现在时间还早，你的车子太脏了，洗完车再回家吧。车主：“这几天都下雨，洗车干吗？等天晴后再洗吧。”罗师傅：“其实这是不正确的，下雨天也要洗车。洗车不仅是因为车脏，更是为了保护车漆。”车主：“好吧。”车主是带着疑惑放下了车钥匙。我们能帮车主解惑吗？让我们带着这个问题进行学习吧。

### 【知识目标】

（1）能正确引导客户了解洗车的作用。

（2）能准备蜡水洗车任务的设备及材料。

（3）掌握蜡水清洗的操作，认识组员的分工要求。

（4）掌握清洁设备的维护与保养。

### 【知识链接】

在下过雨后，有些车的车身上会出现颗颗水珠,如图3-1-1（a）所示。这是由于那些注意养车的车主经常洗车，去除了黏附在车漆表面上的尘土、柏油、树脂等，保持漆面光滑，所以雨水会凝成水珠。如果再将一层油性保护膜打在漆面上，可防止雨水直接腐蚀漆面。相反，有些车子雨水淋在漆面上就铺成一片，如图3-1-1（b）所示。这是由于车主不爱洗车，车体积上一层厚厚的尘土，遇到下雨就成一层泥，泥又能够吸水，使得雨水直接在漆面上形成一层水膜，除了越来越脏以外，还会加速酸雨侵蚀车体漆面。所以，勤洗车不仅能保持车子的清洁，更能起到保护车漆的作用。

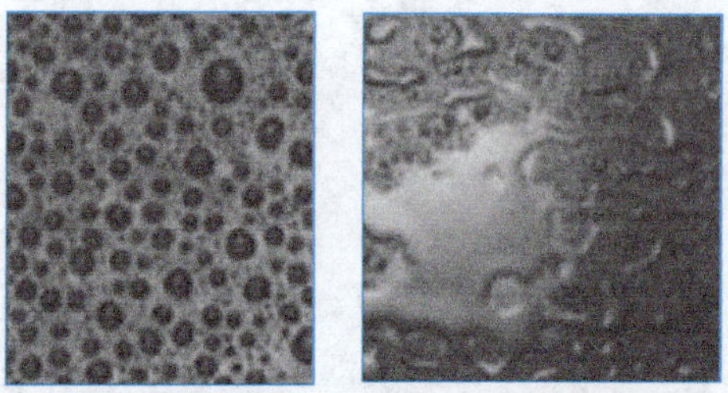

（a）挂水珠　（b）挂水膜

图 3-1-1　水珠效果

至于下雨天为何也要洗车呢？事实上，在雨天，雨水将车身蒙上一层包含土的水膜，包在车身上，一旦有摩擦，这层水膜就如同用砂纸来磨车漆；此外，雨中含有各种有害物质，被泥沙吸住，酸雨就很容易腐蚀车漆。雨后车身上的泥水遇到阳光的照射会提高车身表面温度，使车漆表面一点一点被腐蚀。因此，即使是下雨天气，也要勤洗车。

## 一、操作基础知识

### 1. 汽车清洗的作用

汽车清洗是汽车美容的首要环节，同时也是一个重要环节。它既是一项基础性的工作，也是一种经常性的美容作业。汽车在使用过程中，其表面会受到风吹、日晒、雨淋等自然侵蚀，使表面逐渐沉积灰尘和各类污物。如果这些污垢不及时清除，不仅影响到汽车的外观，还会诱发锈蚀和损伤。因此，汽车清洗对保持车容美观，延长车辆使用寿命有着重要作用。

（1）保持汽车外观整洁。汽车在行驶中经常置身于飞扬的尘土中，雨雪天气有时还要在泥泞道路上行驶，车身外表难免被泥土沾污，影响汽车外观整洁，为使汽车外观保持清洁亮丽，必须经常对汽车进行清洗。

（2）清除大气污染的侵害。大气中有多种能对车身表面产生危害的污染物，尤其是酸雨的危害性最大，它附着于车身表面会使漆面形成有色斑点，如不及时清洗还会造成漆层老化。轻微的酸雨可以用专用去酸雨材料清除，对严重的酸雨需使用专业的设备和清洗剂才能彻底清除。为此，车主应定期将汽车送到专业汽车美容店进行清洗。

（3）清除车身表面顽渍。车身表面如黏附树胶、鸟粪、虫尸、焦油、沥青等顽渍，不及时地清除就会腐蚀漆层，给护理增加难度。为此，车主要经常检查车身表面，一旦发现具有腐蚀性的顽渍应尽快清除，如已腐蚀漆层必须到专业汽车美容店进行处理。

### 2. 常见的车身清洗方法

（1）洗衣粉洗洁精洗车。洗衣粉中的清洗成分一般为磺酸。磺酸长期作用于漆面，容易导致漆面发白，失去原来的光泽。一般洗洁精也是碱性产品，某些洗洁精尽管是中性的，然而长期使用会伤手，如造成手脱皮等现象，所以使用洗衣粉和洗洁精洗车都是不合适的。

（2）洗车液洗车。洗车液的主要清洗成分都是天然植物提取的表面活性剂，另外，洗车液一般还添加有天然车蜡，天然地去除车体静电的成分。洗车液一般都是中性的，不会伤手伤漆面。由于添加有天然蜡成分，可以赋予车身整洁光亮的形象，赋予漆面一定的弹性，普通小沙粒一般就不会划伤漆面了。某些车蜡还具有比较强的抗紫外线能力，紫外线就不会对漆面形成威胁。使用正规公司的洗车液是一种大众化的选择。

（3）水蜡洗车。水蜡洗车相对普通洗车液来说，更注重对漆面的护理。由于水蜡洗车过程加大了蜡的数量和种类，车身车体显得更明亮和具有光泽。水蜡洗车所用的表面活性剂为普通洗面奶的成分，一般不会伤害车漆。

（4）免划痕洗车。免划痕洗车液完全采用了洗面奶的成分，还含有丰富的水蜡、专门的去除静电成分。需要特别指出的是，它使用了别的领域的科技成果，那就是泥沙悬浮的理念。由于使用泥沙悬浮剂，泥沙就在不需要借助外力的条件下自然脱落，真正实现无划痕洗车。

### 3. 洗车过程中能发现的商机

（1）车漆：打蜡、抛光、镀膜等。

（2）室内：室内清洗、室内消毒、更换地毯、香水、座椅、座套等。

（3）玻璃：玻璃镀膜、雨刮、玻璃清洁、太阳膜等。

（4）底盘：防锈、挡泥板等。

（5）轮胎：轮胎、钢铃、刹车片、气嘴、气嘴盖、补胎、动平衡、四轮定位等。

## 二、人员配备

### 1. 接车部

人员需求：1人。

工作任务：提前准备好洗车工单、笔，并记录车型、车牌、来店时间、预计交车时间。请客户出示会员卡，并请客户到休息区休息。

仪表要求：

（1）面部：整洁，无油腻，化职业淡妆。

（2）头发：经常清洗、修剪，梳理整齐，保持干净。

（3）口腔卫生：注意生活卫生，保持口中无异味。

（4）服装：按照规范穿着公司统一工作服装，要求干净、平整，如图3-1-2所示。

### 2. 美容部

人员需求：3人，其中美容大工1人，美容小工2人。

工作任务：迎宾，等待客户到来、引导车辆、环车检查、清洁操作、送车。美容大工还需增加质检工作。

仪表要求：

（1）面部：整洁，无油腻，不留胡须。

（2）头发：经常清洗、修剪，梳理整齐，保持干净，头发不得超过耳际，禁止剃光头、染发，不留奇异发型。

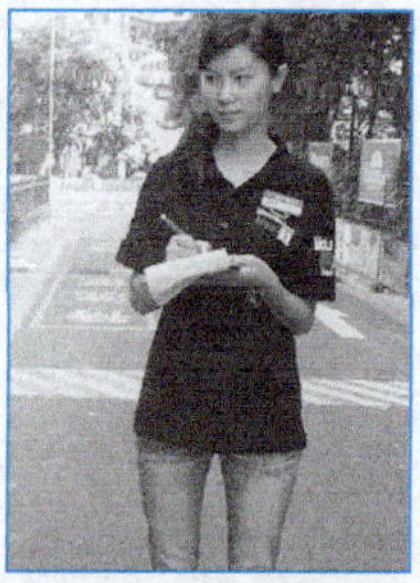

图 3-1-2 接待员

图 3-1-3 普工

（3）口腔卫生：上班不饮酒，注意生活卫生，保持口中无异味。

（4）服装：按照规范穿着公司统一工作服装，要求干净、平整、扣齐所有纽扣、衣领无汗迹，衣袖及裤脚不得翻转、挽起，如图3-1-3所示。

## 三、工具配备

### 1. 设备类

（1）空气压缩机。空气压缩机是气源装置中的主体，它是将原动机（通常是电动机）的机械能转换成气体压力能的装置，是压缩空气的气压发生装置，如图3-1-4所示。

图 3-1-4 空气压缩机

启动前的准备工作如下。

① 检查空压机各运动与静止联结部分的紧固程度。

② 检查和清洗机身油池，按规定注入清洁的润滑油到规定高度。

③ 如果在排气管路上设有专用的放空阀、卸荷阀，则必须完全打开。

④ 检查空压机的各控制与安全防护装置是否完好。

启动压缩机的方法如下。

① 启动压缩机，检查旋向是否正确。

② 耳听运动部分和气缸中有无敲碰声和冲击声。若有异常声音，必须停止空压机，查清原因并消除。

③ 打开进风管上的阀门，使空压机带负荷运行，同时关闭排气管的放空阀使压力缓缓上升。

④ 检查电动机和机身固定在基础上的牢固性。

⑤ 注意管道是否异常振动。

⑥ 一般不允许用多次断断续续的方法来启动空压机。

日常保养方法如下。

① 每日或每次运转前：油气桶泄水、检查油位、周边设备准备（如送水送电，打开压缩机出口阀等）。

② 运转500h：空气滤芯取下清洁，用0.2MPa以下低压压缩空气由内向外吹干净，新机使用后第一次换油过滤器，更换冷却液，清洁空气滤水杯的滤芯，清洁泄水阀滤芯。

③ 运转1000h：检查进气阀动作及活动部位，并加注油脂；清洁空气滤清器；检视管接头紧固螺栓及紧固电线端子螺丝。

④ 运转2000h或6个月：检查各部管路，更换空气滤芯，更换油过滤器，更换空气滤水杯的滤芯，更换自动泄水阀滤芯，补充电机的润滑脂。

⑤ 运转3000h或一年：检查进气阀动作情况及阀板是否关严，检查所有的电磁阀，检查各保护压差开关是否动作正常，更换油细分离器，检查压力维持阀，清洗冷却器，更换O形环，更换空气滤芯、油滤芯，检查起动器之动作。

⑥ 每6000h：清洗冷却液路系统。更换螺杆空压机高级冷却液（排气温度在85℃以下的更换周期）。

⑦ 每20000h或4年：更换机体轴承和各油封，调整间隙，测量电动机绝缘，应在1MΩ以上。

（2）吸尘器。吸尘器是利用电动机带动叶片高速旋转，在密封的壳体内产生空气负压，吸取尘屑，如图3-1-5所示。

图 3-1-5 吸尘器

使用方法如下。

① 若吸尘器带有地线，应该接上再使用。

② 使用前应当将被清扫场所中较大脏物、纸片等除去内堵塞进风口或尘道，防止堵塞使吸尘器不能正常工作。

③ 一般干式吸尘器不允许吸潮湿泥土或污水，而干湿两用吸尘器便可以，但要注意的是吸水时应将尘袋或尘隔拿开，不能在吸水时将尘袋或尘隔放在尘箱里面以免损坏电动机。

④ 吸尘器不要处于长时间连续工作状态，一般不超过2.5h，否则影响使用寿命。

⑤ 使用时一旦发现有异物堵住吸管，应立即停止使用。待清除异物后继续使用，否则会烧毁电机。

⑥ 吸尘器的储灰箱（或储尘袋）应经常清理，否则降低吸气流量从而影响吸尘效率吸尘效果。

日常保养方法如下。

① 及时清理桶内杂物和各吸尘附件，尘格尘袋在每次工作后清洁，检查有没穿孔或漏气，并用清洁剂加温水彻底清洁尘格和尘袋，并吹干，严禁使用不干爽的尘格尘袋。

② 检查电源线及插头是否有破损，用完后把电源线圈绕成一扎挂置于挂钩上。

③ 吸水工作完毕后检查进风口有无堵塞或杂物，否则需作清理.检查浮波有无破损。

④ 机器停用时应放在通风干燥的场所。

（3）洗衣机。洗衣机是利用电能产生机械作用来洗涤衣物的清洁电器，如图3-1-6所示。

图 3-1-6 洗衣机

使用方法：首先，放入待洗毛巾，打开水龙头给洗衣机注入水，接通电源，然后将洗涤定时器顺时针转到所要的洗涤时间，水位够时，洗衣机就进入洗涤状态；同样地，甩干毛巾时，将毛巾放入脱水桶里，在毛巾上盖上盖子（若不盖的，毛巾会飞出来），最后将脱水定时器转到所要的时间，盖上脱水门盖，此时就进入脱水状态。注意，脱水时不能打开门盖，打开门盖，洗衣机就不工作了。

日常保养方法如下。

① 不要把洗衣机放在潮湿、密闭的空间，以免触电漏电；而应该将其摆放在通风、明亮的地方。

② 洗涤前，要将待洗衣物口袋中的硬币、钥匙等金属物品取出，避免损伤衣物或者机器。

③ 一次洗衣量不得超过洗衣机的规定量，水量不得低于下线标记，以免电动机因负荷过重发生过热现象，造成绝缘体老化现象。

④ 不要将50℃以上的热水直接倒入洗衣机内，以免洗衣桶和防水密封圈老化变形。

⑤ 每次洗涤完衣物后要将水龙头闭紧，以免水压过大造成水管胀裂；同时应将洗衣机盖打开

2～3h，让洗衣机通风除湿，避免内筒潮湿环境滋生细菌。

⑥ 每洗衣3次之后，请清洗过滤网，用清水取出里面的异物。

⑦ 定期清洗洗衣机。

（4）毛巾消毒柜。毛巾消毒柜一般采用高科技臭氧、电热烘干、远红外线等方式相结合消毒，高效杀菌，如图3-1-7所示。

图 3-1-7　毛巾消毒柜

使用方法如下。

① 将电热毛巾消毒柜安放在桌上或确认稳固安全的地方，方可使用。

② 将电热毛巾消毒柜电源插头插在有可靠接地系统的安全插座内。

③ 将干净的湿毛巾整齐叠放在筛架上，然后放入电热毛巾消毒柜内，并关好柜门。

④ 按动电源开关，电源红色指示灯亮时，毛巾消毒柜已进入加温工作状态。

⑤ 当达到设定所需温度时，按程序进入保温状态；若温度低于设定温度时，电热升温系统自动升温工作。

⑥ 若将毛巾消毒柜结束工作则将电源开关关闭即可。

日常保养方法如下。

① 消毒柜应水平放置在周围无杂物的干燥通风处，距墙不宜小于30cm。

② 要定期对消毒柜进行清洁保养。清洁消毒柜时，先拔下电源插头，用干净的湿布擦拭消毒柜内外表面，禁止用水冲淋消毒柜。若太脏，可先用湿布蘸中性洗涤剂清洗，再用干净的湿布抹净洗涤剂，最后用干布擦干水分。清洁时，注意不要撞击加热管或臭氧发生器。

③ 要经常检查柜门封条是否密封良好，以免热量散失或臭氧溢出，影响消毒效果。

④ 使用时，如发现石英加热管不发热，或听不到臭氧发生器高压放电所产生的“吱吱”声，说明消毒柜出了故障，应停止使用，送维修部门修理。

（5）蜡水洗车机。蜡水洗车机具有自吸、自动调配液功能，使用户免受频繁的加料、加水等烦恼。图3-1-8所示的蜡水洗车机为三液自动调配装置，可单液使用。其体积轻巧，全不锈钢设计，可节省大量电费和水费资源。

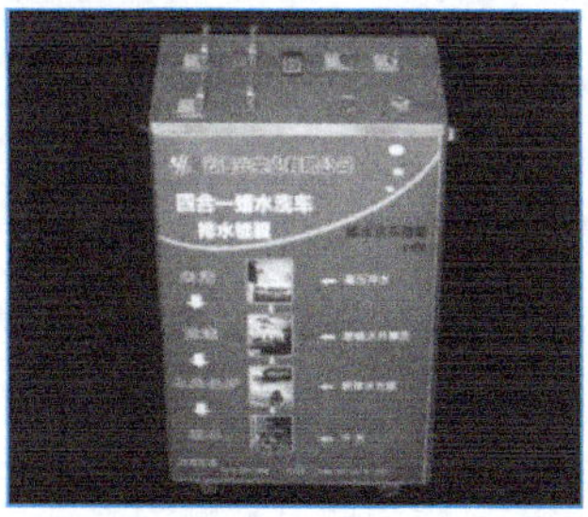

图 3-1-8　蜡水洗车机

使用方法如下。

① 打开进水阀，自动完成调配好水蜡液。

② 关好进水阀和喷枪阀，然后用快速接头接上压缩空气。

③ 以上工作准备好后，接通压缩空气，等工作压力上升到2Bar时，打开喷枪阀及进水阀，即可喷射水蜡，喷射距离和喷射方式可用压力和喷枪来调节。

日常保养方法如下。

① 做好设备表面的清洁与卫生工作。在进行任何清洁和保养时，应先切断电源，在清洗洗车机外部及橡胶件时，只需用抹布浸少量肥皂液擦拭即可，切记不能使用溶剂及腐蚀剂来擦拭。

② 经常清洗进水管过滤网，以免水中杂质堵塞管道或喷头。

（6）脱水机。脱水机是通过皮带带动内胆高速旋转，产生很大的离心力，利用离心力对潮湿的衣物、汽车脚垫和靠垫等进行干燥，如图3-1-9所示。

使用方法：处理脚垫、靠垫等成件物品时，在脱水机启动前，将额定的物件均匀地放入内胆四周，然后启动脱水机。

日常保养方法如下。

① 为确保脱水机正常运转，转动部件（可参考说明书结构图）需在使用6个月后加油保养一次。

② 机器使用完毕，应做好清洁工作，保持机器的整洁。

③ 注意检查设备是否可靠接地。

图 3-1-9 脱水机

（7）高压冲水机。高压冲水机是通过动力装置使高压柱塞泵产生高压水来冲洗物体表面的机器。它能将污垢剥离、冲走，达到清洗物体表面的目的，如图3-1-10所示。

图 3-1-10 高压冲水机

## 2. 毛巾类

洗车毛巾大部分用的还是超细纤维毛巾，主要因其性价比较高、吸水性强、擦车后不留痕迹。

超细纤维洗车毛巾的性能特点如下。

（1）高吸水性：超细纤维采用桔瓣式技术将长丝分成8瓣，使纤维表面积增大，织物中孔隙增多，借助毛细管芯吸效应增强吸水效果。快速吸水和快速变干成为它的显著特性。

（2）强去污力：直径0.4μm的微纤维细度仅为真丝1/10，其特殊的横断面能更有效地捕获小至几微米的尘埃颗粒，除污、去油的效果十分明显。

（3）不脱毛：高强的合纤长丝，不易断裂，同时采用精编织法，不抽丝，不脱圈，纤维也不易从毛巾表面脱落。用它做成擦洁巾、擦车巾特别适合擦拭光亮油漆表面、电镀表面、玻璃、仪表及液晶屏等；在汽车贴膜过程中用它对玻璃做清洁处理，可达到非常理想的贴膜效果。

（4）长寿命：由于超细纤维强度大，韧性强，因此它的使用寿命是普通毛巾使用寿命的4倍以上，多次水洗后仍不变性。同时，高分子聚合纤维不会像棉纤维那样产生蛋白质水解，即便使用后不晾晒，也不会发霉、腐烂，具有超长寿命。

（5）易清洗：普通毛巾使用时，特别是天然纤维毛巾，将被擦物表面的灰尘、油脂、污垢等直接吸收到纤维内部，使用后残留于纤维之中，不易清除，用了较长时间后甚至会变硬失去弹性，影响使用。而超细纤维毛巾是把污物吸附于纤维之间（而不是纤维内部），再加之纤维纤度高、密度大，因此吸附能力强，使用后只需用清水或稍加洗涤剂清洗即可。

常用洗车毛巾的规格及用途如表3-1-1所示。

表 3-1-1 常用洗车毛巾的规格及用途

| 品名 | 图片 | 规格 | 颜色 | 用途 |
|---|---|---|---|---|
| 大毛巾 |  | 160cm×60cm | 蓝色 | 车顶拖水 |

续表

| 品名 | 图片 | 规格 | 颜色 | 用途 |
|---|---|---|---|---|
| 门边手巾 | 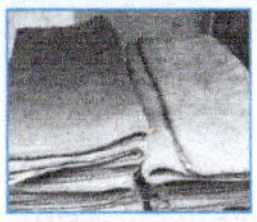 | 30cm × 70cm | 褐色 | 擦拭门边及门柱 |
| 玻璃毛巾 | 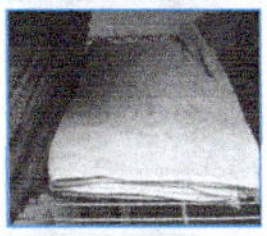 | 30cm × 70cm | 浅蓝色 | 擦拭汽车玻璃 |
| 车身毛巾 |  | 30cm × 70cm | 蓝色 | 擦拭车顶与下裙部之间的车身 |
| 室内毛巾 | 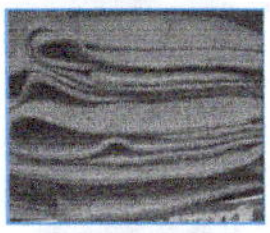 | 30cm × 70cm | 玫红色 | 擦拭驾驶室 |
| 轮胎专用手巾 | 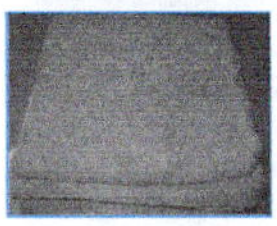 | 30cm × 30cm | 灰蓝色 | 擦拭车轮 |

## 3. 其他工具类

常见的汽车美容辅助工具如表3-1-2所示。

表 3-1-2　常见的汽车美容辅助工具

| 名称 | 图片 | 用途 |
|---|---|---|
| 风枪 | 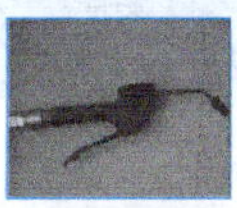 | 吹走灰尘及水迹 |
| 水壶 |  | 添加雨刮水 |
| 风管 | 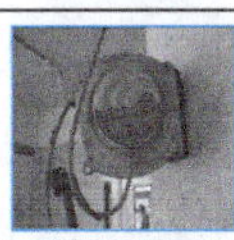 | 连接气动工具 |
| 毛巾架 |  | 分类放置毛巾 |
| 轮胎排刷 | 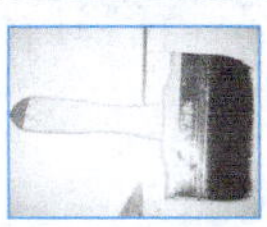 | 涂抹轮胎上光蜡 |
| 小水桶 | 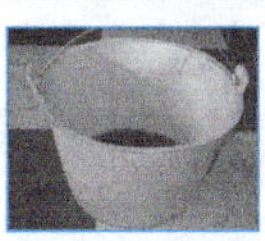 | 盛蜡水 |

# 四、材料配备

去泥沙预洗液——产品性能：本产品具有强力渗透功能，松弛泥垢、沙尘，去污的性能优越；其性能温和，不伤皮肤、不伤油漆、不脱蜡，是现代洗车的理想产品。

常见的市场品牌及规格如表3-1-3所示。

表 3-1-3　　去泥沙预洗液

| 品牌 | 图片 | 规格 |
| --- | --- | --- |
| KPS | 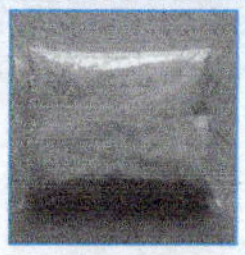 | 袋装<br>1:50~120 超浓缩 |
| 开能 |  | 5 加仑<br>1:200 超浓缩 |
| 邦顿 |  | 20L |

中性环保洗车蜡水——产品性能：本产品是一种超浓缩的高效洗车液，环保产品pH值平衡，不损伤车漆。

常见的市场品牌及规格如表3-1-4所示。

表 3-1-4　　中性环保洗车蜡水

| 品牌 | 图片 | 规格 |
| --- | --- | --- |
| 美光 |  | 3.78L |
| 科尔奇 |  | 20L |
| SONAX | 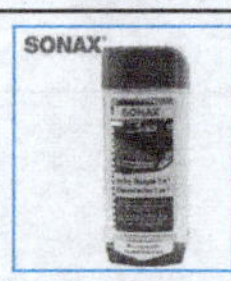 | 500mL |

漆面亮光水蜡——产品性能：本产品是一种最新的环保产品，稀释后使用，形成坚固的保护膜，有效防止冲车后产生水液，长时间锁定亮丽光彩。

常见的市场品牌及规格如表3-1-5所示。

表 3-1-5　　漆面亮光水腊

| 品牌 | 图片 | 规格 |
| --- | --- | --- |
| 爱多 |  | 500mL |
| 小鱼儿 |  | 500mL |

排水光蜡——产品性能：快速环保不伤漆，迅速去除车身表面冲洗后残留水，形成蜡质光泽。

常见的市场品牌及规格如表3-1-6所示。

表 3-1-6　　排水光蜡

| 品牌 | 图片 | 规格 |
| --- | --- | --- |
| 邦顿 |  | 20L |
| P&S |  | 4kg |
| 梅氏兄弟 |  | 20L |

胎铃清洁剂——产品性能：针对轮辋铁锈粉尘有较强的清洁效果。

常见的市场品牌及规格如表3-1-7所示。

表 3-1-7　　胎铃清洁剂

| 品牌 | 图片 | 规格 |
| --- | --- | --- |
| 标榜 |  | 620mL |
| 牛魔王 |  | 198g |
| 斯诺威 |  | 4L |

玻璃光亮剂——产品性能：透明水状，带有酒精味；用喷壶直接喷于玻璃表面或干净小毛巾上，用力擦拭，可有效去除水痕及污垢物，令玻璃清澈通透。

常见的市场品牌及规格如表3-1-8所示。

表 3-1-8　　玻璃光亮剂

| 品牌 | 图片 | 规格 |
| --- | --- | --- |
| Carplan |  | 500mL |
| P&S |  | 4kg |
| SONAX | 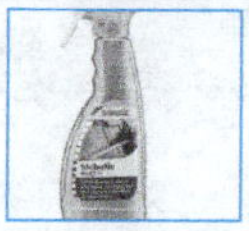 | 500mL |

橡塑光亮剂——产品性能：白色奶状、带柠檬香味，可平衡、滋润仪表盘、真皮及人造皮表面。常见的市场品牌及规格如表3-1-9所示。

表 3-1-9　　橡塑光亮剂

| 品牌 | 图片 | 规格 |
| --- | --- | --- |
| 帕坦汀 |  | 100mL |
| 固特威 |  | 250mL |
| 美光 |  | 298mL |

轮胎光亮剂——产品性能：水性溶剂，防止轮胎龟裂、老化、不吸灰、持久保护轮胎的黑亮度。常见的市场品牌及规格如表3-1-10所示。

表 3-1-10　　轮胎光亮剂

| 品牌 | 图片 | 规格 |
| --- | --- | --- |
| 3M |  | 473mL |
| 保赐利 |  | 650mL |
| 龟牌 |  | 355mL |

## 五、操作流程

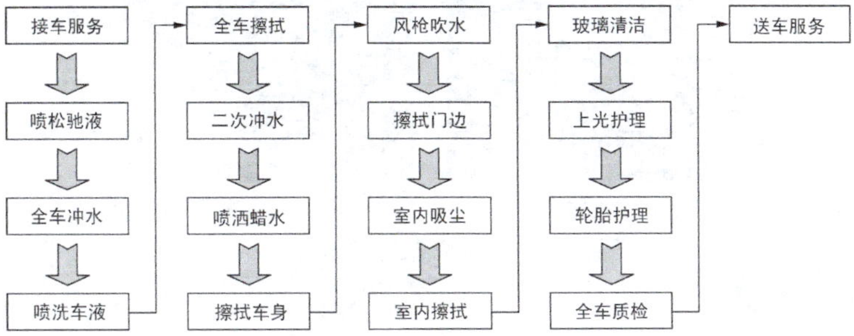


蜡水洗车一般需要甲、乙、丙三人共同完成。

### 1. 接待

当车辆光临本店时，按正式的礼仪手式，指挥车主将车开进施工区并且定位，如图3-1-11所示。前台接待应该快步向前迎接客人，引车人员将迎宾脚垫放在门前，帮客户开启车门、迎客户下车。打开车门时问“您好！”整个服务应本着主动、热情、耐心、周到进行。

（a）迎宾　（b）引导车辆　（c）定点停车

图 3-1-11　接待引导动作

### 2. 接车

前台接待以标准姿势从客户手中接过钥匙并提示：“请您不要在车上放置现金和贵重物品”。询问客户施工内容，详细询问顾客施工项目，开具施工单并填写施工项目，如图3-1-12所示。

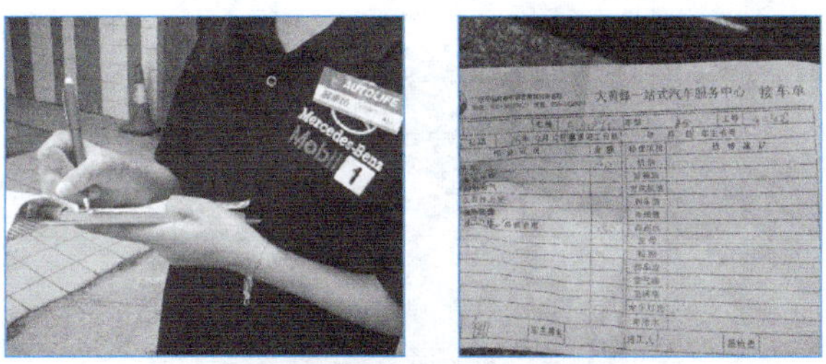

图 3-1-12　开具施工单

### 3. 检查漆面及内饰

漆面检查：丙仔细检查漆面是否有损坏或撞伤并做好记录，如图3-1-13（a）所示。

检查内饰：甲乙仔细检查电器玻璃升降及仪表和灯光是否正常，认真填写检查结果并让客户签字确认，如图3-1-13（b）所示。

（a）漆面检查

（b）车内检查

图 3-1-13　检查漆面及内饰

## 4. 指引顾客到休息区

销售员指引顾客到休息区休息并详细讲解洗车流程及辅料，与客户进行交流（不少于5min）。

## 5. 洗车施工

取脚垫：撤出过程中应用双手把脚垫上的尘土兜交由丙，不能将脚垫上的沙尘遗落在地板上。脚垫上的扣子不能太用力拔，如发现有掉了扣子、脚垫有破损的要及时通知车主或接待该车的销售员再施工。

丙：将脚垫撤出后放置在干净及干燥的位置，用专用的脚垫刷刷洗干净，晾干，如图3-1-14所示。

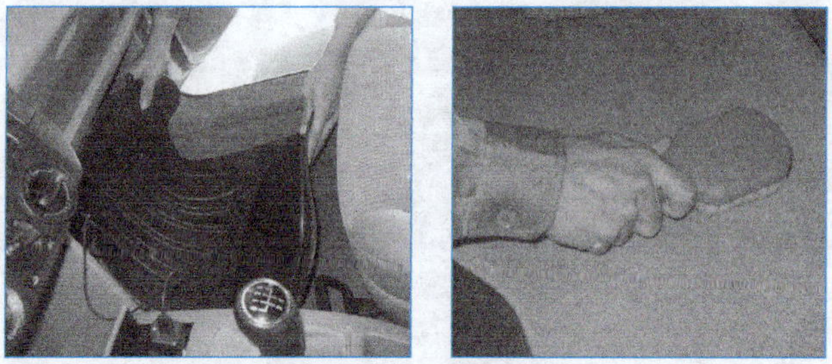

图 3-1-14　脚垫清洁

## 6. 喷松弛剂

甲：用去泥沙预洗液喷洒于车身，将顽垢污粒悬浮松动，便于冲洗。汽车下部及轮毂部位泥沙比较多，应全面喷洒,如图3-1-15所示。

图 3-1-15　喷松弛剂

## 7. 全车冲洗（软水）

乙：使用专业低压喷淋枪对车身进行全方位的喷淋，去泥、去沙，如图3-1-16所示。冲洗时应按照流程以每个边缝为走线，水枪按照冲车的轨道一次要压住一次地逐行进行冲洗，不能画圆，也不能上下来回冲洗，以免将泥沙冲到已经冲洗干净的部位。水枪枪头距离车漆是15～40cm，冲出来的扇形和漆面呈90°角。后备箱边缝、前引擎边缝等进行冲洗。冲洗轮胎轮弧部位时，应适当调整水枪冲力，然后把枪头伸进轮弧部位，彻底冲洗存留在轮弧上的污垢。

（1）使用中性环保洗车蜡水擦洗漆面。甲乙2人以相同的动作擦拭车身，操作顺序依次是：前引擎盖—中网—前叶子板—A柱—前风扇—车顶—后风扇—后备箱—后备箱下部—翼子板—后门—前门—后视镜—全车下边（腰线以下，底边以上）—底边，如图3-1-17所示。

车身上部用专业的擦车工具长毛熊掌擦洗，车身下部、底边用耐洗海绵擦洗，如图3-1-18所示（注：车身边缝，门拉手内侧，车边底部，挡泥板的清洗）。擦洗全车漆面时所使用的工具，羊毛手套和8字海绵一定要干净，没有泥沙，而且要带水。腰线部位以上选用洗车熊掌，腰线部位以下选用耐洗海绵，擦洗完成后需放在清水里泡洗。

全车擦洗时应注意直来直去，一条压一条，不能画圈打沫，容易把沙子卷到洗车熊掌里。边缝的地方需用手指按住羊毛手套擦拭，擦拭底边时不要忘记挡泥板和排气筒。

图3-1-16　全车冲洗

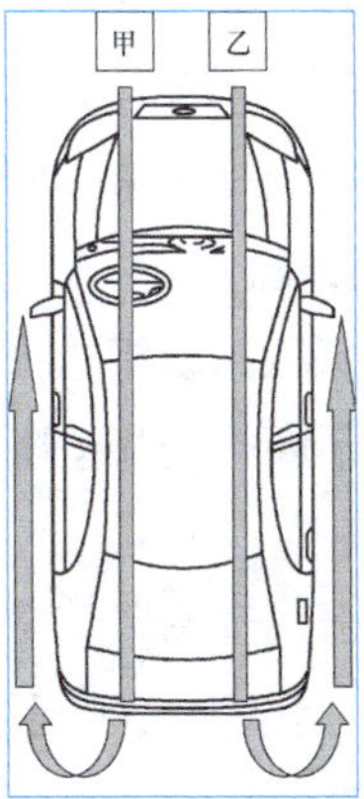

图3-1-17　行动路线

图3-1-18　车身擦洗

甲：负责清洗车头，中网，前风窗玻璃，倒车镜上的虫尸，遇到比较顽固污物可以用毛巾进行擦拭。

甲乙：用玻璃光亮剂配合美容泥，擦拭全车玻璃和漆面上的氧化层。美容泥应在漆面上横纵向擦拭，不要有遗漏，另一只手用来检查磨擦过的漆面。美容泥避免在塑料件和橡胶件上使用，全车擦拭完后用清水进行冲洗。

甲乙：两个人同时从前到后、从上到下用边缝清洁专用刷清洗汽车边缝里长期堆积的泥沙及水垢。在清洗过程中用手护住毛刷。及时用水清洗“边缝清洁专用刷”，以免因操作失误而产生不必要的划痕。

甲：用低压喷淋枪彻底清洗掉汽车表面的洗车液和污物并喷淋漆面亮光水蜡或排水光蜡，如图3-1-19所示。

乙：准备好进行内饰理的保护工具及清理工具：一次性椅套，鞋套，口罩，门板保护垫。

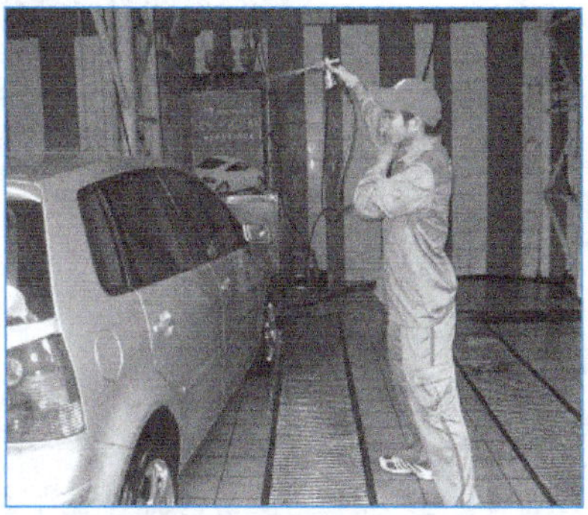
图3-1-19　喷淋车身

（2）轮毂清洗。

丙：用密集毛钢圈刷配合轮毂清洗剂和柏油清洗剂，清洗轮毂上的刹车粉、氧化物和柏油沥青，如图3-1-20所示。挡泥板内侧及凹缘处的死角用密集毛钢圈刷刷洗干净。用水泥去除剂清除车底边角的水泥点。

（3）轮胎清洗。

丙：将轮胎打湿，把清洗剂喷洒在轮胎侧面，使用轮胎专用刷进行刷洗，刷洗轮胎的外边缘需过胎面2cm左右，完成后用清水将轮胎冲洗干净。

图 3-1-20　轮胎清洁

甲乙：降下四门玻璃，套上一次椅套。做好内饰清洁保护工作后甲乙携带内饰清洗专用工具箱准备进入内饰。

甲乙：用细缝刷配合橡塑光亮剂清洁玻璃内饰条凹缘处，处理掉凹缘处的灰尘及污垢，然后用卡林毛巾擦拭干净。

甲：封闭票据,对杂物箱内等进行整理，去除烟灰缸内污物吸尘。

乙：从主驾驶开始做起，先用毛巾将吸尘器的吸口擦干净，开始吸座椅部位的边缝，再将座椅移到最后开始进行地板吸尘；吸完后须把座椅移到最前，方便后面操作。顺序是：主驾驶前座—主驾驶后座—副驾驶前座—副驾驶后座。

应重视的部位：中控台的凹槽，烟灰缸，座椅边缝，椅角过沿，离合器，刹车踏板，地毯，边门储物盒，后挡板等（注：吸尘时应不断检查吸尘嘴的洁净情况，谨防交叉污染，注意吸尘管带的碰擦）。

甲：用除尘组配合卡林毛巾对仪表台、音响区、空调出风口、门内腕、储物箱（应征得顾客同意后打开）椅缝等地方进行清洗除尘，图3-1-21所示。前挡风玻璃采用玻璃毛巾擦拭干净，如需使用清洗剂，则应用一条大毛巾盖住仪表台，防止清洗剂沾在仪表台上难以清洗。

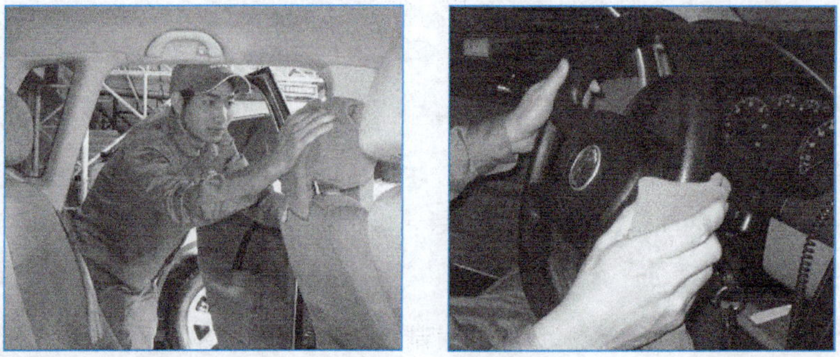

图 3-1-21　清洁驾驶室

乙：打开油箱盖。

（4）后窗台清洗。

乙：用风枪对后窗台进行清洗。

甲乙：用多功能毛刷刷洗门边细缝中的泥垢，并擦拭干净门边水垢；用表板美化光亮剂，给已清洗干净的仪表台上光护理；垫上脚垫，待其通风后，关闭好车门。

（5）外部风干清洁。

甲乙：用毛巾拖水后，两人同时使用风枪及漆面专用毛巾进行擦拭，吹水时两人要一前一后，一手拿风枪，另一手拿干燥毛巾，毛巾始终放在风枪之后；风枪吹水须顺一个方向吹，边吹边擦，用右手食指把风枪的出风口护住，要求边缝没有水流出，干净无污垢；严格要求各边缝不能藏水，包括倒后镜、窗边缝、手腕、前后盖、车灯边缝及车身接缝。检查是否还有顽垢的残留，如有，立即清除，如图3-1-22所示。

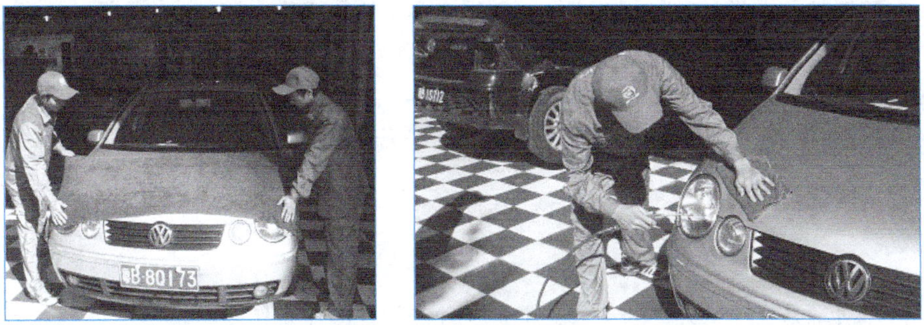

图 3-1-22　外部风干

在吹风擦干的过程中，避免吹风枪头和吹风枪管接触到车漆任何部位，注意边、楞、角等难擦的部位。两侧的后视镜部位是积水比较多的部位，一定要着重的进行吹风擦干。前后的车牌照和前中网部位容易产生遗漏现象。

用风枪对汽车边缝和字体细缝进行风干和清洗。

丙：用多功能毛刷清洗油箱盖内的污垢。

丙：用轮胎光亮剂，给刷洗干净的轮胎增黑上光。

（6）尾箱清洁。

乙：征得顾客同意后打开行李箱，迅速用毛巾擦干行李箱内侧水珠，用吸尘器对两侧边角、凹缝的泥土和灰尘进行处理，然后吸尘，最后按照顾客的要求整理好后备箱的物件，摆放整齐。

（7）发动机外部除尘。

甲：将引擎盖打开后先将引擎支杆干净，然后按照从上到下、从里到外的顺序进行擦拭。同时检查雨刮水、水箱水、机油、变速箱箱油、刹车油、方向机油等；雨刮水、水箱水不足时给予补充，其他部位有异状时，应告知车主。发动机外部进行除尘，要求做到发动机表面无尘无污垢，如图3-1-23所示。

图 3-1-23　发动机除尘

引擎运转时请勿擦拭，注意避免烫手。有些车采用专用玻璃水和防冻液，加注前需经过车主同意，水箱盖打开时注意水温，避免烫手。

复检：施工人员对全车进行检查并如实记录检查结果。

通知客户：由销售通知客户洗车完毕并双手递上检查单。

客户检查：由客户检查并对本次洗车评分签字确认。

交车：将车辆交给顾客。

现场清理：清理现场现场产品及设备归位。

毛巾清洗：清洗完所有毛巾进行消毒处理。

现场清洁：将现场所有杂物清理完毕。

## 六、检验标准

（1）车表部分：车表光亮、无任何污渍、水痕、泥印等。

（2）室内部分：无尘、无泥沙、无杂物，仪表盘、座椅表面干净。

（3）内外玻璃：清洁、光亮。

（4）上光护理：上光均匀，表面光亮。

（5）轮胎部位：清洁、光亮、无污。

（6）底盘部位：无泥无沙。

### 【小结】

（1）汽车清洗是一项基础性的工作，也是一种经常性的美容作业。

（2）汽车漆面会受到风吹、日晒、雨淋等自然侵蚀，使表面逐渐沉积灰尘和各类污物。

（3）汽车清洗设备：空压机、吸尘器、洗衣机、消毒柜、蜡水洗车机、脱水机、高压冲水机。

（4）汽车清洗辅助设备：毛巾、风枪、喷壶、风管、上光海绵球、软毛刷、轮胎排刷、牙刷、小水桶。

（5）汽车清洗材料：去泥沙预洗液、中性环保洗车蜡水、漆面亮光水蜡、排水光蜡、胎铃清洁剂、玻璃光亮剂、橡塑光亮剂、轮胎光亮剂。

（6）水枪枪头距离车漆是15~40cm，冲出来的扇形和漆面呈90°角。

（7）清洗用品要分区：腰线部位以上选用洗车熊掌，腰线部位以下选用耐洗海绵，擦洗完成后需放在清水里泡洗。

（8）吹水时注意，毛巾始终放在风枪之后，风枪吹水须顺一个方向吹，边吹边擦，用右手食指把风枪的出风口护住，要求边缝没有水流出，干净无污垢。

### 【课后练习】

#### 1. 填空题

（1）汽车清洗对保持车容美观，延长车辆____________有着重要作用。

（2）常见的车身清洗方法：__________、__________、__________、__________。

（3）去泥沙预洗液具有__________，__________、__________，去污的性能优越，其性能温和，不伤皮肤、不伤油漆、不脱蜡。

（4）空气压缩机每日或每次运转前：__________、__________、周边设备准备（如送水送电，打开压缩机出口阀等）。

（5）吸尘器的__________应经常清理，否则降低吸气流量从而影响吸尘效率吸尘效果。

（6）中性环保洗车蜡水是一种______的高效洗车液，环保产品__________、__________。

### 2. 看图题

______　　______　　______

______　　______

### 3. 问答题

（1）洗车毛巾的价格要比普通毛巾贵，它们具备了什么特点使其更适合洗车清洁作业呢？

（2）吹风擦干时应注意什么？

# 任务二　打蜡

## 【任务引入】

一辆光鲜亮丽的车子往往透露出车主凡事用心的特点。只有平时做好保养，车子才能一直亮丽如新。那么究竟该如何做好漆面养护呢？

## 【知识目标】

（1）了解打蜡膜操作的基础知识。

（2）了解打蜡需要的工具及材料。

（3）掌握打蜡膜的操作流程及标准。

## 【知识链接】

## 一、操作基础知识

### 1. 打蜡的作用

（1）防水作用。汽车经常暴露在空气中，免不了受到风吹雨淋。当水滴存留在车身表面，如图3-2-1所示，在天气转晴，强烈阳光照射下，每个小水滴就是一个凸透镜；在它的聚焦作用下，焦点处温度达800℃~1000℃，造成漆面暗斑，极大影响了漆面的质量及使用寿命。另外，水滴易使暴露金属表面产生锈蚀。打蜡后，水滴就不会附着在车上，这样就起到防水的作用。

（2）抗高温作用。车蜡的抗高温作用原理是对来自不同方向的入射光产生有效反射，防止入射光使漆面或底色漆老化变色，如图3-2-2所示。

（3）防静电作用。汽车静电，如图3-2-3所示。它的产生主要有两个来源，一是纤维织物，如地毯、座椅、衣物等的摩擦产生的；二是由于汽车在行驶过程中，空气中的尘埃与车身金属表面相互摩擦产生的。无论是哪种原因产生的静电，都给乘员带来诸多不便，甚至造成伤害。车蜡的防静电作用主要体现在防止车表面静电，其作用原理是隔断尘埃与车表的金属摩擦。由于涂覆蜡层的厚度及车蜡本身附着能力不同，它的防静电作用有一定的差别。一般防静电车蜡在阻断尘埃与漆面磨擦的能力方面优于普通车蜡。

图 3-2-1　漆面存留水滴

图 3-2-2　漆面老化变色

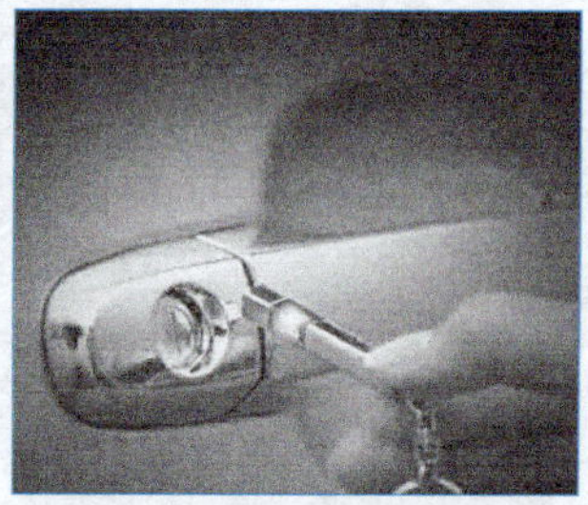

图 3-2-3　汽车表面静电

（4）防紫外线作用。车蜡防紫外线作用与它的抗高温作用是并行的，只不过在日光中，由于紫外线的特性决定了紫外光较易于折射进入漆面。防紫外线车蜡充分地考虑了紫外线的特性，使其对车表的侵害得以最大限度地降低，如图3-2-4所示。

（5）上光作用。上光是车蜡的最基本作用。经过打蜡的车辆，都能改善其表面的光亮程度，使车身恢复亮丽本色，如图3-2-5所示。

（6）研磨抛光作用。当漆面出现浅划痕时，如图3-2-6所示，可使用研磨抛光车蜡。如果划痕不很严重，抛光和打蜡可一次完成。

图 3-2-4　车辆在日光下暴晒

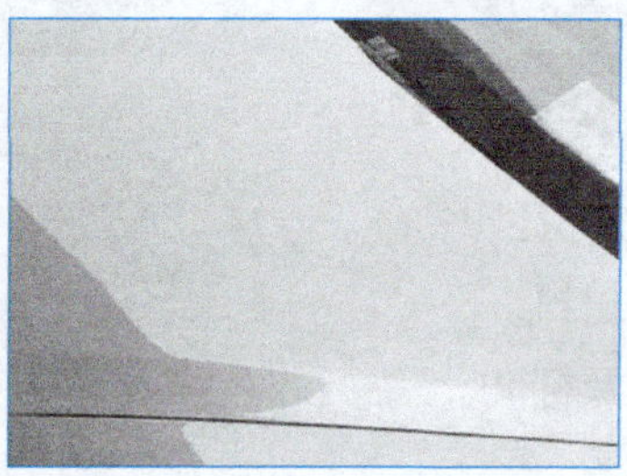

图 3-2-5　打蜡后的漆面

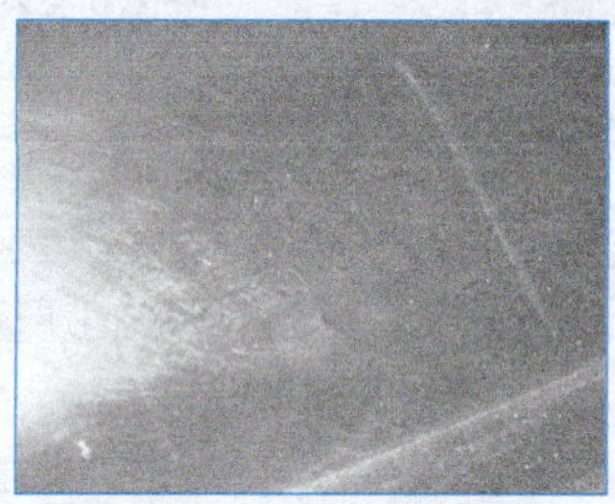

图 3-2-6　漆面的划痕

## 2. 汽车蜡的种类

汽车蜡的分类图如图3-2-7所示。

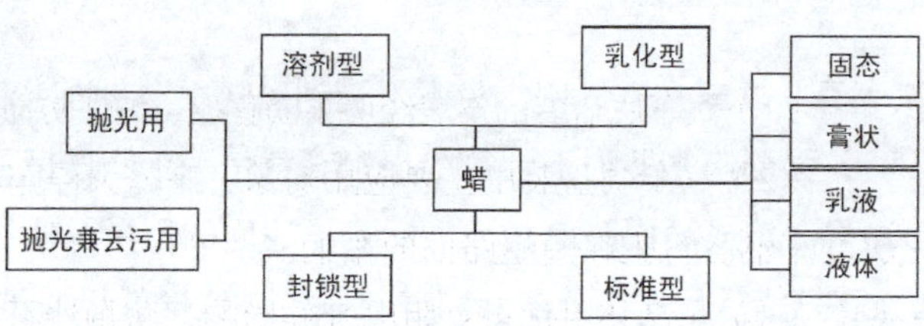


图 3-2-7　汽车蜡的分类图

### 3. 汽车蜡的正确选用

（1）区分漆面风干漆与烤漆。1K与2K漆都可作抛光处理，但各用的抛光蜡不一样，用错会造成漆膜变软、裂口及变色。

（2）分清机蜡和手蜡。机蜡配合专用的抛光机使用，手蜡直接用手涂擦抛光。机蜡用手抛费工费时且效果不佳，但边角处理较好，机抛手蜡则浪费严重。

（3）素色漆与金属漆的抛光蜡应区分使用。金属漆所专用的抛光蜡不但可增加漆面光泽，而且能使金属的闪光效果更清澈，更富立体感。

（4）漆膜保护增光蜡与镜面处理蜡要分清楚。镜面处理蜡是对漆面进行增光处理的专用蜡，其保护作用不如保护增光蜡。保护增光蜡含有多种成分，可在漆面上形成一层保护膜，抵御外界紫外线、酸雨、静电粉尘、水渍等的侵害。

（5）含硅产品与不含硅产品使用范围应分清。含硅产品在保养时尽量避免使用，因为漆膜一旦粘有硅质，漆面修补就很难处理。

（6）尽量不用砂蜡。一般的砂蜡对漆面有很强的研磨作用，处理不好极易将漆膜磨穿而造成不必要的损失，因此，在一般性美容中，尽量不采用砂蜡。

### 4. 打蜡的方法

（1）手工打蜡：以纯手工的方法用海绵（专用打蜡海绵）将车蜡按一定顺序画小圆圈沿直线涂抹到漆面，如图3-2-8所示。手工打蜡具有简单易行，可控性强，对边角处理较好的特点；但比较费时费力。

（2）机械打蜡：以打蜡机代替手工完成上蜡操作，如图3-2-9所示。这种方法则突出效率高的特点，但边角处理较差。

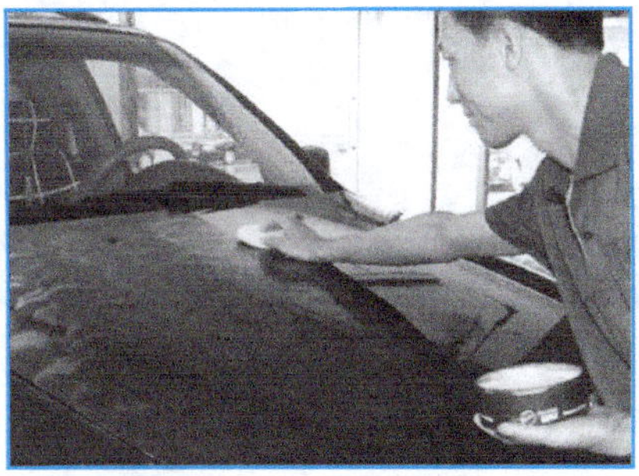

图3-2-8　手工打蜡

图3-2-9　机械打蜡

## 二、人员配备

### 1. 接车部

人员需求：1人。

工作任务：提前准备好施工单、笔，并记录车型、车牌、来店时间、预计交车时间。请客户出示会员卡，并请客户到休息区休息。

仪表要求：

（1）面部：整洁，无油腻，化职业淡妆。

（2）头发：经常清洗、修剪，梳理整齐，保持干净。

（3）口腔卫生：注意生活卫生，保持口中无异味。

（4）服装：按照规范穿着公司统一工作服装，要求干净、平整，如图3-2-10所示。

图3-2-10　接待员

图3-2-11　普工

### 2. 美容部

人员需求：2人，其中美容技师1人，美容普工1人。

工作任务：迎宾，等待客户到来、引导车辆、环车检查、打蜡作业、送车。美容技师还需增加质检工作。

仪表要求：

（1）面部：整洁，无油腻，不留胡须。

（2）头发：经常清洗、修剪，梳理整齐，保持干净，头发不得超过耳际，禁止剃光头、染发，不留奇异发型。

（3）口腔卫生：上班不饮酒，注意生活卫生，保持口中无异味。

（4）服装：按照规范穿着公司统一工作服装，要求干净、平整、扣齐所有纽扣、衣领无汗迹，衣袖及裤脚不得翻转、挽起，如图3-2-11所示。

## 三、工具配备

### 1. 手工打蜡所需工具

（1）纯棉毛巾：如表3-2-1所示。

表3-2-1　纯棉毛巾

| 品名 | 图片 | 规格 | 颜色 | 用途 |
|---|---|---|---|---|
| 车身毛巾 |  | 30cm×70cm | 蓝色 | 擦拭车身上的蜡迹 |

（2）打蜡海绵：如表3-2-2所示。

表3-2-2　打蜡海绵

| 品名 | 图片 | 规格 | 颜色 | 用途 |
|---|---|---|---|---|
| 圆形海绵 | 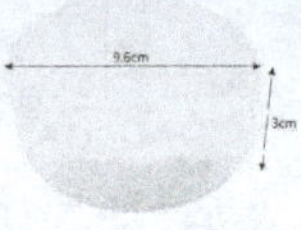 | 9.6cm×3cm | 黄色 | 手工打蜡 |

## 2. 机械打蜡所需工具

（1）纯棉毛巾：如表3-2-3所示。

表 3-2-3　　　　纯棉毛巾

| 品名 | 图片 | 规格 | 颜色 | 用途 |
| --- | --- | --- | --- | --- |
| 大毛巾 |  | 160cm×60cm | 蓝色 | 遮盖挡风玻璃 |
| 车身毛巾 |  | 30cm×70cm | 蓝色 | 擦拭车身上的蜡迹 |

（2）打蜡机：打蜡机如图3-2-12所示。它具有机壳，在机壳上设置有手柄，在机壳内设置有电动机，在机壳外部设置有抛盘，抛盘转轴和电动机转轴采用偏心安装，偏心距为7mm，在电动机和抛盘之间设置有平衡块，电动机与平衡块直接相连，外壳上还设置有充电插口，手柄外部附着有柔软材料。

图 3-2-12　打蜡机

（3）盘套：打蜡盘套是一种衬有皮革底（防渗）的毛巾套，其作用是把蜡均匀地涂覆到车身上。打蜡盘套的材料有3种：全棉（毛巾）的盘套、全毛（或混纺）的盘套和海绵的盘套。各种汽车打蜡机盘套有各种规格，目前最广泛使用的是全棉（毛巾）的盘套。

上蜡盘套的使用方法如下。

①将毛巾上蜡罩子套在打蜡机上，可将车蜡少许倒在罩子上（或车漆上）然后启动打蜡机电源，将车蜡均匀涂开，蜡不需放太多，打蜡机转动时会有磨擦力产生热量，同时将车蜡复着在车漆表面。

②通常液体蜡在车身上停留10min左右，固体蜡在车身上停留15min左右，然后换上长绒毛纤套再依次按顺序将车蜡抛光。

③罩子使用后，需用温水浸泡然后用肥皂手洗干净，挤干后风干存放。

④打蜡套第一次使用时会有些掉毛，这是正常现象；第一次使用后，清洗一下以后就好了。

盘套如表3-2-4所示。

表 3-2-4　　　　盘套

| 品名 | 图片 | 规格 | 颜色 | 用途 |
| --- | --- | --- | --- | --- |
| 全棉（毛巾）盘套 | 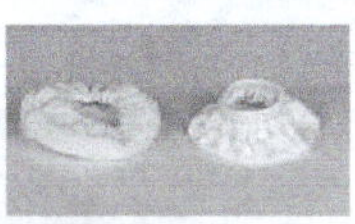 | 8英寸（蜡盘直径 20.20cm） | 白色 | 机械上蜡 |
| 抛蜡盘套 |  | 8英寸（蜡盘直径 20.20cm） | 棕色或黄色 | 机械抛蜡 |

### 3. 其他工具类

多功能边缝刷如图3-2-13所示。它主要是清洁附在车体所有隙缝里很难刷到的泥沙，包括车标、雨刷器、大灯、车门轴、发动机等一些有隙缝的地方，都能清洁到。

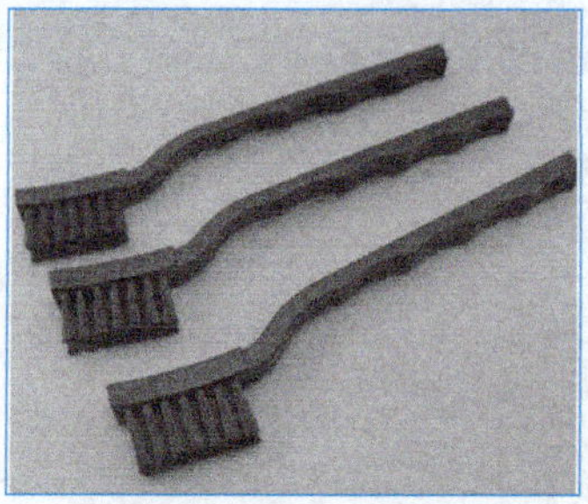

图 3-2-13　多功能边缝刷

## 四、材料配备

汽车蜡——产品性能：汽车蜡的功用各不相同，根据需要可以选择，如修复功能的蜡，增艳功能的蜡，防酸雨、抗静电功能的蜡等。

常见的市场品牌如表3-2-5所示。

表 3-2-5　汽车蜡

| 品牌 | 型号 | 图片 |
|---|---|---|
| 美光 | 新一代全合成水晶蜡 2.0 |  |
| | 三合一清洁水晶蜡 |  |
| 3M | PN05996 |  |
| | 白金蜡 PN39528 |  |

续表

| 品牌 | 型号 | 图片 |
| --- | --- | --- |
| 龟博士 | 冰磨 T-466 |  |
| | 极限蜡 T-3211 |  |

**注意**

汽车蜡的选择很重要。由于各种汽车蜡的性能不同，其作用与效果也不一样，所以在选用时必须慎重。选择不当不仅不能保护车体，反而使车漆变色。

柏油剂——产品性能：该清洁剂具有很强的分解能力，通过软化功能可去除附着在车体和镀铬表面的焦油沥青等污垢。

常见的市场品牌如表3-2-6所示。

表 3-2-6　　柏油剂

| 品牌 | 型号 | 图片 |
| --- | --- | --- |
| 龟博士 | G-526 |  |
| | G-528R |  |
| 保赐利 | B1108　柏油 460 |  |
| 标榜 | B-11(7/9)1 |  |

表板蜡（上光剂）——产品性能：本产品应用于汽车仪表板、门饰板、防水条等塑料件、橡胶、塑胶及皮椅等，具有防尘污、防止褪色、防止老化等多种功效。一喷一擦即可达到清洁增艳、保护的作用，有效抵抗紫外线侵害，并有持久清新的味道。

常见的市场品牌如表3-2-7所示。

表 3-2-7　表板蜡

| 品牌 | 型号 | 图片 |
| --- | --- | --- |
| 龟博士 | G-365 |  |
| 3M | PN36083 |  |
| 美光 | G14716 |  |

粘土（油泥）——产品性能：一种非常细腻的特种聚合物，去污力极强，韧性好，可反复使用。

常见的市场品牌如表3-2-8所示。

表 3-2-8　黏土

| 品牌 | 型号 | 图片 |
| --- | --- | --- |
| 3M | PN38070 |  |
| joybond | LT1 |  |
| 美光 | C-2100 |  |

## 五、操作流程

车表清洗 → 去柏油 → 粘土去污 → 上蜡 → 抛蜡 → 清理缝隙 → 胶边上光 → 检验交车 → 清理现场

## 1. 车表清洗

车表清洗按照普通的洗车操作工艺来处理即可，如图3-2-14（a）、（b）所示。对于有残蜡的车表必须用开蜡水进行除蜡处理，并确保车身清洁无污垢；其中车的缝隙去垢是非常关键的，如图3-2-14（c）所示，它直接影响最终的效果。

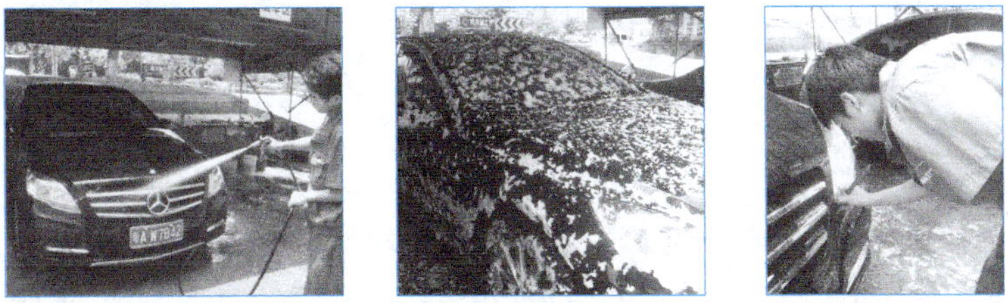

（a）　（b）　（c）

图3-2-14　车身清洁

## 2. 去柏油、虫尸、树脂等

（1）用喷壶将柏油剂喷涂到车身上，如图3-2-15所示。

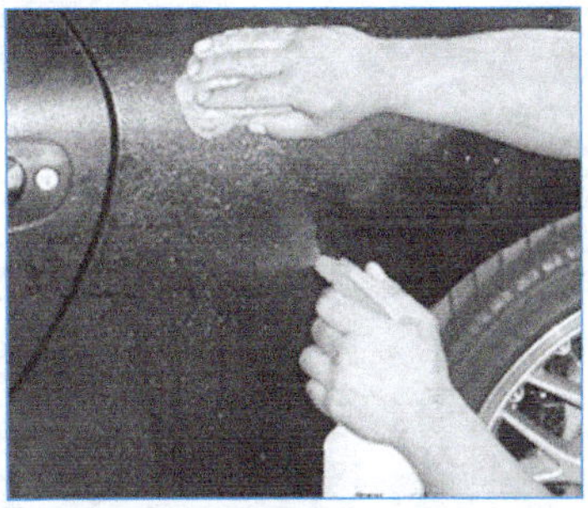

图3-2-15　去柏油

（2）等待车身上的柏油溶解。

（3）擦拭溶解后的柏油，如果仍未能完全溶解，可再多加些柏油剂使其溶解。

（4）擦拭干净后，立即用清水清洗该处并擦拭干净。

> **注意**
>
> 不要让柏油清洁剂在油漆表面停留太久。

## 3. 使用黏土（油泥）涂擦全车身

拿一块橡皮大小的黏土全车搓一遍，同时还要拿护理喷雾润滑粘出黑点和一些吃得很深的土，如图3-2-16所示。

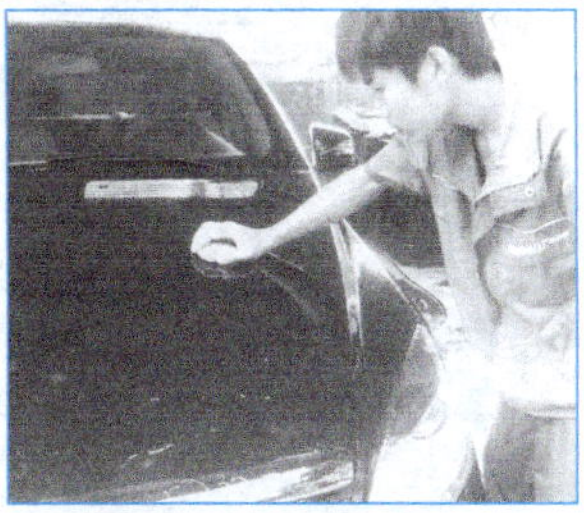

图3-2-16　黏土去污

注意

保持黏土的干净面摩擦车身表面，将粘有脏物的部分卷收进胶泥里。

### 4. 上蜡

（1）手工上蜡。

①用打蜡海绵沾适量车蜡，以画小圆圈旋转的方式均匀涂蜡；圆圈的大小以圆圈内无遗漏漆面为准，每圈盖前一圈1/3，圆圈轨迹沿车身前后直线方向，如图3-2-17（a）所示。手拿海绵的正确方法是：以大拇指和小拇指夹住海绵，以手掌及其他3个手指按住海绵，如图3-2-17（b）所示，进行均匀的环形画圈涂抹。

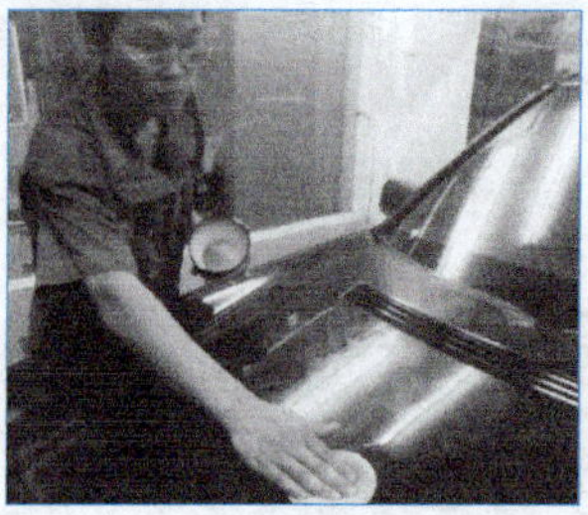
（a）

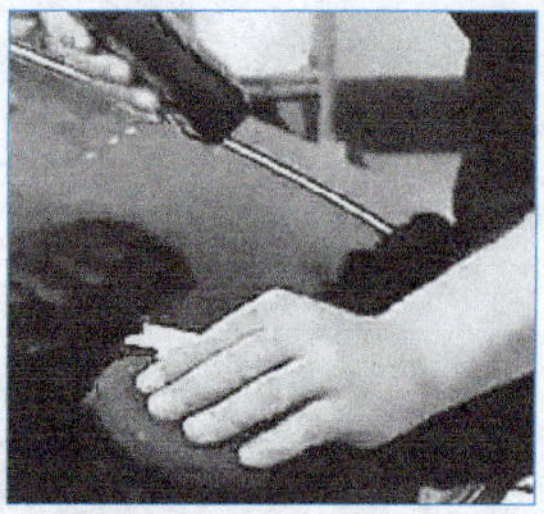
（b）

图3-2-17 手工上蜡

②全车打蜡顺序：把漆面分成几部分，按右前发动机盖—右前翼子板—右前车门—右后车门—右车顶—右后翼子板—后备箱盖的顺序研磨右半车身，按相反顺序研磨左半车身，如图3-2-18所示。直到所有漆面无遗漏地打蜡；如果两人配合，效果会更好。

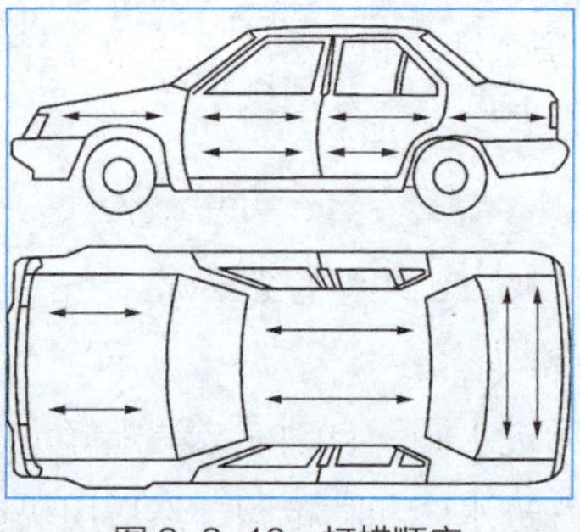

图3-2-18 打蜡顺序

注意

需要在阴暗地方，最好车体不是很热；用涂蜡海绵在车身上打圈，把蜡均匀地涂抹在车身表面上，要求用蜡要适量，力度要均匀，动作要柔软，给人一种美的感觉，尽量不要涂抹到橡胶件、塑料件和玻璃上，特别是涂抹到玻璃上后清理困难而且难看。

（2）机械上蜡。

①先把一张大毛巾完全覆盖在前挡风玻璃上，雨刮也一同盖上，防止车蜡飞溅在上面，如图3-2-19（a）所示。

②将打蜡机的电线挂于施工人员的肩膀上以免电线刮碰车身，再用的机械上蜡用车蜡涂在打蜡机的海绵上，具体上蜡涂抹过程与手工上蜡相似。打蜡机转速控制在150~300r/min为宜，如图3-2-19（b）所示。

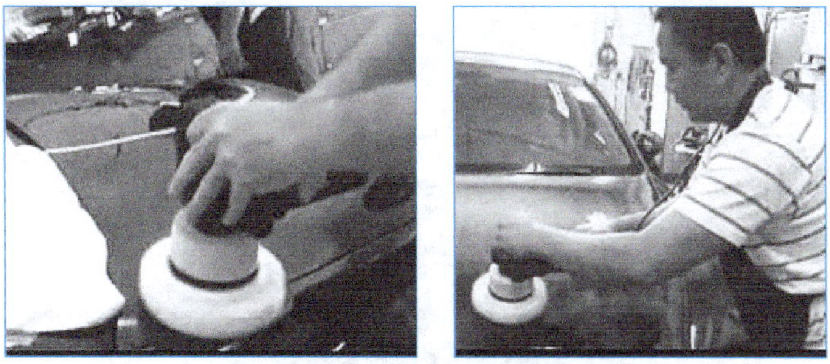

（a）　　（b）

图 3-2-19　机械上蜡

**注意**

对于边角等不易机械上蜡的地方应用手工上蜡，以确保全车身的每个角落均有车蜡覆盖。同时对于不应上蜡的地方（如玻璃、保险杆等）也需小心。

## 5. 抛蜡

（1）手工抛蜡。

①根据不同车蜡的说明，一般上蜡5~10min后，蜡表面开始发白，如图3-2-20（a）所示，用手指折抹一下，能清晰看到手指的划痕，图3-2-20（b）则说明蜡还没干燥。抹过的漆面有满意光亮，说明蜡已经干燥，如图3-2-20（c）所示。

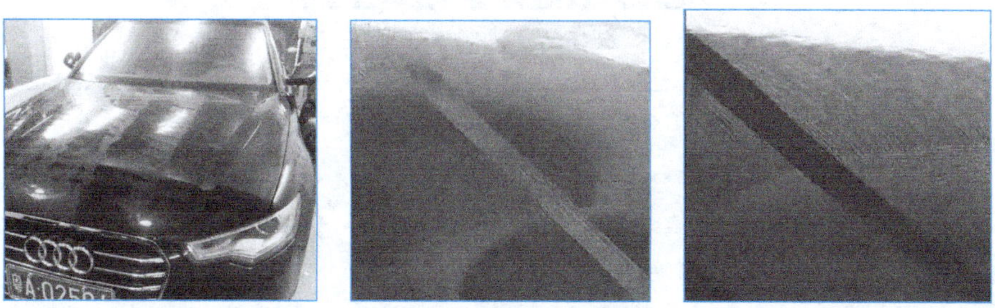

（a）　　（b）　　（c）

图 3-2-20　车蜡干燥程度

②由工作人员用纯棉毛巾以一定的力度按原上蜡的顺序进行直线往复运动抛光，通过挤压形

成蜡膜，并清除剩余的残蜡，直至漆面抛光至镜面般光亮为止。

③抛蜡后彻底清洁玻璃、保险杠、饰条、轮胎、钢圈等，顺序与涂抹蜡一样。

注意

抛蜡毛巾不要太硬，但一定要是干的；抛蜡毛巾为纯棉料，要求力度适中；毛巾使用的时候要折叠成方块状，五指并拢压在毛巾上擦，如图 3-2-21 所示。

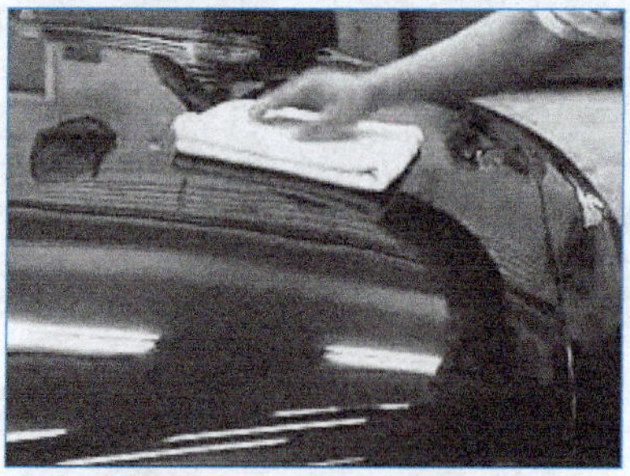

图 3-2-21　手工抛蜡

（2）机械抛蜡。

①先把一张大毛巾完全覆盖在前挡风玻璃上，雨刮也一同盖上，防止车蜡飞溅在上面。

②先要将涂蜡盘套卸下，换上新的抛光盘套。

③操作人员手持打蜡机，平放于车身上，按上蜡的顺序横纵交替抛光即可，如图3-2-22所示。

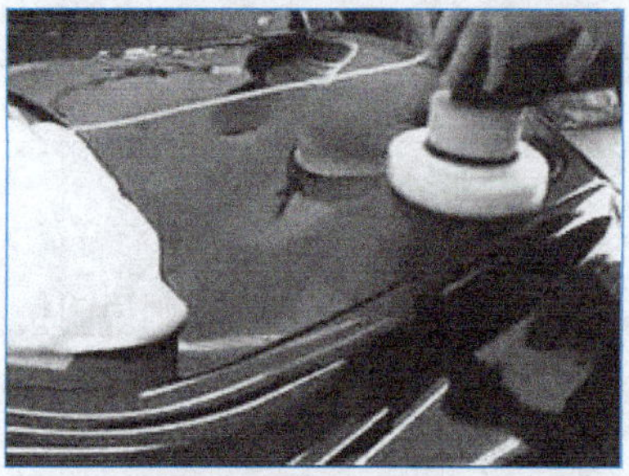

图 3-2-22　机械抛蜡

注意

对于边角等不易机械抛蜡的地方应用手工抛蜡，以确保全车身的每个角落均已抛光。

### 6. 清理缝隙

清理顺序与涂抹蜡一样，将残留在汽车表面缝隙里的车蜡用小刷子清理干净，如图3-2-23所示，让车保持彻底的干净。

图 3-2-23　缝隙清理

注意

使用牙刷时不要用力太大。

### 7. 塑料胶边色泽还原（上光）

①将门饰板、防水条等塑料件的表面清洁干净。

②轻轻摇晃仪表蜡，使其均匀，然后直接喷于表面，或者喷在抹布上均匀地涂抹在塑料件表面，如图3-2-24所示。

③用干净的棉布擦干即可。

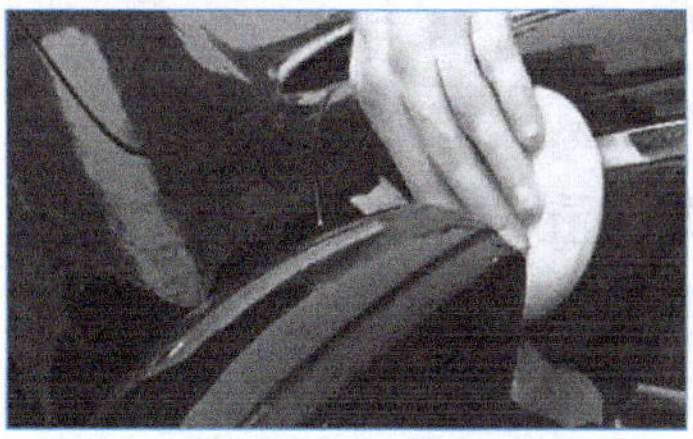

图 3-2-24　胶边上蜡

注意

尽量不要涂抹到漆面上和玻璃上，因为仪表蜡是一种很油性的液体，清理起来比较困难。

### 8. 检车交车

①全车漆面干净整洁、手感光滑；车蜡均匀，车表没有残蜡或打花；亮度和颜色均匀漆面有镜面效果，在漆面上可清晰反映报纸倒影，如图3-2-25所示。

②将车辆交给顾客。

图 3-2-25　镜面效果检查

### 9. 现场清理

①现场清理：清理现场产品及设备归位。

②毛巾清洗：清洗完所有毛巾进行消毒处理。

③现场清洁：将现场所有杂物清理完毕。

## 【小结】

（1）打蜡的作用：防水作用、抗高温作用、防静电作用、防紫外线作用、上光作用、研磨抛光作用。

（2）打蜡的方法：手工打蜡、机械打蜡。

（3）手工打蜡工具：纯棉毛巾、打蜡海绵、多功能边缝刷。

（4）机械打蜡工具：纯棉手巾、打蜡机、盘套、多功能边缝刷。

（5）打蜡材料：汽车蜡、柏油剂、表板蜡、黏土。

（6）打蜡的流程：车表清洗，去柏油、虫尸、树脂等，使用粘土（油泥）涂擦全车身，上蜡，抛蜡，清理缝隙，塑料胶边色泽还原，验收交车。

（7）检验标准：全车漆面干净整洁、手感光滑；车蜡均匀，车表没有残蜡或打花；亮度和颜色均匀漆面有镜面效果，在漆面上可清晰反映报纸倒影。

## 【课后练习】

### 1. 填空题

（1）以纯手工的方法用________________将车蜡按一定顺序________________涂抹到漆面。

（2）打蜡盘套是一种______________的毛巾套，其作用是把蜡______________涂覆到车身上。

（3）罩子使用后，需用______________，然后用______________手洗干净，挤干后风干存放。

（4）用打蜡海绵沾适量车蜡，以___________的方式均匀涂蜡；圆圈的大小以________为准，每圈盖前一圈__________，圆圈轨迹沿车身前后_____________。

（5）一般上蜡5~10min后，蜡表面开始_______，用_______一下，能清晰看到__________，抹过的漆面有满意光亮，说明蜡已经干燥。

## 2. 看图题

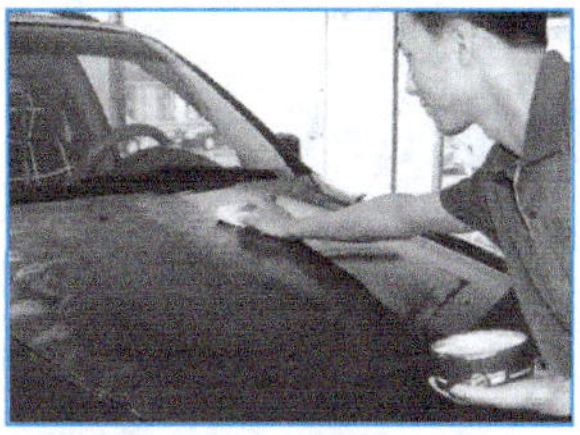

______________

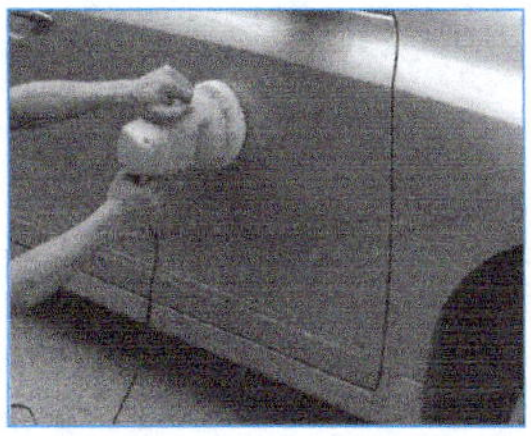

______________

______________

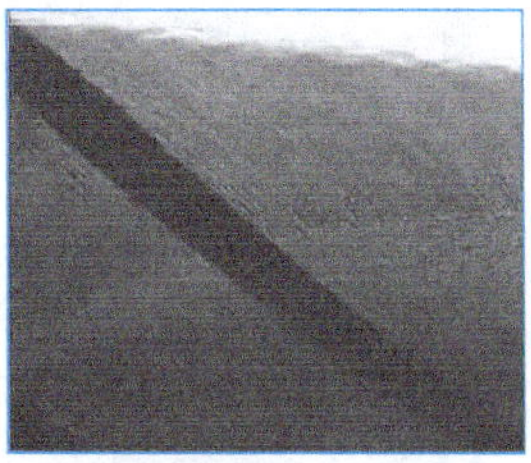

______________

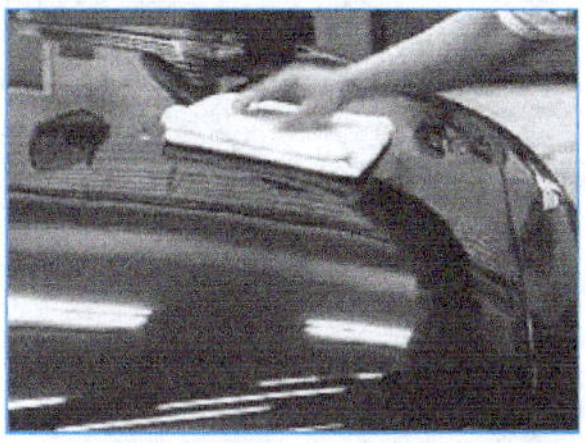

______________

______________

## 3. 问答题

（1）如何正确选用车蜡？

（2）简述汽车打蜡的流程。

# 任务三　抛光

## 【任务引入】

表面有轻微的漩涡状划痕，是海绵轮抛光的痕迹，应该如何处理呢？如果说洗车是车体护理的基础，研磨是漆面翻新的关键，那么抛光应是漆面护理的艺术创作。以上的问题都会在本任务中一一解答。

## 【知识目标】

（1）掌握汽车漆面抛光的原理。

（2）掌握专用抛光机的使用方法。

（3）掌握抛光工艺的标准作业流程。

（4）掌握抛光后的漆面检验方法。

【知识链接】

## 一、操作基础知识

### 1. 漆的基本结构

涂料是一种材料，这种材料可以用不同的施工工艺涂覆在物件表面，形成黏附牢固、具有一定强度、连续的固态薄膜。这样形成的膜通称涂膜，又称漆膜或涂层。漆面的基本结构如下：面漆（色浆、清漆）—底漆（中涂底漆、电泳底漆）—磷化层（烤漆底漆）—裸金属，如图3-3-1所示。

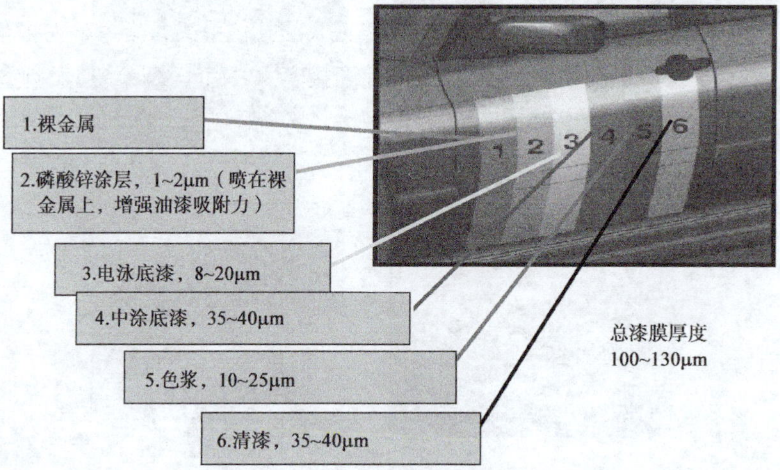


图3-3-1　汽车漆面结构

### 2. 氧化层

阳光的常年照射是缩短车漆寿命的主要原因，这一过程叫作氧化层。

（1）深度氧化层：指汽车使用在2~3年的车，如图3-3-2（a）所示。

（2）中度氧化层：指汽车使用在1~2年的车，如图3-3-2（b）所示。

（3）轻度氧化层：指汽车使用在一年以内的车，如图3-3-2（c）所示。

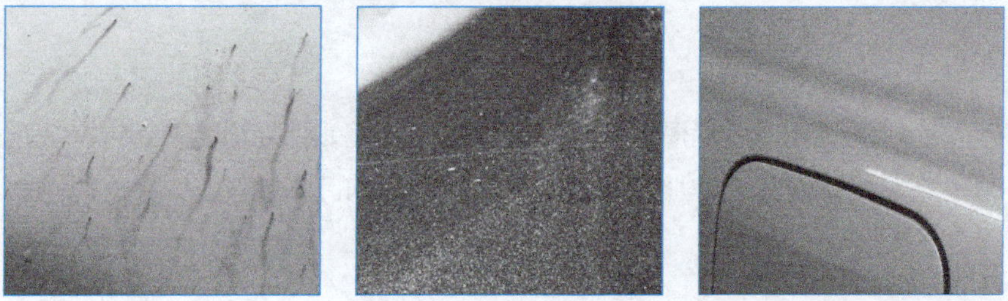

（a）　（b）　（c）

图3-3-2　漆面氧化层

## 3. 漆面划痕的判断

（1）发丝划痕：洗车、擦车或轻微磨擦而产生的细划痕，一般手摸无感觉，如图3-3-3（a）所示。

（2）浅度划痕：面漆被破坏，没有露出底漆的划痕为浅度划痕，如图3-3-3（b）所示。

（3）中度划痕：面漆被破坏，露出了底漆的划痕为中度划痕，如图3-3-3（c）所示。

（4）深度划痕：露出了汽车铁板的划痕为深度划痕，如图3-3-3（d）所示。

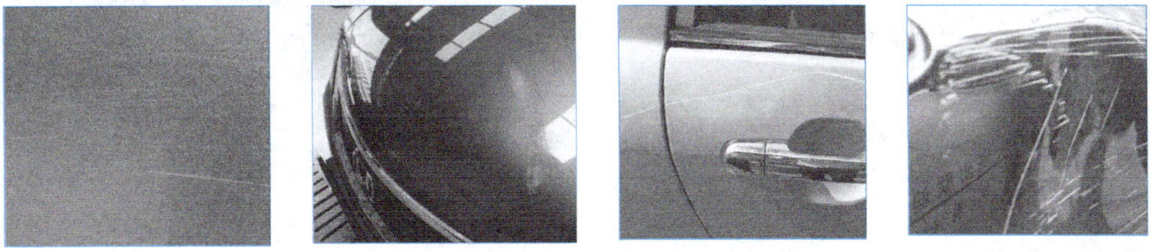

（a）　（b）　（c）　（d）

图 3-3-3　漆面划痕

## 4. 抛光剂研磨剂认识

（1）研磨剂：配合抛光机使用的专业漆面研磨剂含有细小的颗粒，可以去除深度氧化层和轻微划痕及喷漆时出现的麻点、垂流、其他未伤底漆之重度划痕以及严重氧化层。代表产品为3M 39004，如图3-3-4（a）所示。

（2）漆面还原抛光剂：配合抛光机使用的专业漆面研磨剂比研磨剂的颗粒更细一些，能去除漆面中的轻度划痕，本品所含的油分在漆面抛光时渗入漆内，补充油漆失去的油分起到护理增亮的作用，也叫中度抛光剂。代表产品为3M 39001，如图3-3-4（b）所示。

（3）快速抛光剂：比还原抛光剂更细一些，也叫细度抛光剂。它能去除细小擦纸砂痕甚至更细小的砂石擦痕，其他细小擦划痕，中等程度氧化层，粗糙的螺纹斑或水划痕，中等程度氧化层，粗糙的螺纹斑或水斑，使用后留下精美的表面。代表产品为3M 39002，如图3-3-4（c）所示。

（a）　（b）　（c）

图 3-3-4　常见研磨剂

## 二、人员配备

### 1. 接车部

人员需求：1人。

工作任务：提前准备好洗车工单、笔，并记录车型、车牌、来店时间、预计交车时间。请客户出示会员卡，并请客户到休息区休息。

仪表要求：

（1）面部：整洁，无油腻，化职业淡妆。

（2）头发：经常清洗、修剪，梳理整齐，保持干净。

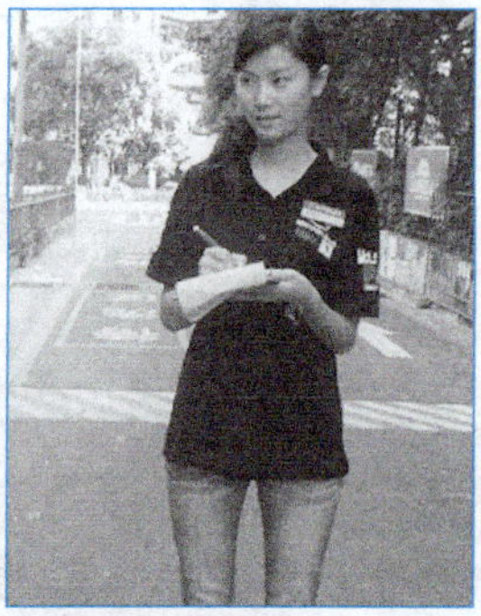

图3-3-5　接待员

图3-3-6　普工

（3）口腔卫生：注意生活卫生，保持口中无异味。

（4）服装：按照规范穿着公司统一工作服装，要求干净、平整，如图3-3-5所示。

### 2. 美容部

人员需求：3人，其中美容大工1人，美容小工2人。

工作任务：迎宾，等待客户到来、引导车辆、环车检查、清洁及抛光操作、送车。美容大工还需增加质检工作。

仪表要求：

（1）面部：整洁，无油腻，不留胡须。

（2）头发：经常清洗、修剪，梳理整齐，保持干净，头发不得超过耳际，不过领，禁止剃光头、染发，不留奇异发型。

（3）口腔卫生：上班不饮酒，注意生活卫生，保持口中无异味。

（4）服装：按照规范穿着公司统一工作服装，要求干净、平整、扣齐所有纽扣、衣领无汗迹，衣袖及裤脚不得翻转、挽起，如图3-3-6所示。

## 三、工具配备

### 1. 变速抛光机的使用（研磨机）

机械式抛光机分为电动式（见图3-3-7（a））和气动式（见图3-3-7（b））两种。电动式抛光机转速较快且转速可调，功率大，研磨抛光效果较好。注意，由于电动式的功率较大对于初学者来说要时刻注意设备的状态，以免损坏车漆。气动式抛光机转速较低，且研磨抛光磨效力较差，研磨抛光作业的效率相对较低。我们一般使用电动抛光机，变速抛光机是一种集研磨和抛光为一体的设备，安装研磨盘时可进行研磨作业，安装抛光盘可进行抛光作业。变速抛光机是通过旋转研磨盘或抛光盘来平滑并抛光漆面，以除去微小的漆面缺陷，并提高光亮度。

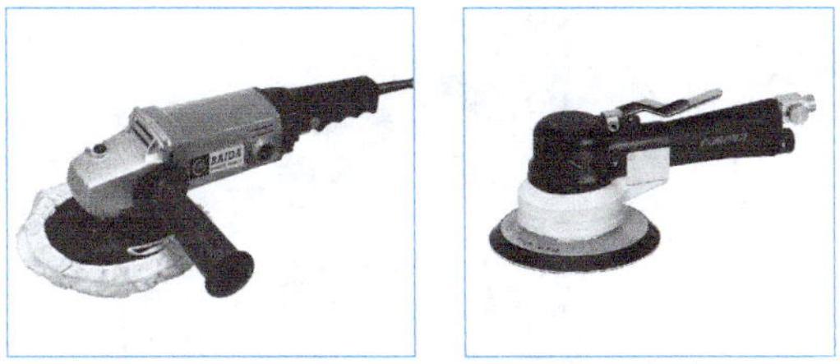

（a）　　　　　　　　（b）

图 3-3-7　抛光机

操作方法如下。

（1）抛光机开机或关机时决不能接触工作表面。

（2）作业时，右手紧握直把，左手紧握横把，由左手向作业面垂直用力，转盘与作业面保持基本平行，如图3-3-8（a）所示。

（3）在抛光机完全停下之前，不要放下研磨机。

（4）不要太靠近边框、保险杠和其他可能咬住转盘外沿的部位进行作业。

（5）应时刻注意研磨机的电线，应将电线搭在操作员肩上，避免将电线卷入机器或刮花车表。

（6）抛光时，应注意不要让灰尘飞到脸上，而应使其落向地板。

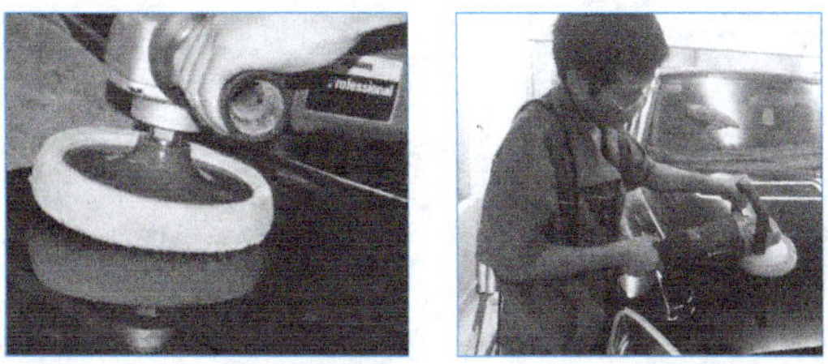

（a）　　　　　　　　（b）

图 3-3-8　抛光作业

## 2. 抛光盘

抛光机所用的抛光盘有3种：羊毛盘（见图3-3-9（a））、粗质海绵盘（见图3-3-9（b））、柔软海绵盘（见图3-3-9（c））。羊毛盘和粗质海绵盘使用于抛光研磨场合，而柔软海绵盘的抛光面大都做成凹凸有序的波浪形，有利于精细抛光，形成光着如镜的抛光漆面。抛光作业时切记区分使用。

（a）　　　　　　　　（b）　　　　　　　　（c）

图 3-3-9　抛光盘

## 3. 喷水壶

在研磨抛光作业时，向研磨部位喷水，目的是降温、清洁及润滑，如图3-3-10所示。

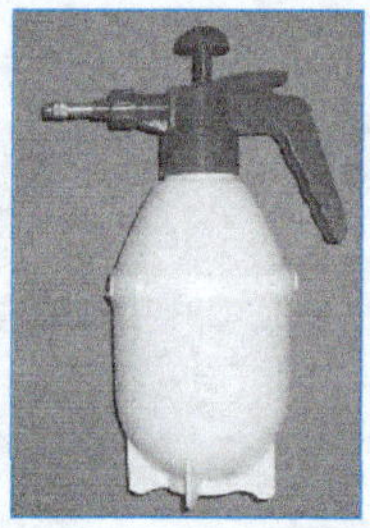

图 3-3-10　喷水壶

## 四、材料配备

黏土（油泥）——产品性能：一种非常细腻的特种聚合物，去污力极强，韧性好，可反复使用，如图3-3-11所示。

3M401Q皇牌砂纸——产品性能：耐水性强，可以在水中长时间浸泡，它可以潮湿和干燥的环境下应用。该水砂纸切削效果好，表面留下砂痕比较均匀，且使用寿命长，如图3-3-12所示。

图 3-3-11　黏土

图 3-3-12　3M401Q 皇牌砂纸

## 五、操作流程

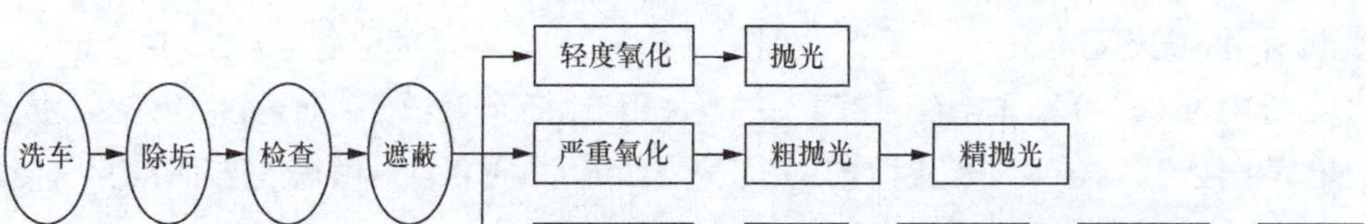


（1）按照普通的洗车操作工艺来处理即可，对于有残蜡的车表必须用开蜡水进行除蜡处理（见图3-3-13（a）），并确保车身清洁无水分，其中洗车的缝隙出垢尤为重要（见图3-3-13（b））。

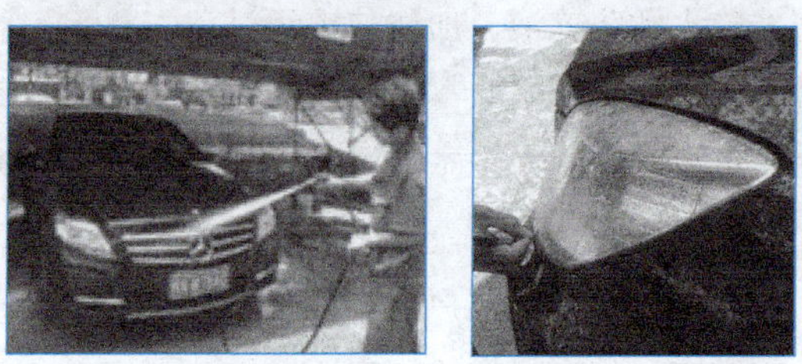

（a）　　（b）

图 3-3-13　车身清洁

（2）用3M洗车泥38070配合清水或3M 39000晶亮“智能”洗车宝对漆面上的顽固脏点进行清除，以获得手感光滑的漆面（见图3-3-14（a）），抛光步骤前确保车身干爽，不能有残余水分（见图3-3-14（b））。

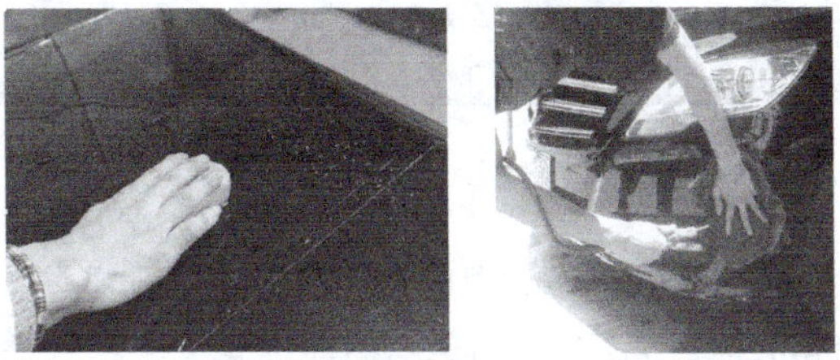

（a）　　（b）

图 3-3-14　深度除垢

（3）检查全部漆面，确认漆面上划痕、氧化层、酸雨斑痕、尘点、橘皮等缺陷的程度，如图3-3-15所示。

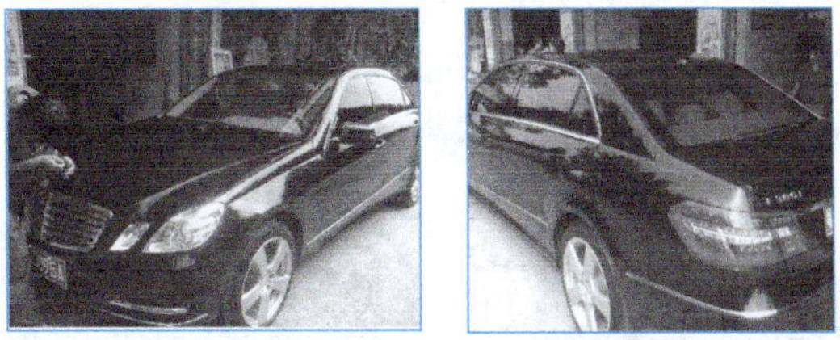

（a）　　（b）

图 3-3-15　车身检查

（4）对需要进行漆面处理的区域周围做遮蔽处理，如图3-3-16所示。

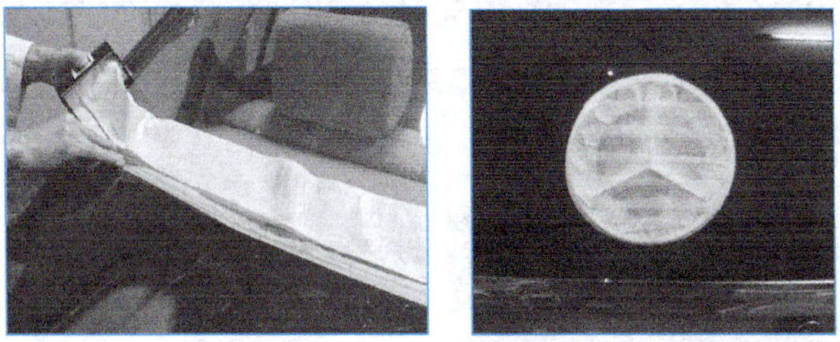

（a）　　（b）

图 3-3-16　遮蔽处理

如漆面出现轻度氧化，非常细微的划痕圈纹、水渍或污渍，可按以下方法处理。

三效水晶钻石乳蜡处理：使用抛光机配以5725黑色海绵轮，将3M 39006三效水晶钻石乳蜡均匀涂覆在汽车漆面上，并抛光至返亮效果，如图3-3-17（a）所示。该产品兼具漆面清洁、抛光和保护三大功能，使旧漆迅速还原、显色、美容与养护。最后使用干净的神奇抹布，迅速擦去抛光后留下的车体抛光蜡、手指印等残留，如图3-3-17（b）所示。神奇抹布的独特结构，可迅速去除各种车体表面污迹，而不会对漆面等造成任何划痕。

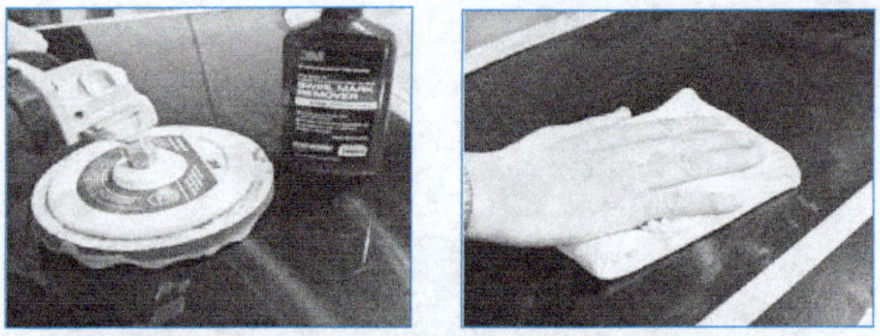

（a）　　　　　　　　（b）

图 3-3-17　抛光作业

如漆面出现严重氧化，粗划痕圈纹，酸雨渍或砂纸痕，可按以下方法处理。

粗磨抛光：使用3M 39002配以3M 5723白色粗抛海绵轮，如图3-3-18所示，使用抛光机施加中等压力，保持抛光速度为1800r/min左右，以去除漆面的各种缺陷。

精细抛光：使用3M 39009或39109“梦幻”镜面抛光蜡（其中39009针对深色车，39109针对浅色车）配以3M 5725黑色波浪海绵轮，如图3-3-19所示，对抛光机略施以压力，保持抛速度为2000r/min左右，匀速对漆面缺陷进行处理，以取得光亮耀眼的镜面效果。

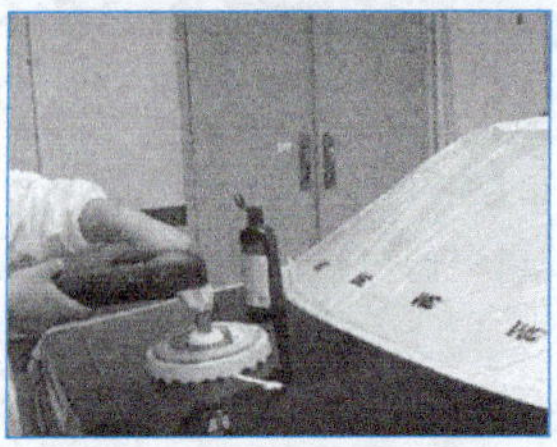

图 3-3-18　粗磨抛光作业

图 3-3-19　精细抛光作业

如漆面出现轻度酸雨蚀坑、橘皮、尘点，可按以下方法处理。

精细研磨处理：使用3M 401Q皇牌砂纸P1500号或更细粒度配以5526海绵软垫以及5518橡皮水刮，首先将漆面的各种缺陷磨平消除。注意，水磨处理时，勿过度施力，只需将美纹纸沿着同一方向略施压力即可，同时经常用水刮片刮去水迹，及时检查研磨程度，以免过度研磨，损伤漆面。

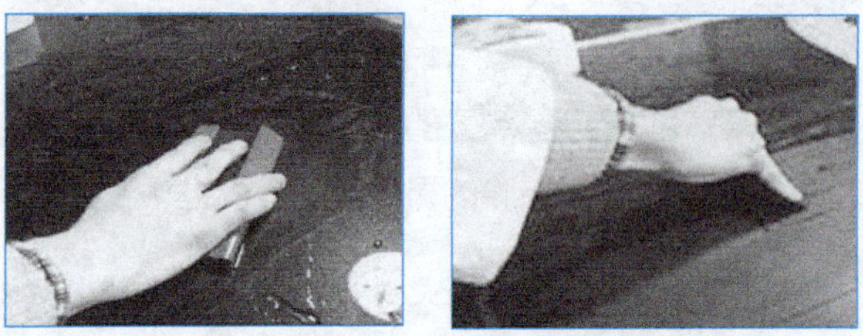

（a）　　　　　　　　（b）

图 3-3-20　研磨处理

粗磨抛光：先擦干车身表面，使用3M 39002配以3M 5723白色粗抛海绵轮，如图3-3-21所示。使用抛光机施加中等压力，保持抛光速度为1800r/min左右，以去除漆面的各种缺陷。

精细抛光：使用3M 39009或39109“梦幻”镜面抛光蜡（其中39009针对深色车，39109针对浅色车）配以3M 5725黑色波浪海绵轮，对抛光机略施以压力，如图3-3-22所示。保持抛光速度为2000r/min左右，匀速对漆面缺陷进行处理，以取得光亮耀眼的镜面效果。

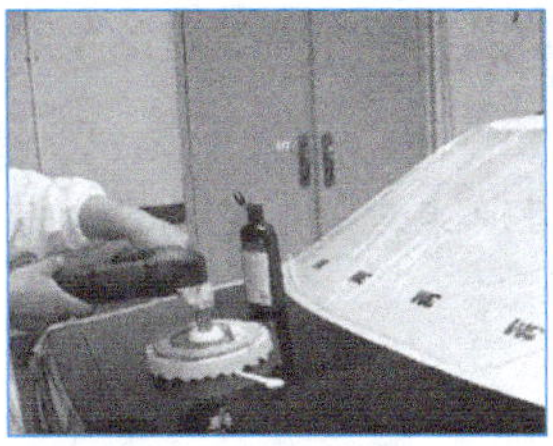

图 3-3-21　粗磨抛光作业

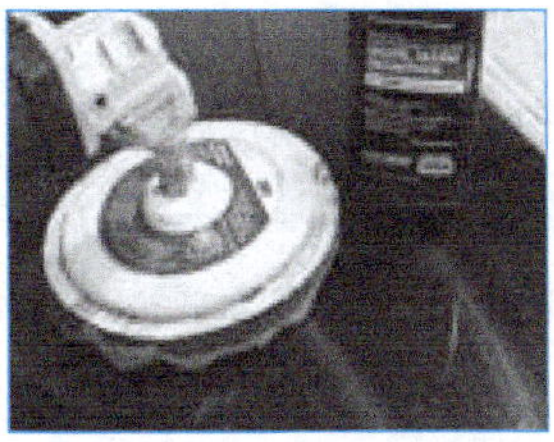

图 3-3-22　精细抛光作业

保养蜡处理：使用3M 1015擦车纸干净海绵3M 39526“梦幻”水晶硬蜡，或使用3M 1015擦车纸或海绵将39026“梦幻”水晶乳蜡均匀地涂覆在车身表面，如图3-3-23（a）所示，等待几分钟，在蜡迹完全干透前，使用3M 39016神奇抹布将漆面抛亮，如图3-3-23（b）所示，获得光亮如新的漆面效果。

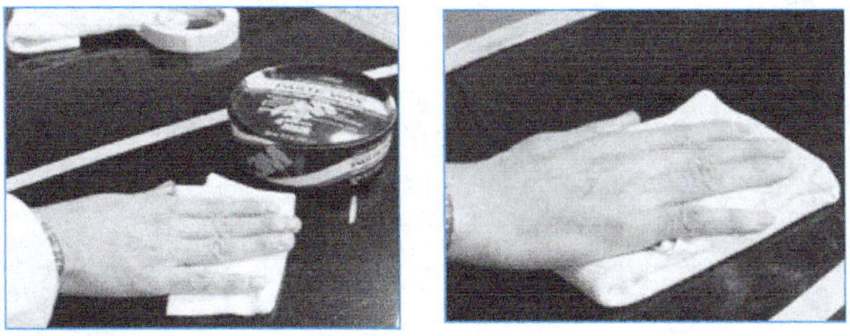

（a）　（b）

图 3-3-23　保养蜡处理

## 六、检验标准

检查漆面是否光亮均匀，如有残余蜡点、手印、没抛掉的划痕或外界的尘沫、水滴留在漆面上，应立即手工去除。

检验应做到以下几点。

（1）漆面光亮均匀，手影清晰。

（2）触摸漆面，干燥光滑、手感细腻。

（3）无尘无粉边沿干净，饰条无损。

（4）玻璃洁净透明，轮胎乌黑发亮。

### 【小结】

（1）漆的基本结构：面漆（色浆、清漆）—底漆（中涂底漆、电泳底漆）—磷化层（烤漆底漆）—裸金属。

（2）漆面划痕种类：发丝划痕、浅度划痕、中度划痕、深度划痕。

（3）机械式抛光机分为电动式和气动式两种。

（4）抛光作业时，右手紧握直把，左手紧握横把，由左手向作业面垂直用力，转盘与作业面保持基本平行。

（5）羊毛盘和粗质海绵盘使用于抛光研磨场合，而柔软海绵盘的抛光面大都做成凹凸有序的波浪形，有利于精细抛光，形成光着如镜的抛光漆面。

（6）抛光的流程：车表清洗、去污垢、使用黏土（油泥）涂擦全车身、吹干、检查车漆、遮蔽、视情况选择操作项目、验收交车。

（7）检验标准：漆面光亮均匀，手影清晰。触摸漆面，干燥光滑、手感细腻。无尘无粉边沿干净，饰条无损。玻璃洁净透明，轮胎乌黑发亮。

## 【课后练习】

### 1. 填空题

（1）涂料是一种材料，这种材料可以用不同的施工工艺涂覆在________，形成________、具有一定强度、连续的________。

（2）________________是缩短车漆的主要原因，这一过程叫做________________。

（3）面漆被破坏，露出了________________的划痕为________________。

（4）抛光机开机或关机时决不能接触________________。

（5）发丝划痕：________________而产生的细划痕，一般________________。

（6）在抛光机完全停下之前，________________。

### 2. 看图题

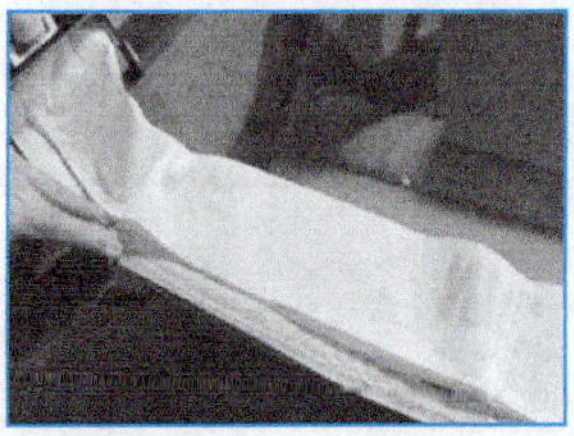
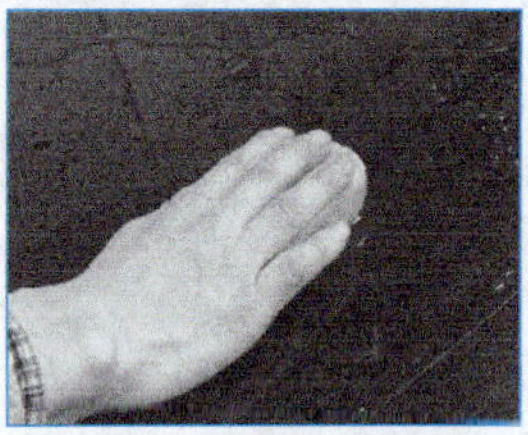

________________　________________　________________

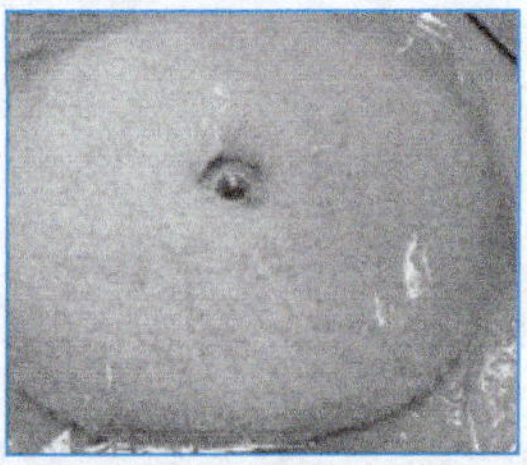
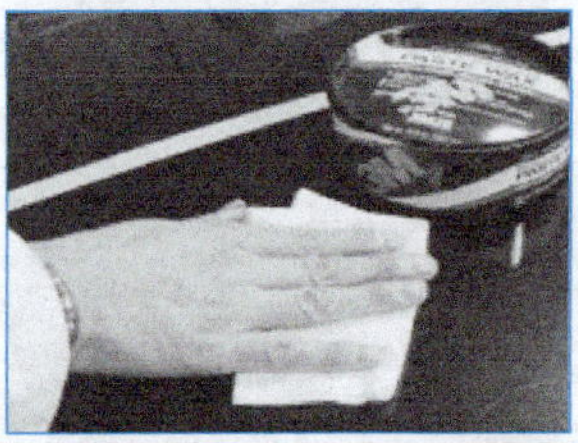
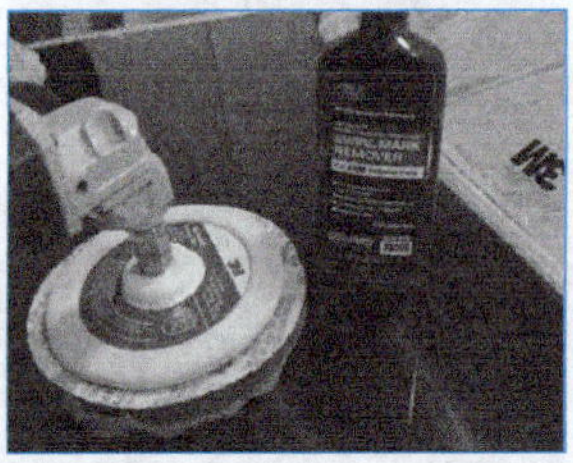

________________　________________　________________

### 3. 问答题

（1）简述汽车抛光的操作流程。

（2）常见的漆面划痕类型有哪些？

# 任务四　臭氧消毒

## 【任务引入】

我在巡店时听到了罗师傅与客户的一番对话。罗师傅：“你的车是不是到了梅雨天气就有一股霉味啊？现在时间还早，我建议对你的爱车进行一次内饰臭氧消毒。”车主：“对啊，一到梅雨天气就有霉味，要不等下雨天的时候再消毒好了。”罗师傅：“其实这是不正确的，消毒最好是在有太阳并且比较干爽的天气作业最好。”车主：“好吧。”车主是带着疑惑放下了车钥匙。我们能帮车主解惑吗？让我们带着这个问题进行学习吧。

## 【知识目标】

（1）能正确引导客户了解汽车车内消毒的作用。

（2）能准备臭氧消毒任务的设备及材料。

（3）掌握臭氧消毒的操作，认识组员的分工要求。

（4）掌握消毒设备的维护与保养。

## 【知识链接】

汽车车内环境污染问题跟室内不同，目前还没有行业标准，但不具完全统计，车内如果按照室内环境标准来要求的话，新车普遍超标（尤其是有毒有机化合物）达10倍以上。

车内空气污染主要源于新车内装饰材料中含有的有毒物质，主要包括苯、甲苯、甲醛、丙酮等，易使人出现头痛、乏力等症状。越是豪华的车越容易产生污染，其内部装饰选用的真皮、桃木、电镀、金属、油漆、工程塑料等如果处理不当，会辐射出有害物质。我们所熟悉的“新车味道”中充满了塑料、泡沫、胶粘剂及地毯散发出来的挥发性有机化合物及其他污染物。这些车内污染物有的可能致癌，有的则可能会对神经系统、免疫系统、内分泌系统以及生殖系统产生影响，甚至致癌。

另外，霉菌在汽车通风系统内长年存在，霉菌会造成哮喘、呼吸困难、记忆力及听力丧失、肺部出血等症状。汽车的消毒方法主要有传统的蒸汽消毒、化学消毒以及现在大多数汽车养护中心采用专用消毒机进行的臭氧消毒。

蒸汽消毒是比较传统的汽车空气清洁方法，其做法是：先用普通清洁剂对车辆进行清洁，并用保护剂或干洗护理剂擦拭、清洁车室、地毯、脚垫、座套，然后在车内喷清洁剂、杀菌剂，最后用高温蒸汽进行消毒。杀菌剂内部含有能产生分解臭源的酶，从而能清除异味和细菌的滋生。但由于操作复杂，消耗时间过长，车内污染严重时使用效果欠理想，以及由于蒸汽可能会对车内的电子系统产生不良影响等，因此用得不多。

化学消毒法则是使用化学药剂，如用掺入3~4倍水的工业氨水擦洗内饰或喷洒一些消毒杀虫剂等方式对汽车进行清洁、消毒，该方法消毒较彻底，但操作性不强，而且可能会在车内残留化学物质，造成潜在的危害。大多数车主都不喜欢这种消毒法。

目前流行的臭氧消毒法是采用一个能迅速产生大量臭氧的汽车专用消毒机来进行消毒的。臭氧是一种具有广泛性的、高效的快速杀菌剂，它可以杀灭使人和动物致病的多种病菌、病毒及微生物。它的消毒机理是：通过在较短的时间内破坏细菌、病毒和其他微生物的结构，使之失去生存能力。臭氧的杀菌作用具有消毒速度快、无残留物、消毒无死角、使用方便等优点，当其浓度超过一定数值后，消毒杀菌甚至可以瞬间完成。臭氧对很多病菌、霉菌、病毒、真菌、原虫、卵囊都具有明显的灭活效果，且就灭菌时间来说，迅速无比，是氯的300~600倍，紫外线的3000倍。臭氧还可以通过氧化反应除去车内的有毒气体，如CO、NO、$SO_2$、芥子气等。

## 一、操作基础知识

臭氧消毒法操作起来较简单，将一根连接着汽车专用消毒机的胶管伸入车厢内，打开汽车专用消毒机和车内空调，利用空调的空气循环，将汽车专用消毒机产生的高浓度臭氧送到车内的每个角落，如此只需几分钟就可以了。据介绍，虽然消毒时间很短，但消灭病菌最彻底。美中不足的是，消毒后车厢里会留有一点臭氧味，不过由于臭氧可以很快分解为无色无味的氧气，所以只要将车窗打开一会儿，味道就没有了。

据介绍，在病菌滋长季节，如果车主在车内待的时间比较长，车内人员比较多，消毒的频率可以大一些，如一个月消毒一到两次或更多；但如果车主不怎么使用车，在车内待的时间也不长，那么一两个月消毒一次就可以了。

### 1. 臭氧的主要功能

臭痒的主要功能如下：

杀菌 → 解毒 → 保鲜 → 漂白 → 除臭

### 2. 按臭氧产生的方式划分

目前的臭氧发生器主要有3种：高压放电式、紫外线照射式和电解式。

（1）高压放电式发生器，如图3-4-1所示。该类臭氧发生器是使用一定频率的高压电流制造高压电晕电场，使电场内或电场周围的氧分子发生电化学反应，从而制造臭氧。这种臭氧发生器具有技术成熟、工作稳定、使用寿命长、臭氧产量大（单机可达1kg/h）等优点，所以是国内外相关行业使用最广泛的臭氧发生器。

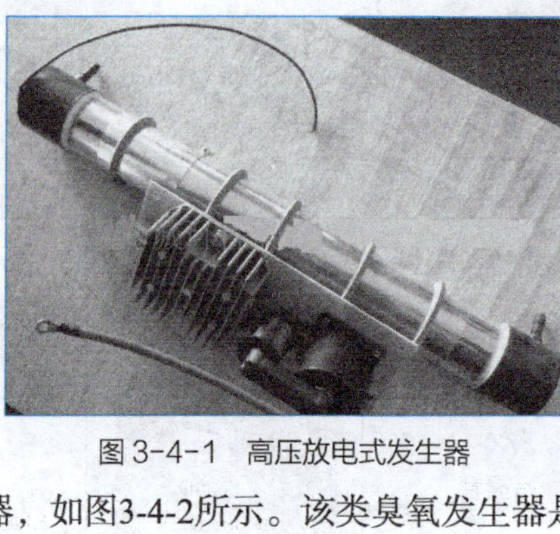

图3-4-1　高压放电式发生器

（2）紫外线式臭氧发生器，如图3-4-2所示。该类臭氧发生器是使用特定波长(185mm)的紫外线照射氧分子，使氧分子分解而产生臭氧。由于紫外线灯管体积大、臭氧产量低、使用寿命短，所以这种发生器使用范围较窄，常见于消毒碗柜上使用。

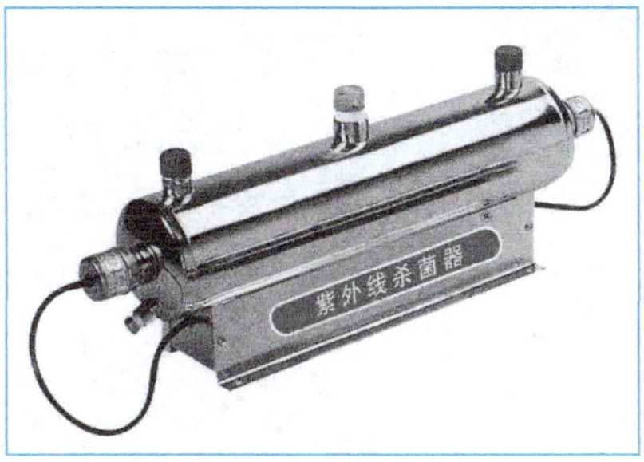


图 3-4-2　紫外线式臭氧发生器

（3）电解式发生器，如图3-4-3所示。

图 3-4-3　电解式发生器

该类臭氧发生器通常是通过电解纯净水而产生臭氧。这种发生器能制取高浓度的臭氧水，制造成本低，使用和维修简单。但由于有臭氧产量无法做大、电极使用寿命短、臭氧不容易收集等方面的缺点，其用途范围受到限制。目前这种发生器只是在一些特定的小型设备上或某些特定场所内使用，不具备取代高压放电式发生器的条件。

如果车间消毒只是为了表面好看或应对检查，并不需要真正意义上的消毒，建议采用壁挂式或移动式臭氧消毒机；如果为了简单方便，也不需要考虑臭氧对中央空调系统可能的腐蚀问题，建议采用中央空调内置型或外置型臭氧消毒机；如果希望有最好的消毒效果，又不损坏空调系统，建议采用管道喷淋型臭氧消毒机。

### 3. 常见车间臭氧消毒机的种类和特点

（1）中央空调内置型臭氧消毒机：如图3-4-4所示，将臭氧消毒机安置在中央空调送风道或回风道内部，利用空调的风力将臭氧消毒机产生的臭氧输送到需要消毒的车间内。这种臭氧消毒机使用简单，臭氧气体也能方便地投送到需要消毒的车间内。但由于是安置在空调风道内，所以发生故障时不易察觉，取出维修时也不方便。同时，臭氧气体可能会对镀锌铁板制做的风道、空调马达、铜制零部件、电子元件、橡胶密封件等产生一定的氧化和腐蚀作用。

（2）中央空调外置型臭氧消毒机：如图3-4-5所示，将臭氧消毒机产生的臭氧通过管路送入中央空调送风道或回风道内，利用空调的风力将臭氧输送到需要消毒的车间内。和内置型臭氧消毒机相比，这种臭氧消毒机仅仅是维修和维护方便了，但依然存在臭氧气体可能损坏空调系统配件的缺点。

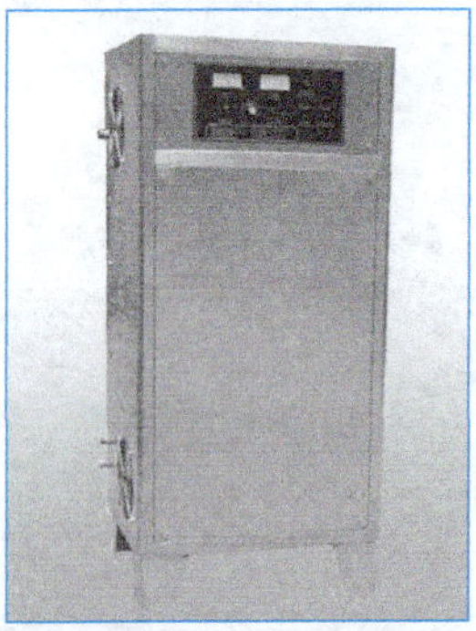

图 3-4-4 中央空调内置型臭氧消毒机

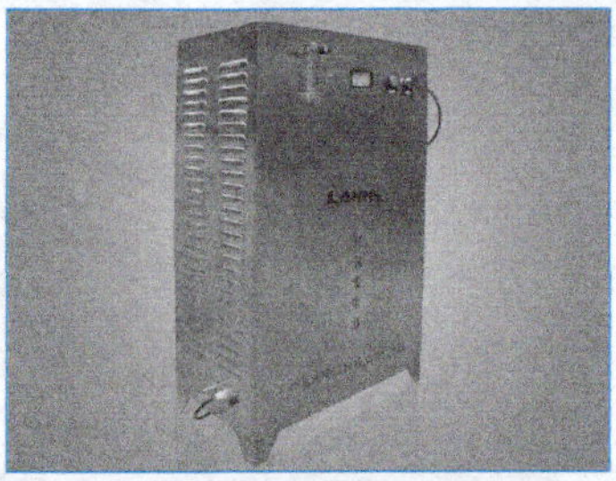

图 3-4-5 中央空调外置型臭氧消毒机

（3）壁挂式臭氧消毒机：如图3-4-6所示，将臭氧消毒机悬挂在车间内墙壁的高处，通过臭氧消毒机上的“窗口”或“喷头”将臭氧气体吹送到车间。这种臭氧消毒机由于结构、体积等方面的限制，实际吹送臭氧的距离很近，通常不会超过3m，无法对车间的远处消毒，当车间面积较大时，需要安装多台才能达到消毒效果。同时，由于臭氧消毒机本身被臭氧气体包围，机内的元器件很快会被氧化，特别是当车间湿度较大时，臭氧发生器就会更快损坏。

图 3-4-6 壁挂式臭氧消毒机

（4）移动式臭氧消毒机：如图3-4-7所示，底部带有脚轮或上部带有提手的臭氧消毒机,可随意移动到需要消毒的车间内使用。严格讲，这种臭氧消毒机不能独立成为一个系列的产品，因为很多类型的臭氧消毒机安装上脚论或提手后，都被称为移动式臭氧消毒机。这种臭氧消毒机在实际使用时，可操作性不好，主要的问题是不容易做到均匀投放臭氧气体。臭氧比空气重，在对车间消毒时，通常是从高处投放臭氧，并且要求尽量将臭氧投放到车间的每个角落。移动式臭氧消毒机很难满足这一要求。同时，由于臭氧对人体有害，实际消毒时，也不太可能让工人推着消毒机在车间内到处行走消毒。如果一定要将能够移动的臭氧消毒机列为独立系列的产品，那么至少要解决臭氧的远距离投放问题，以利于臭氧的扩散。目前，国内多数此类产品的臭氧吹送距离是3m左右，在多数生产车间内应用效果不佳。根据试验检测，移动式臭氧消毒机吹送臭氧的实际距离最少要达到5m以上，才能够具有实际用途。

图 3-4-7 移动式臭氧消毒机

（5）管道喷淋型臭氧消毒机：如图3-4-8所示，在需要消毒的车间天花板上或墙壁高处，安装直径和长度合适的PVC管，在PVC管上定向开数量合适的臭氧喷孔，将臭氧消毒机产生的臭氧气体充入PVC管内，通过臭氧喷孔将臭氧均匀喷洒到车间内。能够使用这种方法进行消毒的臭氧消毒机，都称为“管道喷淋型臭氧消毒机”。这种臭氧消毒机摆脱了对中央空调系统的依赖，可以独立使用，当然也可以配合中央空调系统使用。它最重要的特点有4个方面：一是能够自行远距离输送臭氧，可以达到或超过50m距离，因而不依赖中央空调系统就可以对长度较大的车间进行消毒；二是只使用1台臭氧消毒机就能够对多个车间同时进行消毒，或只针对特定的车间消毒；三是可以将臭氧消毒机安放在被消毒车间外，避免车间潮湿对臭氧消毒机的损坏；四是喷洒臭氧均匀，车间内的各个部位都能有臭氧到达。很明显，这种臭氧消毒机是目前最先进的机型。但需要注意的是，市场上有很多自称是管道型的臭氧消毒机，实际上臭氧的投送距离很短，管道末端的臭氧喷孔根本没有臭氧喷出来，所以无法保证消毒效果。

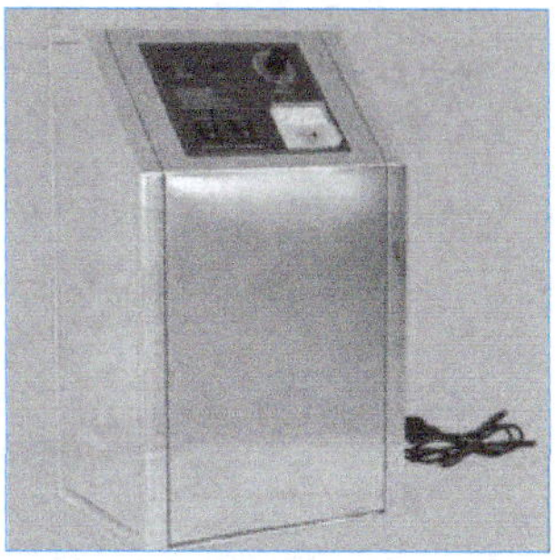

图 3-4-8 管道喷淋型臭氧消毒机

### 4. 在实际应用中，影响臭氧消毒效果的因素

（1）臭氧投放量。在一个车间内，如果臭氧的投放总量达不到预定数值，那么这个车间内的臭氧浓度也达不到要求的标准，消毒效果必然受影响。在计算臭氧投放量时，必须考虑臭氧在输送过程中的损耗、其他空间的占用、门窗泄露等综合因素，同时，也必须保证所选用的臭氧发生器能够达到设计的臭氧产量指标。

（2）臭氧投放的均匀度。在被消毒车间内，必须保证所有部位的臭氧浓度都能够达到设计标准，否则，在臭氧浓度低的区域，消毒效果就会差。为此，在设计消毒方案时，必须周密考虑车间结构、臭氧投放方式、臭氧消毒机性能等因素。特别是选用独立式臭氧消毒机时，臭氧消毒机必须具有远距离投送臭氧的能力，否则距离臭氧消毒机较远的地方没有臭氧到达，根本就谈不上消毒。

（3）臭氧消毒的时间。在车间内臭氧浓度达到要求后，如果消毒时间不够，消毒效果也会受影响，所以必须保证消毒时间。

（4）臭氧消毒机的性能。如果臭氧消毒机的稳定性较差，在使用到一定时间后，臭氧产量急剧减少，那么消毒效果将无从保证。同时，生产车间通常都是长度远、跨度大，为保证车间内所有区域都有臭氧到达，所以臭氧消毒机必须具有较强、较远的输送臭氧气体的能力。

（5）其他。车间内环境温度、湿度、设备数量、密封程度、空气洁净度等，都会影响臭氧的消毒效果。

## 二、人员配备

### 1. 接车部

人员需求：1人。

工作任务：提前准备好车身内室消毒工单，并记录车型、车牌、来店时间、预计交车时间。请客户出示会员卡，并请客户到休息区休息。

仪表要求：

（1）面部：整洁，无油腻，化职业淡妆。

（2）头发：经常清洗、修剪，梳理整齐，保持干净。

（3）口腔卫生：注意生活卫生，保持口中无异味。

（4）服装：按照规范穿着公司统一工作服装，要求干净、平整。

### 2. 美容部

人员需求：3人，其中美容大工1人，美容小工2人。

工作任务：迎宾，等待客户到来、引导车辆、环车检查、清洁操作、送车。美容大工还需增加质检工作。

仪表要求：

（1）面部：整洁，无油腻，不留胡须。

（2）头发：经常清洗、修剪，梳理整齐，保持干净，头发不得超过耳际，不过领，禁止剃光头、染发，不留奇异发型。

（3）口腔卫生：上班不饮酒，注意生活卫生，保持口中无异味。

（4）服装：按照规范穿着公司统一工作服装，要求干净、平整、扣齐所有纽扣、衣领无汗迹，衣袖及裤脚不得翻转、挽起。

## 三、工具配备

臭氧发生器是用于制取臭氧的设备装置。如图3-4-9所示，臭氧易于分解无法储存需现场制取现场使用（但是在特殊的情况下是可以进行短暂时间的储存），凡是能用到臭氧的场所均需使用臭氧发生器。臭氧发生器在自来水、污水、工业氧化、空间灭菌等领域广泛应用。

臭氧是世界公认的广谱高效杀菌消毒剂。采用空气或氧气为原料利用高频高压放电产生臭氧。臭氧比氧分子多了一活泼的氧原子臭氧，化学性质特别活泼，是一种强氧化剂，在一定浓度下可迅速杀灭空气中的细菌。臭氧没有任何有毒残留，不会形成二次污染，被誉为“最清洁的氧化剂和消毒剂”。

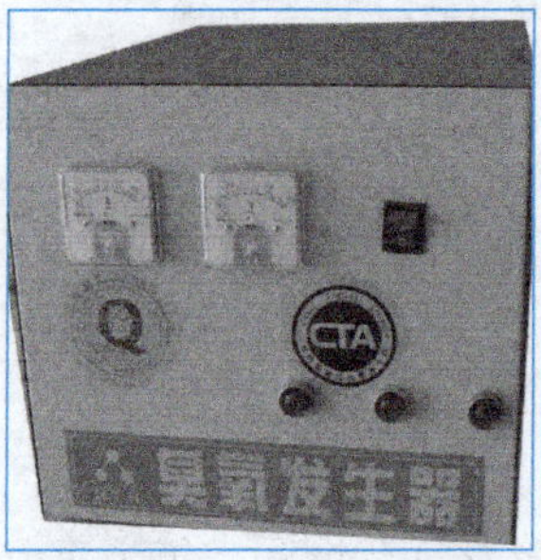


图3-4-9　臭氧发生器

## 四、材料配备

汽车消毒器一台，如图3-4-10所示。

图 3-4-10　汽车消毒器

## 五、操作流程

（1）准备好设备，放到车的旁边，检查供电正常，时间显示正确，设备处于手动状态，如图3-4-11（a）、（b）所示。

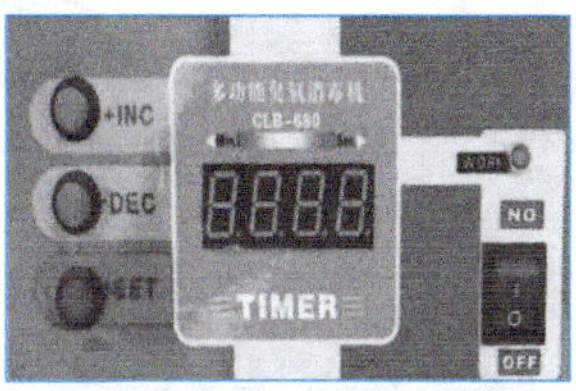


（a）臭氧快速杀菌杀毒设备

（b）车窗铺垫毛巾

（2）按要求放入软管，打开空调（因该车空调吸风口在副驾驶位仪表台下方，故选择驾驶位的车窗放入软管），如图3-4-11（c）~（f）所示。

（c）把放出臭氧的软管通过驾驶位车窗伸进车内

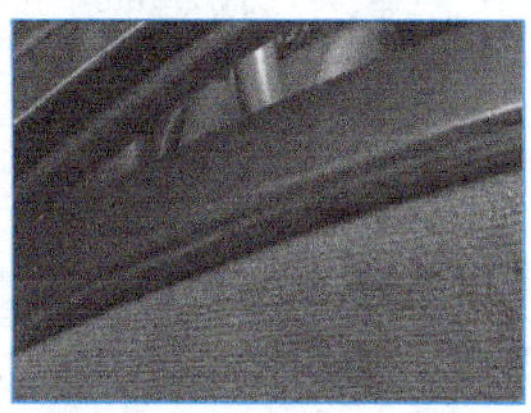

（d）将车窗升至适当位置，不需很严实

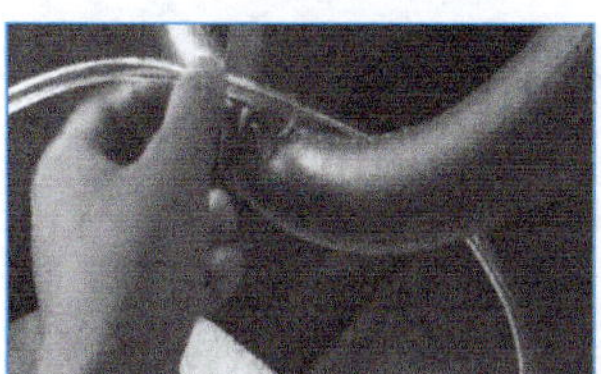

（e）调整软管的安放位置

（f）把风量调到最高

（3）做好一切准备后开始消毒，如图3-4-11（g）~（j）所示。

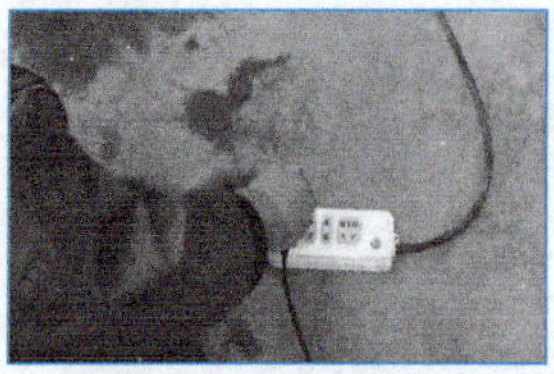

（g）接通电源

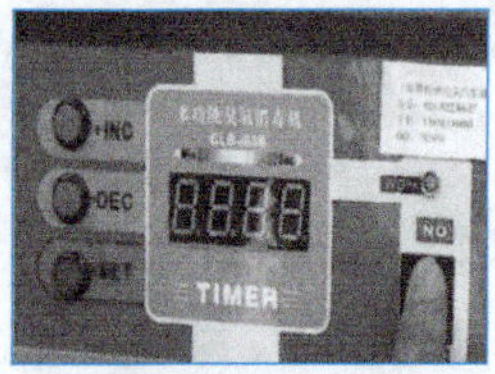


（h）打开开关，指示灯亮后，设备开始工作

（i）打开时间开关

（j）调整消毒时间

图 3-4-11　专业杀菌杀毒设备的使用

（4）达到设定的消毒时间后，设备自动停止工作，收拾消毒设备，最后打开车门通风1~2min，整个消毒过程完成，如图3-4-12所示。

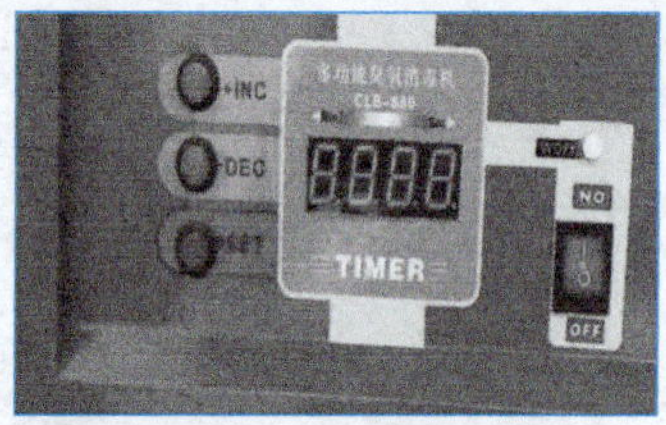


图 3-4-12　消毒完毕

注意事项：

（1）臭氧发生器工作时会发出“啪啪”声，同时会有臭氧味属正常。

（2）臭氧发生器开启前，应确认消毒间无工作人员。

（3）臭氧发生器关机后,风机应再运行一段时间，系统内无臭氧味后方可进入工作人员。

维修保养：

（1）机器应始终置于干燥和通风良好的洁净环境中。

（2）维护保养时必须在无电、无压力的情况下进行。

（3）定期检查各电器部分是否受潮,绝缘是否良好（尤其是高压部分）。

（4）若发现或怀疑机器受潮，应采取绝缘措施，必须在保证绝缘良好的情况下才能启动电源按钮。

（5）定期检查通风口是否通畅，有无覆盖现象。

（6）机器每次连续工作时间不能超过8h。

（7）机器使用一段时间后，应小心清除其中的灰尘。

（8）长期不用请切断电源。

## 六、检验标准

车间臭氧消毒的相关标准如下。

在使用臭氧对普通车间（洁净度30万级以下）进行消毒时，车间内的臭氧浓度应该达到或超过10mg/m$^3$的浓度标准，并且在达到这一标准后，继续密闭消毒30min。如果是包括对场所内的物品消毒，臭氧的浓度应适当提高。对于洁净度较高的车间，如对10万级、万级的车间消毒时，臭氧浓度则应提高到20~30mg/m$^3$。

# 任务五　内饰桑拿

## 【任务引入】

今天下午开来了一辆车到店维修，在维修过程中，维修人员跟车主反映其车内饰大部分比较脏且有异味，建议进行一次内饰清洗。车主刚开始表示不理解，个人觉得没有什么问题。维修人员解释说："现在对内饰进行清洗，这样对驾驶人的身体安全很重要。"车主答："好吧。"车主是带着疑惑放下了车钥匙。我们能帮车主解惑吗？让我们带着这个问题进行学习吧。

## 【知识目标】

（1）能正确引导客户了解汽车内室桑拿的作用。

（2）能准备内室桑拿任务的设备及材料。

（3）掌握内室桑拿的操作，认识组员的分工要求。

（4）掌握内室桑拿设备的维护与保养。

## 【知识链接】

喜爱车的人，平时都很注意车身整洁，往往会忽略车内清洁。车身洁净会影响到车体的美观和寿命，而车内清洁则事关车主的身体健康。不少人有在车里吃东西、吸烟的习惯，致使车内各角落尤其是车的顶棚、座套、皮椅、出风口、空调风道等部位，或多或少地残存着果汁残液、烟灰、食物细渣甚至宠物粪尿、毛发等物。这些残留物是各种细菌、病毒、螨虫滋生的最好载体，如果温度、湿度适宜，即会在短时间内大量滋生繁殖，严重威胁着驾乘者的身心健康。所以，应该至少每3个月做一次内饰桑拿，即彻底的车内清洁、除臭、杀菌处理。

内饰桑拿看似简单，其实有很多讲究。现在市面上很多汽车美容店大都选用碱性较大的清洁剂。这样做出来的车当时会有表面上增白、去污的功效，但实际上有一定的后患，碱性过强的清洁剂会浸透进绒布、皮椅、顶棚内部，慢慢腐蚀，最终出现板结、龟裂，这样的美容真是适得其反。专业的做法应该是选择pH值不超过10的清洗液，配合室内美容专用的桑拿机来完成清洁工作。北京车之友全部采用英国尼尔森及其他专业厂商的中性清洁套装产品，最早引进先进的负氧桑拿设备。负氧蒸汽这项新技术的核心在于"负氧蒸汽"，有着传统清洁方法无可比拟的消毒、杀菌功效。它与流行已久的桑拿浴有着异曲同功之妙，这一新兴汽车养护方法故而被形象且亲切地称为"汽车桑拿"。清洁完毕后，打开桑拿蒸汽机，然后加入水、清洁剂、芳香剂，接通电源加热至130℃后，将喷出的高温蒸汽对汽车内的真皮座椅、车门内饰、仪表盘、空调风口、地毯等进行消毒，同时清除车内的烟味、油味、霉味等各种异味。整个过程大约需要一个小时。

做完美容后通常要在仪表台和皮椅上涂一层保护剂，现在的皮革保护剂分乳化型、油性和水性3种。乳化型的带有清洁功能同时含碱性过强；油性的含有溶剂会侵蚀分解皮革上的树脂和颜料产生皮革褪色，这两种最好不要选择。水性保养剂属中性，它具有柔软皮革恢复弹性与光泽的作用，并有泼水、防污的功效。

# 一、操作基础知识

## 1. 汽车桑拿的作用

（1）创造良好车内环境保护健康。汽车内饰中的地毯、座椅、空调风口、行李箱等处，经常接触潮湿的空气或水渍，在特定的环境中，这些地方最易令细菌滋生，使内饰霉变，散发出臭气，不但影响了室内空气环境，更重要的是对车主的健康产生了威胁。汽车内饰美容将成为你健康的保护神。

（2）保护汽车内饰延长使用寿命。车室的清洁、杀菌、除臭，可以有效地防止各种污物对车室如地毯、真皮座椅、纤维织物等的腐蚀，加之使用专门的保护品，对塑料件、真皮及纤维品进行清洁上光保护，可大大延长内饰件的使用周期。

## 2. 汽车桑拿必要性

环境对人会产生重要的生理及心理影响，清新的空气、宽阔的绿地、整洁的街道，会使人心旷神怡，这是室外空间环境美对人的影响；家居装饰，盆景书画，会使你的居室舒适典雅；车室作为爱车族活动的重要空间，它对人的心理及生理的影响却常常被大多数人们忽视。

汽车的内室空间比较狭小，由于车门的开关、人员的进出、抽烟或吃食物所留下的残渣会引起大量的螨虫、细菌的滋长，还会产生一些刺激性的味道，而行车时，由于车窗的紧闭使得所产生的异味不易排除，影响了人员乘坐的舒适性，在春季呼吸道疾病多发时期，容易引发驾驶人员身体患病的几率，甚至增加乘车者之间病菌交互传染的可能性，影响了司机的安全驾驶。

蒸汽洗车技术的引进，这项新技术的核心在于“蒸汽”二字，有着传统洗车方法无可比拟的消毒、杀菌功效。

具体操作流程如下。

（1）整理杂物。将杂物箱里的杂物或垃圾清理干净，并把地毯拿出来用软刷清理掉杂物。

（2）除尘。杂物清理完后，用吸尘机将车内的灰尘吸净，特别是座椅下或各角落。

（3）清洗。对于不同的内饰件材质使用不同的清洗方法。如表3-5-1所示。

表 3-5-1　清洗方法及说明

| 方法 | 说明 |
|---|---|
| 真皮饰品的清洗 | 清洁真皮饰品时，应选用专用皮革清洁剂进行清洗。喷上清洗剂后用软毛刷轻轻刷洗，然后用干净的抹布抹干。清洁后，可使用皮革类专业保护剂，如油性真皮上光保护剂、2001 配方皮革保护剂等，对抹干的真皮进行上光擦拭 |
| 塑料饰品的清洗 | 先用专用的清洗剂喷洒于塑料部件，然后用海绵稍蘸清水擦洗表面，直至细纹中的污垢清除干净，再用半湿性毛巾擦净表面的污垢，擦时应避免用力过猛，以免出现失光白化现象。清洁后，可用塑胶护理上光剂、皮塑防护剂等进行上光处理 |
| 橡胶制品的清洗 | 可将专用清洗剂喷洒于半湿性毛巾上，然后直接擦洗橡胶部件，再用干净的半湿性毛巾擦净表面的污物 |

续表

| 方法 | 说明 |
| --- | --- |
| 玻璃的清洗 | 先用风窗玻璃专用清洁剂进行清洗，然后涂上风窗玻璃防雾剂 |
| 车内其他材质的清洗 | 现代汽车内部运用了多种复合材料，其中较多的有乙烯塑料纤维等。可直接喷洒专用清洁剂在上面，然后用抹布擦干净即可。清洁完后喷涂一层塑件橡胶润光剂，可防止其过早老化变脆变硬 |

（4）上光护理。清洗过的真皮饰品、塑料饰品、橡胶饰品都必须进行上光护理，以保持其光艳性。

（5）消毒处理。

① 臭氧消毒，如图3-5-1所示。臭氧的化学性质是它的氧化能力很强，对细菌、病毒等微生物杀灭率高、速度快，对有机化合物等污染物质去除彻底而又不产生二次污染。使用时，应关闭好车门窗，保持车内良好密封效果，臭氧消毒机要求在相对湿度大于60%的条件下使用，一次开机消毒时间以多于半小时为宜。

② 光触媒消毒。“光触媒”是以二氧化钛为代表的具有光催化功能的光半导体材料的总称。它比臭氧、负氧离子有着更强的氧化能力，可强力分解臭源，有极强的防污、杀菌和除臭功能。光触媒机如图3-5-2所示。

图 3-5-1　臭氧消毒

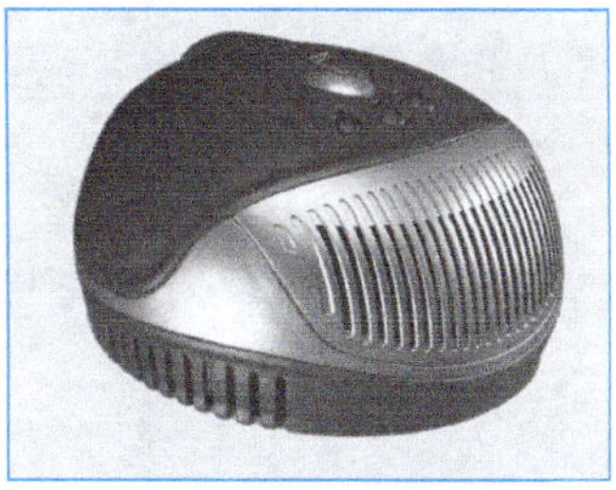
图 3-5-2　光触媒机

## 二、人员配备

### 1. 接车部

人员需求：1人。

工作任务：提前准备好车身内室消毒工单，并记录车型、车牌、来店时间、预计交车时间。请客户出示会员卡，并请客户到休息区休息。

仪表要求：

（1）面部：整洁，无油腻，化职业淡妆。

（2）头发：经常清洗、修剪，梳理整齐，保持干净。

（3）口腔卫生：注意生活卫生，保持口中无异味。

（4）服装：按照规范穿着公司统一工作服装，要求干净、平整。

### 2. 美容部

人员需求：3人，其中美容大工1人，美容小工2人。

工作任务：清洁操作。

仪表要求：

（1）面部：整洁，无油腻，不留胡须。

（2）头发：经常清洗、修剪，梳理整齐，保持干净，头发不得超过耳际，不过领，禁止剃光头、染发，不留奇异发型。

（3）口腔卫生：上班不饮酒，注意生活卫生，保持口中无异味。

（4）服装：按照规范穿着公司统一工作服装，要求干净、平整、扣齐所有纽扣、衣领无汗迹，衣袖及裤脚不得翻转、挽起。

## 三、工具配备

（1）蒸汽清洗器，如图3-5-3所示。

图3-5-3　蒸汽清洗器

（2）专业清洁毛巾，如图3-5-4所示。

（3）光触媒消毒，如图3-5-5所示。

图3-5-4　专业清洁毛巾

图3-5-5　光触媒消毒

## 四、材料配备

（1）万能泡沫剂，如图3-5-6所示。

（2）内饰清洁剂，如图3-5-7所示。

图 3-5-6　万能泡沫剂

图 3-5-7　内饰清洁剂

## 五、操作流程

### 1. 光触煤消毒施工操作技巧

（1）清洁驾驶室。室内蒸汽除味、清洁上光，如图3-5-8所示。

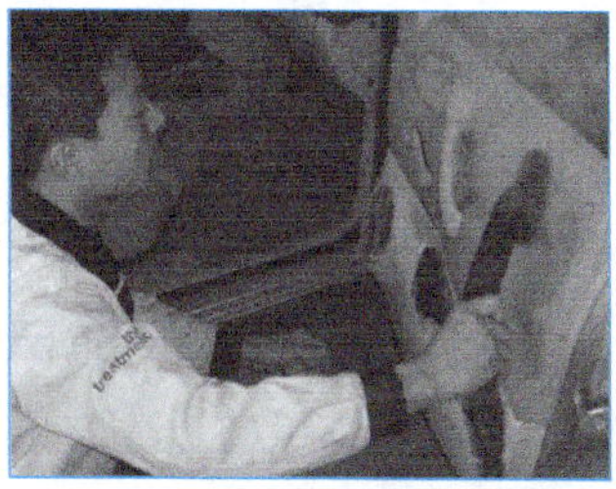

图 3-5-8　清洁内饰板

（2）屏蔽。用遮盖胶布或旧报纸遮好不施工的物品，如汽车内饰、音响、桃木、玻璃、镀品、深色表面、光泽度高的表面、精密仪器等。

（3）喷光触煤的规范。

①喷涂距离一般为30～40cm，以水平垂直方式从左到右喷涂，不能斜角度或倒立喷向施工面。

②上下喷涂间距为5～6cm。

③ 喷涂速度以1m/s的速度进行均匀的纵横向喷涂。

④误喷处理：应尽快用湿抹布拭擦干净。

⑤光触煤是速干型产品，在阳光的照射或日光灯照射和通风，一般为30min可烘干。如有需要可进行第二次喷涂。

⑥喷涂用量按实际测量面积10～15mL / $m^2$，成膜0.5～1μm可达到较佳效果。

（4）整理恢复。喷涂完毕后，清理收拾好现场，恢复施工前原貌；施工完毕后半小时，打开车门，保持空气畅通及充足的光线照射。

（5）完工验收。

### 2. 化妆镜清洗

化妆镜清洗如图3-5-9所示。

化妆镜对于爱美的女车主而言，也许更加重要。驾车前，用化妆镜照照自己漂亮的脸蛋是多么开心的事情！此外，干净的化妆镜也能让驾车出行的车主们能有一个好心情。化妆镜的清洗相对简单，可以使用多功能清洗剂进行清洗，然后用浅色的干净毛巾进行擦拭。毛巾最好是比较柔软的，以免长期擦拭损伤镜面。

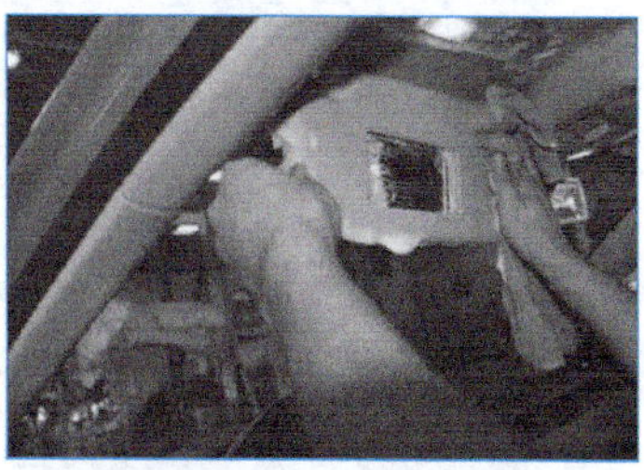

图 3-5-9　化妆镜清洗

### 3. 转向盘的清洗

转向盘的清洗如图3-5-10所示。

图 3-5-10　转向盘清洗

转向盘应该是车主接触最多的车内部位，驾车过程中双手一直紧紧握住转向盘。如果不经常清洗，转向盘上就会滋生大量的细菌，对于车主的健康很不利。从实践中分析可知，转向盘上的脏物主要为人体油脂，在清洗的过程中应先以多功能泡沫清洁剂进行清洗，再用干净毛巾进行擦拭与清洗。倘若转向盘上有毛绒或者是皮革把套，可以进行单独处理。毛绒以及皮革类方向盘把套应该采用多功能泡沫清洗剂进行清洗，并注意：切不可用万能擦对转向盘进行清洗。

### 4. 车门内饰板的清洗

车门内饰板的清洗如图3-5-11所示。

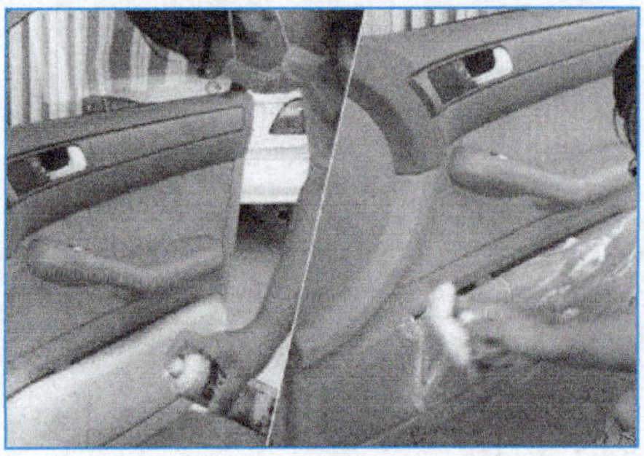

图 3-5-11　车门内饰板清洗

经过汽车桑拿浴，对塑料门饰板的擦拭清洗就更加简单了。我们经常开关车门，会在不经意间弄脏车门内饰板。而内饰板紧贴着车主，因此，内饰板的桑拿浴更加重要。清洗内饰板可以使用多功能清洗剂，使用浅色毛巾，将清洗剂喷洒涂抹在内饰板上，然后再使用干净的毛巾进行擦拭。毛巾最好用温水浸湿，这样擦拭效果更佳。擦拭结束后，再使用干净的干毛巾擦拭干即可。

车门的缝隙处可以采用龙卷风进行清洗，龙卷风使用前，先把多功能清洗剂和水按1：5比例在龙卷风储水壶中进行配比；将龙卷风气门连接到气鼓上，先关闭龙卷风出水阀，只用龙卷风喷出气流吹需要清洗部位的灰尘、泥土；然后打开出水阀，用龙卷风喷出液体清理车门缝隙；最后关闭龙卷风出水阀，用龙卷风喷出气流将清理过的部位水分吹干。这样的清洗方式，可以最大化的洗净车门的缝隙部位。

### 5. 真皮座椅清洗

真皮座椅的清洗如图3-5-12所示。

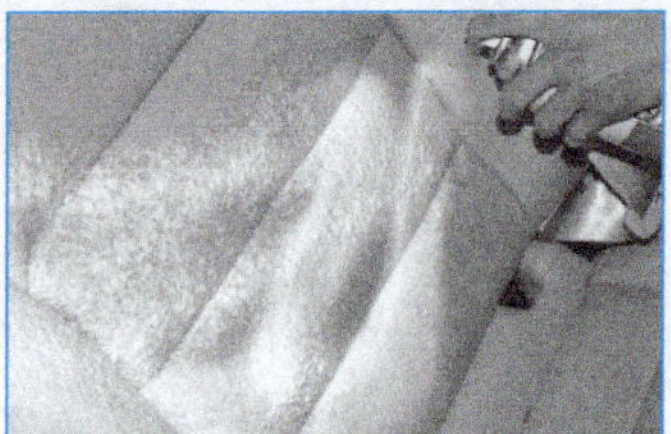

图 3-5-12　真皮座椅清洗

经过了“舒服”的桑拿浴，真皮座椅的隐藏污垢也排出来了，这样再进行清洗就更加干净、彻底了。对于皮质座椅，可以采用较为柔和的多功能泡沫清洗剂进行清洗。清洗时，将多功能泡沫清洗剂均匀地涂在座椅上，然后再用浅色毛巾进行擦拭。需要注意的是，涂抹多功能泡沫清洗剂要进行分块涂抹，而不要一次性涂抹结束。采用分块清洗的方式，清洗的效果更佳。擦拭结束后，注意毛巾的清洗，用干净的毛巾擦拭两遍即可。

### 6. 地毯清洗

地毯是汽车内部最容易脏的地方，地毯的一般清洁可以采用龙卷风清洁枪进行处理，而如果地毯过脏，就需要使用多功能泡沫清洗剂进行清洗了。过程大致如下：先进行地毯的除尘工作，然后再喷洒适量的多功能泡沫清洗剂，用刷子刷洗干净，最后吸掉多余的洗涤剂就可以了。在此建议，地毯易脏，最好放置脚垫，如图3-5-13所示。

图 3-5-13　地毯清洗

### 7. 后备箱清洗

汽车后备箱的清洗重点在其绒毛部分，可以采用多功能泡沫清洗剂进行清洗。而皮塑做衬的部分可以采用真皮座椅的清洗方法进行清洗。此外，在清洗的过程中，还要注意把行李箱边沿、水槽的污垢清洗干净。清洗结束后，最好再进行一次异味处理，给后备箱最完整的清理呵护。后备箱清洗后的效果如图3-5-14所示。

### 8. 汽车内饰蒸汽清洗流程

（1）注水。利用量筒、漏斗向蒸汽壶中注入适量的水，注水量应为0.6~1.5L，如图3-5-15所示。

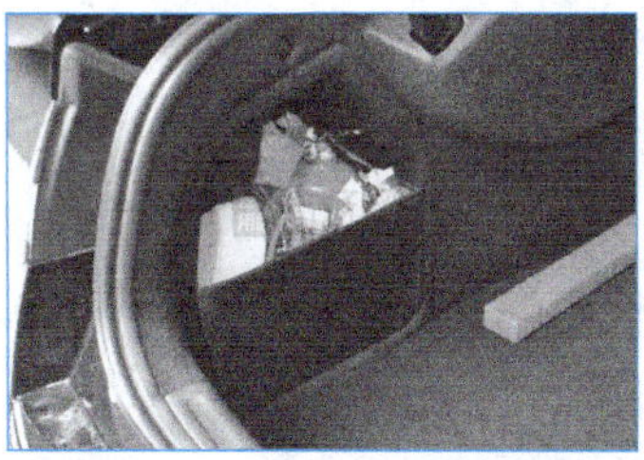

图 3-5-14　后备箱清洗后的效果

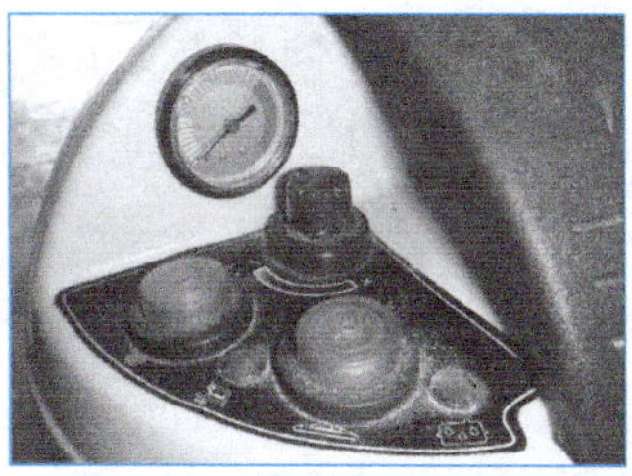

图 3-5-15　蒸汽清洗器

（2）预热。插上电源，开启开关按钮，预热10min左右，待工作指示灯亮起后便可使用，如图3-5-16所示。

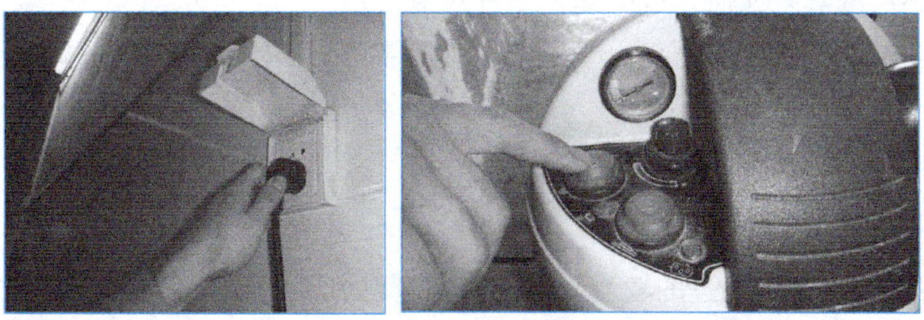

（a）插上电源　　（b）起动蒸汽清洗器

图 3-5-16　预热流程

（3）清洗。选择适合内室结构的蒸汽喷头，并用半湿毛巾包裹，选择合适的温度，然后进行清洗，如图3-5-17所示。

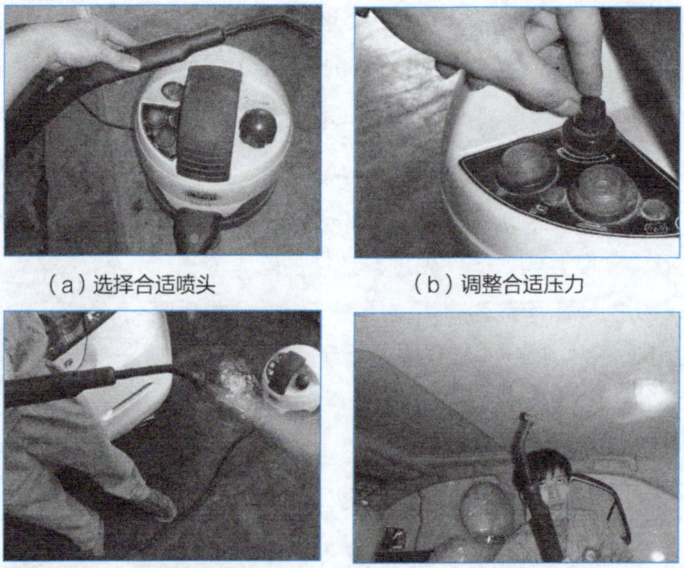

（a）选择合适喷头　　（b）调整合适压力

（c）调试雾化情况　　（d）进行清洗

图 3-5-17　清洗流程

（4）关机。关闭清洁机时，先松开板机，然后切断电源即可。

### 9. 车室清洁注意事项

（1）使用适当的清洁剂。

进行车室清洁时，要根据不同材质使用专用的清洁剂或最相近的清洁剂。例如，用水性真皮清洁柔顺剂清洁真皮座椅，用化纤清洗剂清洗丝绒纤维制成的座椅、地毯等，用玻璃清洗液清洗车窗内侧的玻璃等。

（2）切记不要随意混合或加温使用车饰清洁用品。

不同的车饰清洁用品混合后，有可能产生一些有害物质。

（3）对不熟悉的产品应先测试使用。

对于首次使用的清洁剂，应先找到相同材质的部件进行清洗测试，或可在待清洗部件的不显眼处进行测试。如使用真皮清洁剂清洗车内座椅皮革时，可先在座椅底部或背面等不显眼的地方小面积使用，观察清洗效果如何，以防褪色或有其他损害。

（4）车饰件上有特殊的污渍如焦油、油漆、机油等时，不可用力擦洗，应选用专用清洁剂进行清洗。

（5）清洁作业。喷上清洁剂稍停片刻后才进行擦拭。擦拭方向要求后期只能单向运动，以便保持光线漫射面一致。

（6）如有需要，可对清洗过的较难干燥的饰件进行烘干处理，有利于防止发霉。

## 六、检验标准

清洁效果标准的分类如下。

物理标准——检测设备最后淋洗水之澄明度与不溶性微粒。

化学标准——检测设备清洁后的活性物质残留量。

## 【小结】

内室桑拿设备的安全操作规程必须遵循设备的使用手册，如发生意外，应立即断开水、电、气的主要控制开关，才能进行下一步的处理。而且在进行内室桑拿前必须先做好内室的清洗，对所有的内饰件进行一次泡沫清洗或擦拭，使用蒸汽机设备前应该试运行，日常应做好有关保养维护工作和检查记录登记，若设备出现故障，应停止使用，尽快维修。

## 【课后练习】

### 1. 填空题

（1）内室桑拿专业的做法应该是选择pH值不超过______，配合室内美容专用的桑拿机来完成清洁工作。

（2）______这项新技术的核心在于______，有着传统清洁方法无可比拟的消毒、杀菌功效。

（3）负氧蒸汽与流行已久的桑拿浴有着异曲同功之妙，这一新兴汽车养护方法故而被形象且亲切的称为______。

（4）______是以二氧化钛为代表的具有光催化功能的光半导体材料的总称。

（5）臭氧的化学性质是它的______，对细菌、病毒等微生物杀灭率高、速度快，对 等污染物质去除彻底而又不产生二次污染。

### 2. 选择题

（1）一般情况下至少每（　）个月做一次内饰桑拿，即彻底的车内清洁、除臭、杀菌处理。

A.2　　B.3　　C.4　　D.5

（2）清洁完毕后，打开桑拿蒸汽机，然后加入水、清洁剂、芳香剂，接通电源加热至（　）℃后才能使用。

A.120　　B.130　　C.140　　D.150

（3）做完美容后通常要在仪表台和皮椅上涂一层保护剂这里的学问也很多，现在的皮革保护剂分（　）种。

A. 3　　B.4　　C. 5　　D. 6

（4）进行蒸汽消毒整个过程所需时间一般为（　）小时。

A. 4　　B.3　　C. 2　　D. 1

（5）臭氧消毒机使用时要求在相对湿度大于（　）%条件下使用，一次开机消毒时间以多于半小时为宜。

A.30　　B.40　　C.60　　D.70

### 3. 判断题

（1）现在市面上很多汽车美容店大都选用碱性较大的清洁剂。（　）

（2）蒸汽洗车技术的引进，这项新技术的核心在于“蒸汽”二字，有着传统洗车方法无可比拟的消毒、杀菌功效。（　）

（3）现在的皮革保护剂分乳化型、油性、液态性和水性4种。（　）

（4）水性保养剂属中性，它具有柔软皮革恢复弹性与光泽的作用，并有拔水、防污的功效。（　）

（5）乳化型的带有清洁功能同时含碱性过强；油性的含有溶剂会侵蚀分解皮革上的树脂和颜料产生皮革褪色，这两种最好不要选择。（　）

### 4. 简答题

（1）简述车内清洁的具体操作流程。

（2）简述车内清洁的注意事项。

# 任务六　安检保养

## 【任务引入】

我在巡店时听到了周师傅与客户的一番对话。周师傅：“你的轿车已经行驶有25000千米了，已经达到更换机油的公里数了，我建议对你的爱车进行一次发动机润滑油的更换。”车主：“是吗？但我记得我更换不是很久，看了机油也不是很脏呀，要不等下次来保养的时候再更换？”罗师傅：“其实，机油不能单看外表，行驶到一定的公里数就要进行保养了。”车主：“好吧。”车主是带着疑惑放下了车钥匙。我们能帮车主解惑吗？让我们带着这个问题进行学习吧。

## 【知识目标】

（1）能正确引导客户了解汽车安检保养的作用。

（2）能准备安检保养任务的设备及材料。

（3）掌握安检保养的操作，认识组员的分工要求。

（4）掌握安检保养设备的维护与保养。

## 【知识链接】

当今，汽车已成为人们现代生活中不可缺少的重要部分，但是随着汽车保有量的逐年增加，公路交通事故与汽车的排放、噪声等公害已成为越来越不容忽视的社会问题。

为了交通安全，我国政府及有关部门先后制定、颁布过一系列标准、条例。1988年，交通部13号令《国家道路交通管理条例》规定了对运输车辆实行择优选配、正确使用，明确：预防为主，定期检测，强制维护，视情修理的原则。

国标GB7258—2004《机动车运行安全技术条件》的制定使汽车安检更科学和全面，取得了越来越明显的社会效益和经济效益。国标规定：凡新车入户前，车辆修复后，以及年检车辆都必须上检测站进行台检。

安检有两种方法：一种是汽车在道路上行驶的实况下进行（又称路试、路检）；另一种是汽车在室内台架上模拟道路行驶的情况下进行（称为室内台试、台检）。台检与路检相比较，不受外界气候和路面的限制，能控制行驶状态，模拟多种实况，以便对几种使用性能同时进行检测，因此，已得到普遍重视和迅速发展。

本任务只做汽车日常保养的项目。

## 一、操作基础知识

### 1. 例行维护

为了符合安全环保检测规定，根据国标GB7258—2004《机动车运行安全技术条件》做好如表3-6-1所示项目及要求。

表 3-6-1　　例行维护

| 序号 | 维护项目 | 要求 |
|---|---|---|
| 1 | 汽车外观；发动机等外表整齐清洁 | 车容整齐清洁 |
| 2 | 检查发动机机油；手、自动变速器油液；制动油液；转向油液；机油滤清器 | 品质、容量符合；无渗漏 |
| 3 | 检查冷却液、电解液；洗涤液 | 品质、容量符合；无渗漏 |
| 4 | 检查传动皮带外观、松紧度 | 外观完好、松紧符合 |
| 5 | 检查散热水箱；油底壳及各部密封件 | 无漏水、漏油、漏电、漏气 |
| 6 | 汽油、柴油管路或其他燃气管路及储存器 | 无渗漏；无老化；连接与固定牢靠 |
| 7 | 检查传动系统 | 连接完好到位、防尘套不破损 |
| 8 | 检查门窗；发动机室盖；行李箱盖；油箱盖 | 检查门窗；发动机室盖；行李箱盖；油箱盖 |
| 9 | 检查灯饰；雨刮；后视镜；随车工具 | 完好；不缺损 |
| 10 | 检查车身及前后保险杠等附件 | 完好；不缺损 |
| 11 | 检查轮胎及备胎（注意胎面磨损标记） | 无划损、错装；连接紧固、气压正常 |
| 12 | 检查指示、警告、照明装置、仪表和信号装置 | 各部件齐全；工况正常 |
| 13 | 起动发动机、怠速、加速；观察仪表和各类功能指示器；OBD 系统 | 转速正常；各类仪表指示系统功能、正常显示 |
| 14 | 发动机各工作部件；各类管路、连接器 | 连接可靠；工作正常 |
| 15 | 离合器；手、自变速器；差速器；底盘制动油（气）管 | 无渗漏；行程正常；工作良好 |
| 16 | 制动系统（包括驻车制动；真空助力系统） | 工作良好可靠；行程正常 |

### 2. 机油滤清器

图 3-6-1　机油滤清器

在更换新机油后，千万不要忘了更换机油滤清器（见图3-6-1）。一般汽车每行驶5000千米，应该更换一次机油，更换一次机油滤清器。各种汽车都有各自的机油滤清器，为了购买自家车的机油滤清器，必须到轿车零配件专卖店去挑选。在拆卸机油滤清器时，必须使用机油滤清器扳钳。同样，如果机油滤清器的安装位置太狭窄，不能用手拧紧，安装时也必须使用机油滤清器扳钳。在购买机油滤清器时最好了解一下，哪种机油滤清器扳钳最好用，和机油滤清器一起买回来。

### 3. 空气滤清器

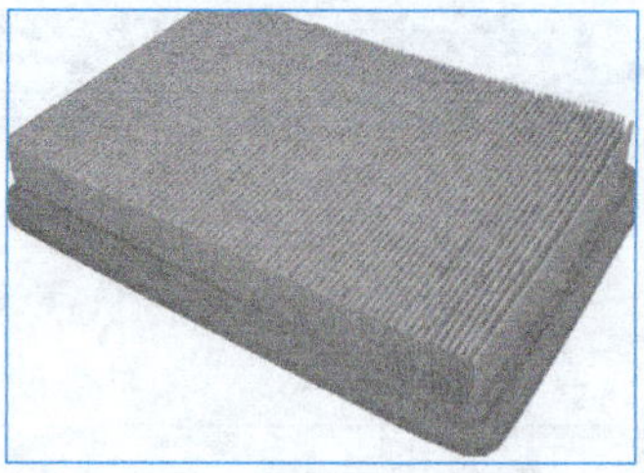

图 3-6-2　空气滤清器

汽车的空气滤清器（见图3-6-2）相当于人的鼻子，是空气进入发动机要经过的第一道“关卡”，它的作用是过滤掉空气中的风沙以及一些悬浮颗粒物，从而使进入发动机的空气都比较纯净，这样才能使发动机工作正常。进入2月，即将冬去春来，一般来说，春天的空气中会含有相对较多的灰尘和沙粒，空气滤清器很容易发生堵塞，这时发动机就会出现不易起动、加速无力以及怠速不稳等症状，这时，对空气滤清器进行一次清理就显得非常必要。空气滤清器的正常工作可以避免发动机过早的磨损(非正常)和保持最佳的工作状态。

大气中含有3种密度不同的基本颗粒污染物，即灰尘、残渣和碳粒。在开放式高速公路上，其灰尘含量较农村和建筑区低。在灰尘浓度较大的区域如工地、风沙区域，空气滤清器的检验和更换频率要高一些。而在高速公路和交通拥挤的区域，因为汽车排放物集中，所以其空气中碳粒的含量明显偏高。对于滤清器的检查，应该仔细查看其皱褶内部深处。可以用高压风经常吹一下滤芯。有时，滤清器外部看似清洁，但是其内部已经非常脏了，此时必须立即进行更换。

空气滤清器可以对发动机进行预防性维护并非是夸大其词。在吸入空气与燃油混合之前，空气滤清器的功能就是滤去空气中灰尘、碳粒、部分的水蒸气及其他杂物，保证清洁的空气进入气缸。理论上，每单位体积的燃油燃烧时，约需要有1万单位体积的清洁空气。通常，汽车制造商推荐空气滤清器正常维护的更换周期为4.8万km，且每2.4万km进行一次常规检查；其保守维护的推荐更换周期为2.4万km。一般汽车的空气滤清器在20 000 km要换一次，每行驶25 000 km必须更换空气滤清器。一般10 000 km进行一次检查，春季最好在2000 km就检查一次。

## 二、人员配备

### 1. 接车部

人员需求：1人。

工作任务：提前准备好车身内室消毒工单，并记录车型、车牌、来店时间、预计交车时间。请客户出示会员卡，并请客户到休息区休息。

仪表要求：

（1）面部：整洁，无油腻，化职业淡妆。

（2）头发：经常清洗、修剪，梳理整齐，保持干净。

（3）口腔卫生：注意生活卫生，保持口中无异味。

（4）服装：按照规范穿着公司统一工作服装，要求干净、平整。

### 2. 美容部

人员需求：2人，其中维修大工1 人，维修小工1人。

工作任务：清洁维护操作、送车。维修大工还需增加质检工作。

仪表要求：

（1）面部：整洁，无油腻，不留胡须。

（2）头发：经常清洗、修剪，梳理整齐，保持干净，头发不得超过耳际，禁止剃光头、染发，不留奇异发型。

（3）口腔卫生：上班不饮酒，注意生活卫生，保持口中无异味。

（4）服装：按照规范穿着公司统一工作服装，要求干净、平整、扣齐所有纽扣、衣领无汗迹，衣袖及裤脚不得翻转、挽起。

## 三、工具配备

（1）机油滤清器拆装配套工具，如图3-6-3所示。

（2）空气滤清器拆装配套工具，如图3-6-4所示。

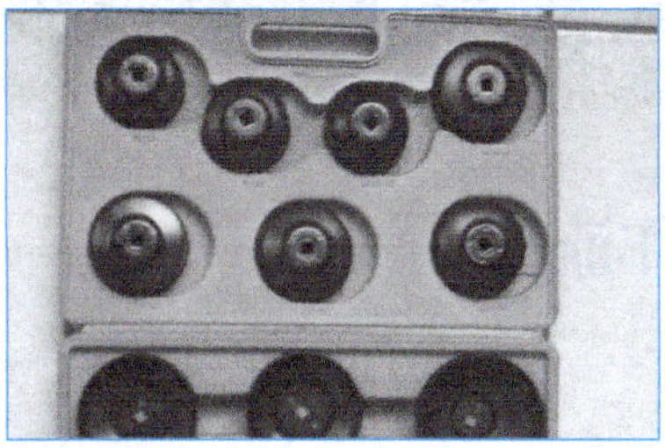

图 3-6-3　机油滤清器拆装工具

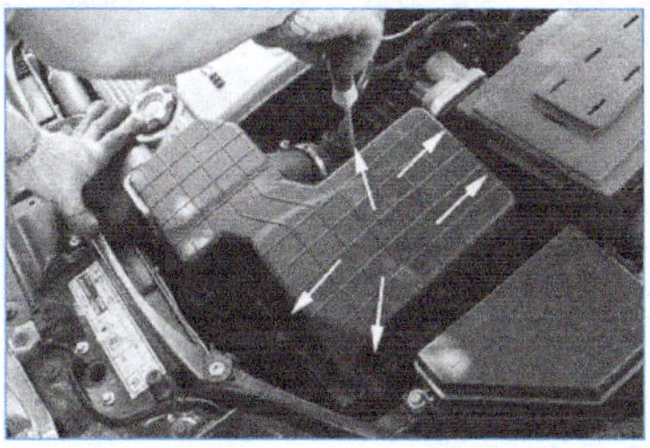

图 3-6-4　空气滤清器拆装工具

（3）轮胎拆装配套工具，如图3-6-5所示。

（4）胎压表，如图3-6-6所示。

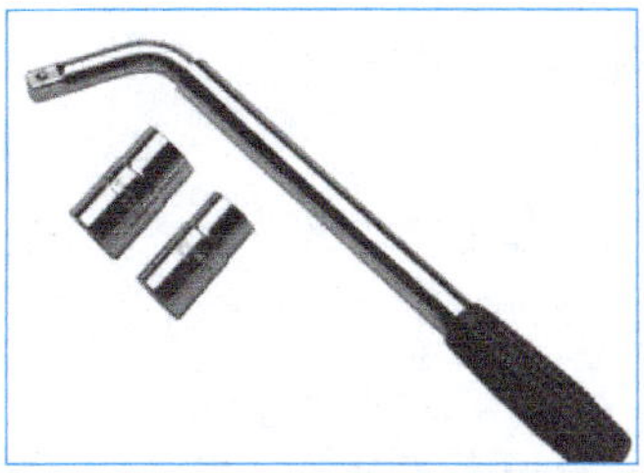

（a）轮胎配套胎匙

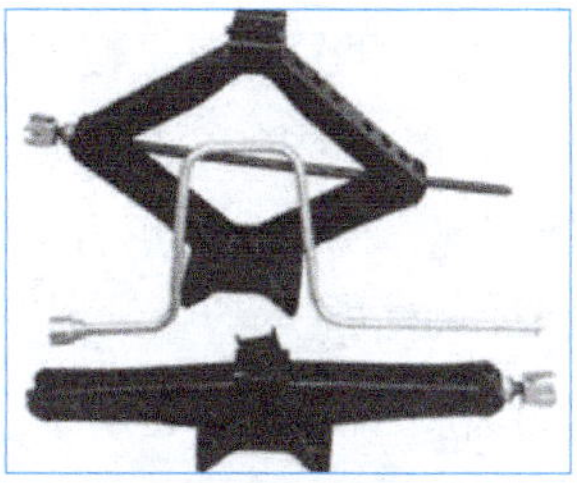

（b）千斤顶

图 3-6-5　轮胎拆装工具

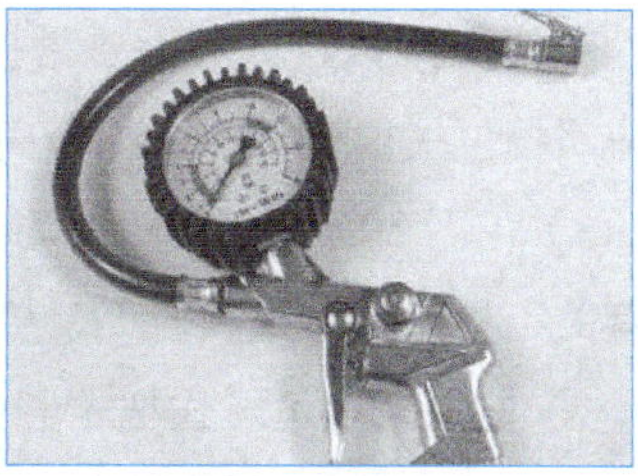

图 3-6-6　胎压表

（5）十字螺丝刀，如图3-6-7所示。

（6）测量规，如图3-6-8所示。

（7）空气枪，如图3-6-9所示。

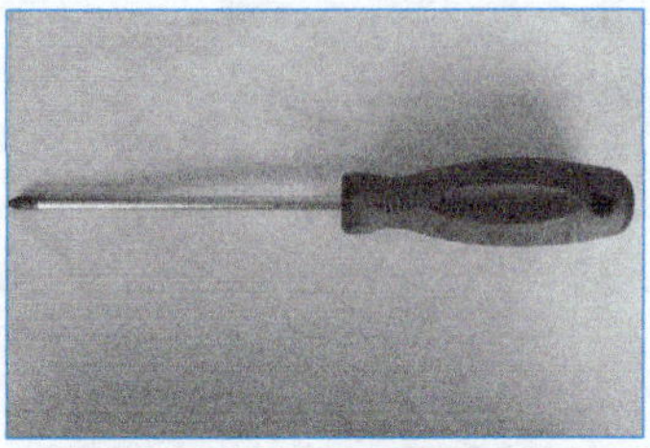

图 3-6-7　十字螺丝刀

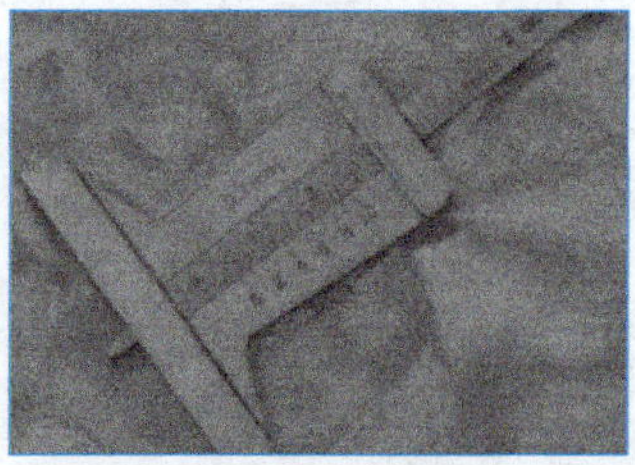

图 3-6-8　测量规

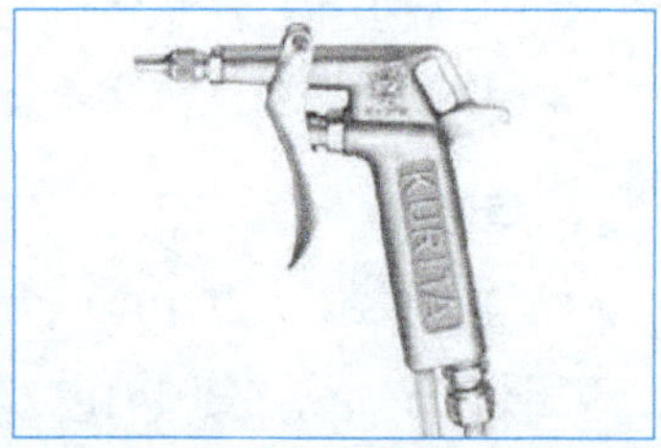


图 3-6-9　空气枪

## 四、材料配备

（1）机油，如图3-6-10所示。

（2）机油滤芯，如图3-6-11所示。

（3）空气滤清器，如图3-6-12所示。

图 3-6-10　机油

图 3-6-11　机油滤芯

图 3-6-12　空气滤清器

## 五、操作流程

### 1. 备用轮胎更换

假若途中遇上爆胎，首先要保持镇定，切记不要慌张。其实自已动手换车胎也不是难事，只要按照程序去办，换胎也难不倒你。具体操作步骤如下。

（1）先把车子停在接近水平及安全的地方，启动警示灯或放好警告标牌。如在行驶时遇上爆胎，切记要保持镇定，双手要紧握方向盘，尽量将车子慢慢驶到安全的路旁停下。驾驶自动挡汽车，应将挡位拨向P挡，手动挡车应进入1挡或倒挡，如图3-6-13所示。

（2）在下车前要观察四周的交通情况，确定安全后方可下车到车尾厢取出手套、后备轮胎及其他有关工具，准备更换轮胎，如图3-6-14所示。

（3）首先以对角形式把轮圈螺丝扭松，如图3-6-15所示。

图 3-6-13　放置维修标示

图 3-6-14　取出后备箱中的工具

图 3-6-15　对角拆螺丝

（4）然后把千斤顶放在底盘支架上，把车身慢慢升起至车胎只有少许贴着地面。再把后备车胎垫在车底，以防车子突然跌下，如图3-6-16所示。

（5）接着便可将螺丝逐一松脱，如图3-6-17所示。

（6）此时再一次转动千斤顶把车身升高约10cm，确保有足够空间把充气正常的后备轮胎装上。然后取出已爆破的轮胎，放在车底，把后备轮胎装上。

（7）装上轮胎后，确保螺丝位置正确，以对角形式扭紧螺丝。由于车轮仍是悬在半空，所以螺丝是不能上至最紧状态的。

（8）随后把车底下的轮胎拿走，然后把千斤顶慢慢放下，如图3-6-18所示。当轮胎着地后便可再一次用对角形式逐一把螺丝锁紧。

图 3-6-16　放置备胎保障安全

图 3-6-17　逐一拆下螺丝

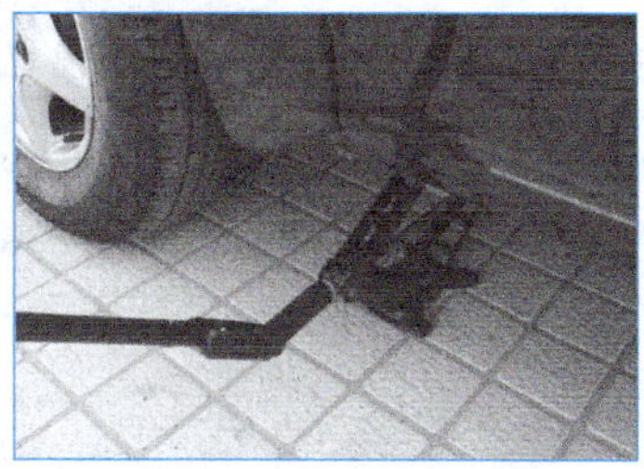

图 3-6-18　缓慢接触千斤顶

（9）最后把千斤顶及爆破的轮胎收回后备箱，便完成了整个换胎程序，如图3-6-19所示。换好后备轮胎后，同时应尽快驶到维修中心，修补或更换爆破了的轮胎。

图 3-6-19　收回备胎及工具

## 2. 发动机机油及滤清器更换

（1）选择油品。车辆的用户手册会建议正常行驶条件下应使用的油品级别以及更换一次油品可以行驶的公里数（最大消耗间隔）。然而如果车是在严苛状况下行驶，诸如极端温度，经常短途行驶，停停开开或牵引、拖拉，这种给发动机的额外压力需要更频繁地换油。一般的司机对这种情况没有意识，但他们行驶中大多数都是这种情况，这就是大多数机修师都会根据制造商建议的“严苛”驾驶条件下的较短换油时间来换油的原因。

单凭经验而论，每3000km或每3个月（按较早的）就应更换机油和机油滤心。这样做可以更好地保护发动机，从而延长发动机的寿命（务必参考用户手册以了解特殊情况，同时不要超过推荐的保证期）。机油参数如图3-6-20所示。

图3-6-20　机油参数

（2）准备你的车辆。打开车前盖，打开油槽盖避免产生真空。这样可以使油更容易从底部排放去，如图3-6-21所示。

图3-6-21　打开机油加注盖

（3）排出废油，如图3-6-22所示。

找到位于车辆底部的排油塞，它在发动机油箱或油盘的后部。请不要误将传动液的排放塞松开（它通常位于更后面一点的地方）。

将排放盘放置在排油塞下面，并稍微向后放。使用扳手，逆时针方向转动塞子直到它能轻松旋转，然后用手打开塞子。这时候，你需要小心里面的机油，因为它会快速流下来并有可能很烫。

（4）取下机油滤清器总成，如图3-6-23所示。

接下来用滤芯扳手逆时针方向旋松机油滤芯，机油滤芯有可能是温的，然后用手把机油滤芯拿下来，注意不要碰到热的排气集管。机油滤芯中可能充满了机油，感觉有点重，所以应当小心取下并远离发动机，再把机油倒在排放盘上。

（5）更换机油滤芯，如图3-6-24所示。

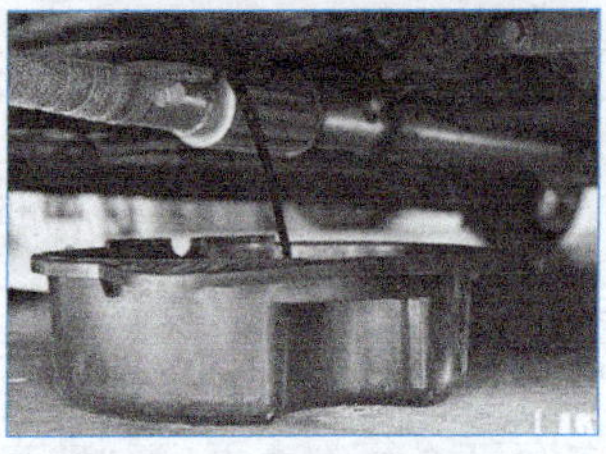

图3-6-22　排放机油

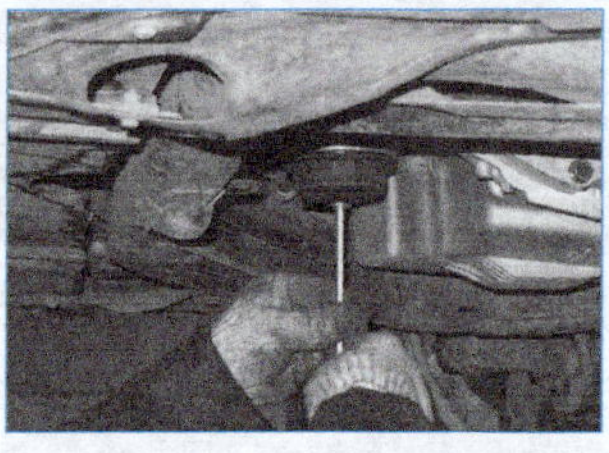

图3-6-23　取下机油滤清器总成

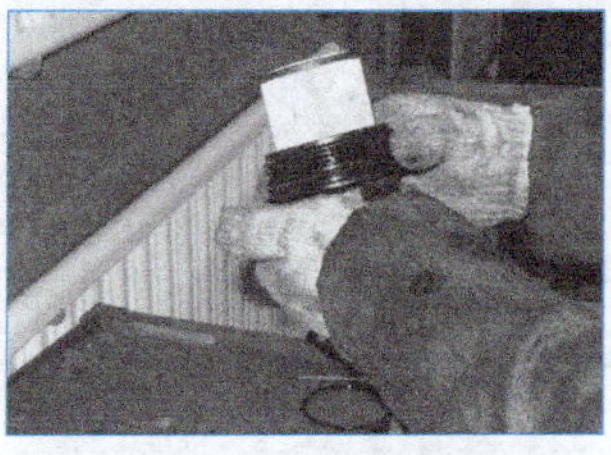

图3-6-24　更换机油滤芯

用抹布擦拭发动机上滤芯的底盘，然后拿一个新的机油滤芯，用手在垫圈（滤芯的圆形边缘）上涂抹一层油膜（新油或废油），这层油膜可作为密封剂。小心地将新的机油滤芯放入，根据螺纹顺时针旋转。一旦螺纹对准了，滤芯很容易就装上去了。用手将滤芯拧紧，注意不要拧得太紧。

清洁油塞和排放装置，然后将油塞装回原处。先用手旋转油塞，再用扳手固定，但不要拧得太紧。

（6）加入新的机油，如图3-6-25所示。在发动机的上方，会看到有“油”字样的盖子。打开盖子注入一定量的机油，检查量油计确定是否已经装满。然后盖上盖子，擦去溢出的油。发动机发动时油灯应当消失。开动发动机几分钟，然后关闭，再次检查量油计确定油量是否合适。最后检查车辆底部是否有油泄漏。

（7）处理废油，如图3-6-26所示。废油对环境的毒害很大，因此安全处理废油是极其重要的。我们建议将废油置于密封容器内，并向当地的汽车修理厂咨询安全处理的方法。有的汽车修理厂可以回收这些废油并将它们循环再利用或安全处理掉。

图 3-6-25　加注新机油

图 3-6-26　回收废机油

### 3. 空气滤清器更换

（1）打开发动机舱盖，确认空气滤清器的位置（一般位于发动机舱右侧，即右前轮上方位置，有一条像手臂粗的软橡皮胶管连着的黑色方形塑料盒），如图3-6-27所示。

（2）汽车厂商在设计时就考虑到方便车主经常拆卸清理，一般车型都不会使用螺丝固定，轻轻掰开朝向车尾方向的两只金属卡子，即可将整个空气滤清器盒盖朝前掀起。也有的车型会在盒盖的卡箍上安装螺丝，这时需要选取合适的螺丝刀将空气滤清器卡箍上的螺丝拧下，如图3-6-28所示。

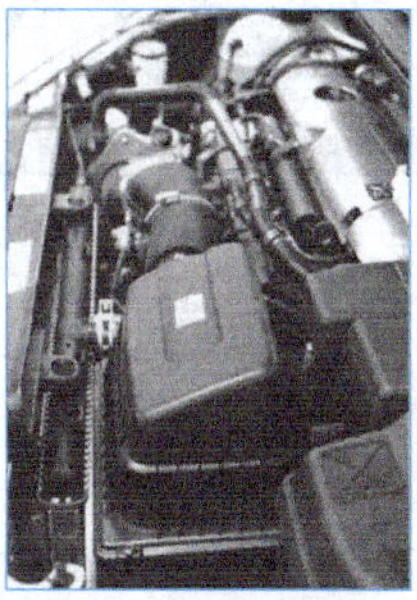
图 3-6-27　确认滤清器位置

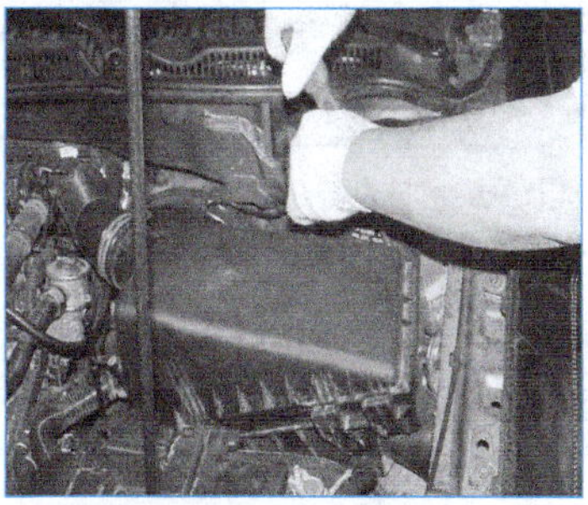
图 3-6-28　拆固定螺丝

（3）将整个空气滤清器盒盖朝前掀起，如图3-6-29所示。

（4）将空气滤芯取出，检查是否有较多尘土，可以轻轻拍打滤芯端面，用压缩空气由里向外吹去清除滤芯上的尘土，切勿用汽油或水洗刷。如果空气滤清器已经发生严重堵塞则需要更换新的，如图3-6-30所示。

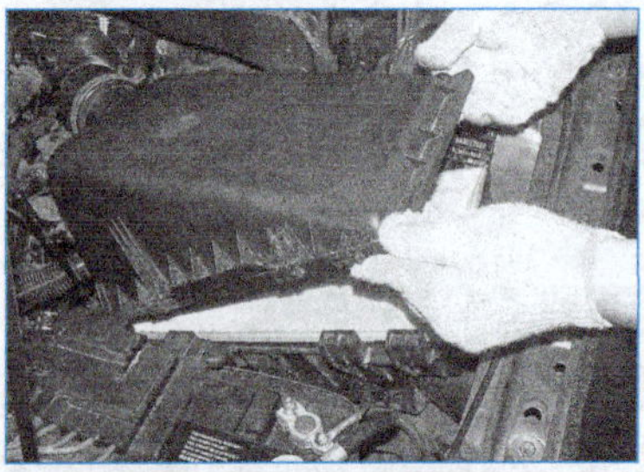

图 3-6-29　掀开滤清器盖

图 3-6-30　取出空气滤芯

（5）在装复空气滤清器之前要确认空气滤芯以及进气盒中没有水分残留，如图3-6-31所示。

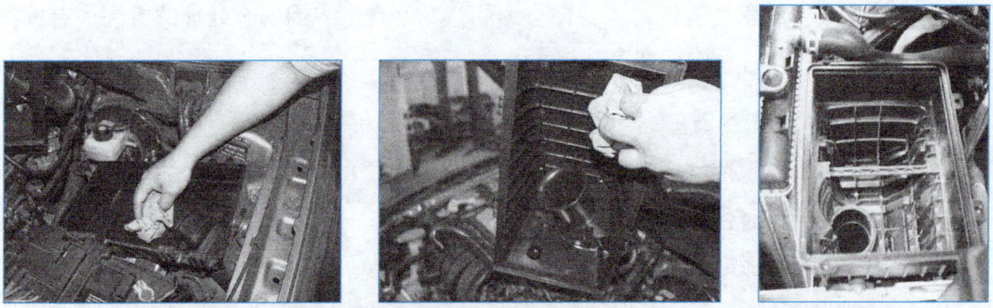

（a）　（b）　（c）

图 3-6-31　清洁滤清器总成

（6）检查滤芯污染的程度并进行清洁。当滤芯积存干燥的灰尘时，可用压力不高于500kPa的压缩空气，从滤芯内侧，上下均匀地沿斜角方向吹净滤芯内外表面的灰尘，如图3-6-32所示。若没有压缩空气，可用螺丝刀柄轻轻敲打滤芯，再用毛刷刷净外部污垢。

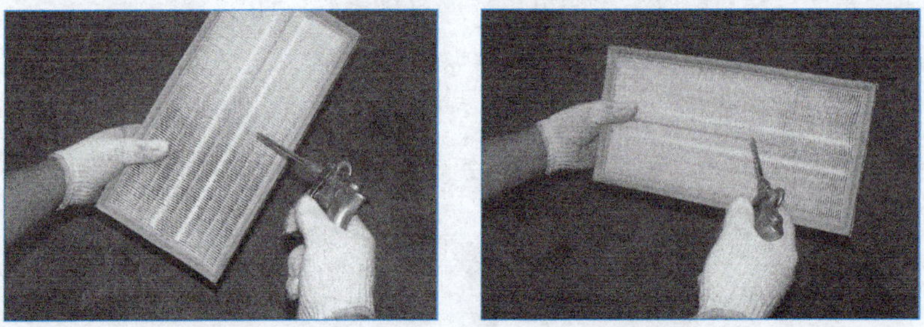

（a）从滤芯内侧清洁　（b）上下均匀地沿斜角方向清洁

图 3-6-32　清洁滤芯

（7）滤芯清洁完毕后，按照与拆卸相反的顺序，将各部件安装好，紧固空气滤清器盖罩紧固螺栓，如图3-6-33所示。必须按照原位装复滤芯，不宜用手或器具接触滤芯的纸质部分，尤其不能让油类污染滤芯。

（8）拆除时一定要记住工序，这是为了在安装的时候能够顺利进行。如果安装时出现问题，应找出原因，不可使用蛮力，如图3-6-34所示。

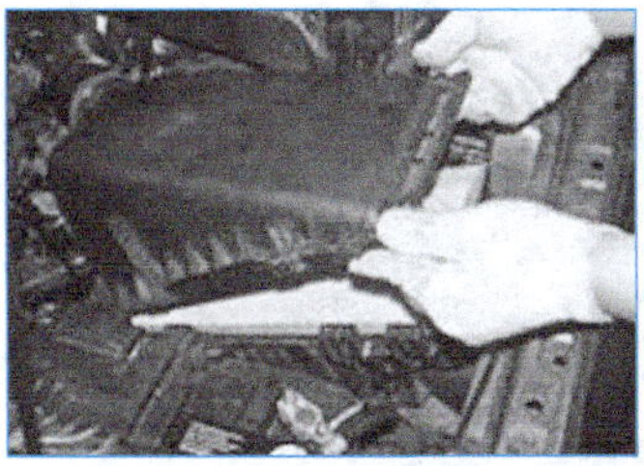

图 3-6-33　正确安装空气滤清器滤芯

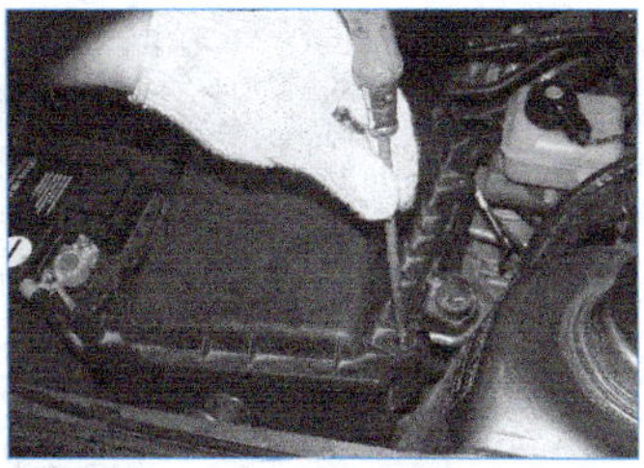

图 3-6-34　紧固空气滤清器盖罩紧固螺栓

## 4. 四轮维护

（1）检查是否有裂纹和损坏，如图3-6-35所示。

（a）取下轮胎

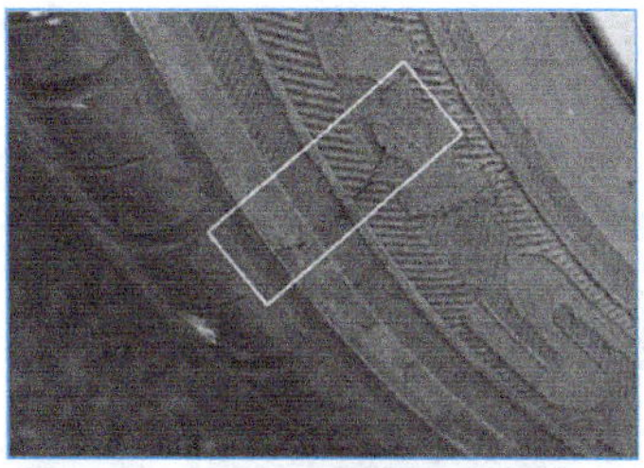

（b）检查裂纹

图 3-6-35　检查轮胎情况

（2）检查是否嵌入金属颗粒或其他异物，如图3-6-36所示。

（a）找出异物

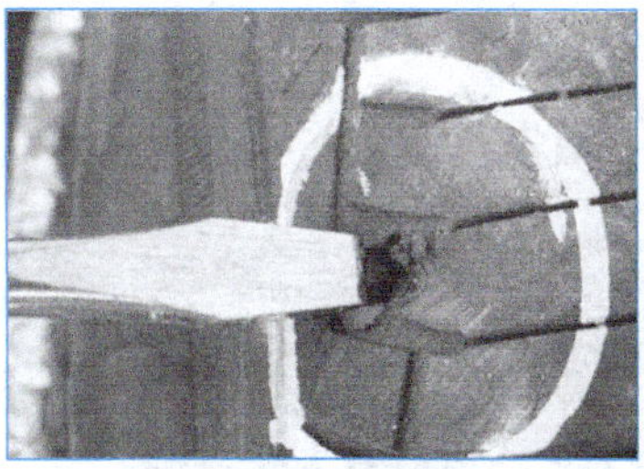

（b）取出异物

图 3-6-36　检查轮胎是否嵌入异物

（3）测量胎面沟槽深度（测量规），如图3-6-37所示。

（a）测量磨损深度

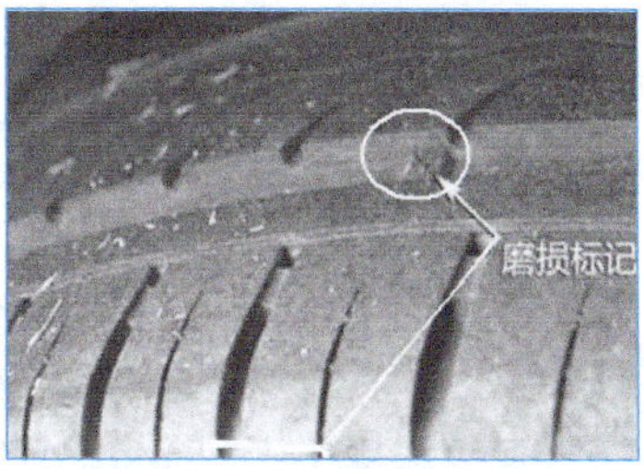


（b）检查磨损情况

图 3-6-37　检查和测量花纹深度

（4）检查轮胎是否有异常磨损，如图3-6-38所示。

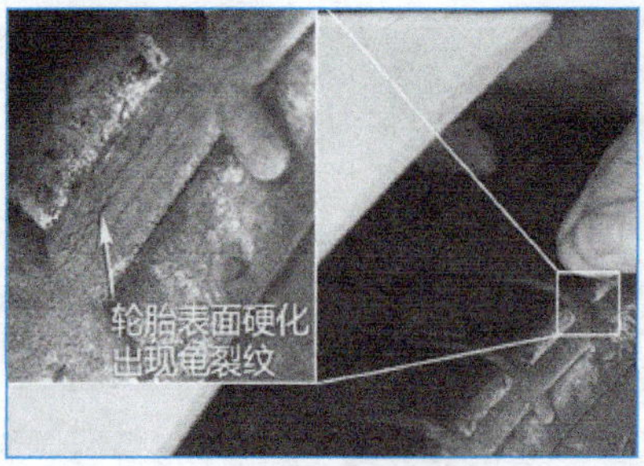


图 3-6-38 检查轮胎是否有异常磨损

## 5. 检查胎压

检查胎压如图3-6-39所示。

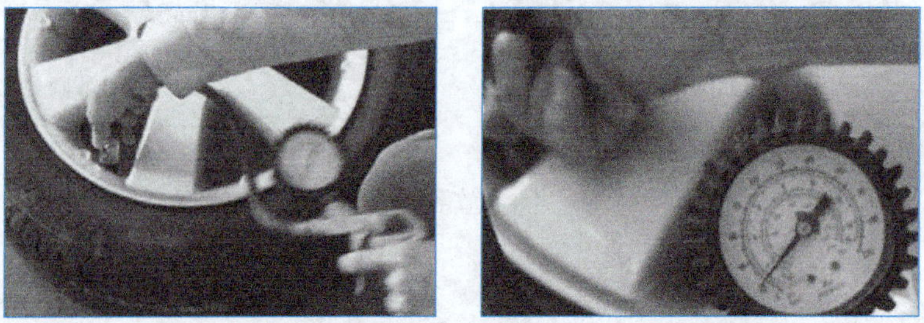

图 3-6-39 检查胎压

## 6. 检查是否漏气

检查轮胎是否漏气，如图3-6-40所示。

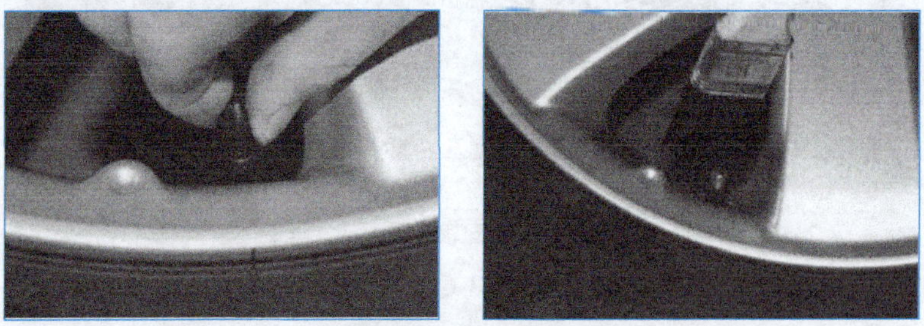

图 3-6-40 检查是否漏气

# 六、检验标准

## 1. 轮胎更换标准

（1）技术标准：胎纹沟槽小于1.6mm，应更换轮胎。胎纹沟槽耐磨指示标志外露，表明纹沟深度只剩下不足1.6mm，轮胎耐磨指示标志就是花纹沟中的凸起，如果使用花纹沟所剩深度低于1.6mm的轮胎会出现雨天牵引力和制动力会突然丧失，以及雪天牵引力全无的可能性。

（2）里程标准：结合路况3万~5万km。沥青平整路面5万km，砂石崎岖路3万km。当超过3万km时，胎面摩擦系数小于50，如遇雨雪湿滑路面时，胎纹挤排水功能下降或丧失，摩擦系数小于

15，砂石路面易爆胎。

（3）时间标准：5~8年。橡胶会自然老化，软胎8年，硬胎5年。

（4）承重负荷标准：承重轮、驱（制）动轮优优先勤换原则。

（5）胎面标准：胎面被扎4次以上的轮胎；胎侧被扎或者被啃坏的轮胎；胎面被扎直径超过4mm的轮胎；胎肩被扎的轮胎。胎侧橡胶较薄，如被扎孔径较大或橡胶面呈大面积粗糙肉芽状态或鼓起变形，为防止爆胎应立即更换。

上述标准任意达到一个即更换轮胎。

### 2. 空气滤清器

现在市面上的空气滤芯有很多种型号，不仅不同车型的不一样，就是同一车型不同年代的产品形状也有所区别。如果自己动手更换，最好先把旧件拆下来，去信誉度高的配件经销商处对比着去买。优质的空气滤芯滤纸非常密实，且质地、颜色均匀，滤纸和塑料边都没有毛茬，支撑滤纸的铁丝网也很整齐，没有异味。而不具备上述特征的空气滤芯则有可能是假冒品或是用再生材料制成的劣质产品。

## 【小结】

熟悉安检保养的主要内容，掌握其安全操作规程，如发生意外，应立即断开水、电、气的主要控制开关，才能进行下一步的处理。而且在进行安检保养前必须遵循由外到内、由易到难的检查规程，在保养过程中应做好有关保养维护工作和检查记录登记，若设备出现故障，应停止使用，尽快维修。

## 【课后练习】

### 1. 填空题

（1）安检一般分为__________和__________。

（2）一般在更换新机油后，同时也更换__________。

（3）___________作用是过滤掉空气中的风沙以及一些悬浮颗粒物，从而使进入发动机的空气都比较纯净，这样才能使发动机工作正常。

（4）理论上，每单位体积的燃油燃烧时，约需要有1万单位体积的__________。

（5）一般汽车的空气滤清器在20 000 km要换一次，每行驶_________必须更换空气滤清器。

### 2. 选择题

（1）一般汽车每行驶（　　）km，应该更换一次机油，每更换两次机油，应该更换一次机油滤清器。

A.4000　　B.5000　　C.6000　　D.7000

（2）大气中含有（　　）种密度不同的基本颗粒污染物。

A.1　　B.2　　C.3　　D.4

（3）汽车轮胎使用时间标准（　　）年。

A. 3~4　　B.4~5　　C. 5~8　　D. 7~9

（4）汽车轮胎标准胎面被扎（　　）次以上的轮胎需更换。

A. 4　　　　B.3　　　　C. 2　　　　D. 1

（5）当滤芯积存干燥的灰尘时，可用压力不高于（　　）kPa的压缩空气吹干净。

A.400　　　　B.500　　　　C.600　　　　D.700

## 3. 判断题

（1）一般汽车每行驶5000km，应该更换一次机油，每更换两次机油，应该更换一次机油滤清器。（　　）

（2）如果机油滤清器的安装位置太狭窄，不能用手拧紧，安装时也必须使用机油滤清器扳钳。（　　）

（3）在灰尘浓度较大的区域，如工地、风沙区域，空气滤清器的检验和更换频率要低一些。而在高速公路和交通拥挤的区域，因为汽车排放物集中，所以其空气中碳粒的含量明显偏高。（　　）

（4）清洁油塞和排放装置，然后将油塞装回原处。先用手旋转油塞，再用扳手固定，同时不要拧得太紧。（　　）

（5）汽车轮胎胎纹沟槽小于1.6mm，应更换轮胎。（　　）

## 4. 简答题

（1）简述汽车例行维护的项目和基本要求。

（2）简述轮胎的更换标准。

# 项目四

# 美化精品

## 任务一　车身贴膜

### 【任务引入】

王先生买了一台东风本田思域，先后对车辆进行改装，改装了轮辋、排气消声器、车灯、拉手、门槛灯、仪表台等，他已经对自己的车改装得比较满意了，有一次，他开车到朋友那里玩，看到朋友之前和他一起买的东风本田思域车身颜色变了，他就问朋友你从新喷漆吗？朋友说不是，是车身贴膜。经过朋友的介绍今天王先生开车来店做全车车身贴膜，刚好你接了这辆车的任务，你能达到王先生的要求吗？

### 【知识目标】

（1）了解汽车车身贴膜操作的基础知识。

（2）了解车身贴膜需要的工具及材料。

（3）掌握汽车车身贴膜的操作流程及标准。

### 【知识链接】

全球汽车车身贴膜20年前就已起步，创造的财富价值席卷整个欧洲。这种技术最早应用于军事，经汽车商及各类汽车赛事活动广泛应用后逐渐普及，如图4-1-1所示。

图 4-1-1　奔驰车身贴膜

中国市场的车身贴膜近几年才从国外引进，并迅速在中国市场兴起。它与汽车玻璃贴膜是完全不同的概念。

随着车身贴膜项目的普及与推广，越来越多的车主认识到车身贴膜的作用，车身贴膜将成为汽车美容或者汽车改装的一个必修项目。

汽车车身贴膜是专为汽车车身贴膜而设计的高性能初低黏度聚氯乙烯薄膜，具有充分贴合车身漆面及内饰各种基材表面的属性，具备更加便于施工，柔韧性、耐久性、抗化学腐蚀性、不透光性更强等诸多优点，可有效保证施工过程中面对曲折车身表面时进行准确、无缝隙、无气泡贴覆，不会对车漆造成损害，相反，会充分保护车辆的原漆。

## 一、操作基础知识

### 1. 汽车车身贴膜的作用

（1）不破坏原车车漆，增强原车车漆保护作用。

（2）可以长期保护原车车漆，免除封釉镀膜等费用，节约美容成本。

（3）更换自己喜爱的颜色，创造个性化汽车。

（4）耐化学物质腐蚀及酸雨、虫尸、鸟粪、树脂等的侵蚀。

（5）阻隔日晒高温，降低汽车自然的危害。

（6）旧车车面翻新。

### 2. 汽车改色贴膜的作用

（1）动感时尚：体现爱车与众不同。

（2）色彩随心：任意色彩，随意变换，质感随意组合，整车局部随意贴换。

（3）养护便捷：只需日常洗车，无须做漆面美容。

（4）保护车漆：防刮蹭，无须做漆面美容，封存原车漆面光彩。

（5）想换就换：揭除后不残料胶质，无黏附残留，不损伤原车车漆。

### 3. 汽车车身贴膜产品特点

（1）耐久性能优越：极好的户外耐久性，优级产品3～5年，特级产品7～9年，无脱胶、不褪色、不起翘、无脆裂。

（2）优异背胶黏性：40min内可反复粘贴便于多次施工定位；24h固化后，具备永久性、可移除性、高遮蔽性特点；施工揭除后无胶质残留。

（3）单张平整度好：展开后平整度极佳，不易产生折痕，便于施工。

（4）良好延展韧性：拉伸强度好，可完美包括车身曲折及弧度表面。

（5）尺寸稳定性强：固定后不再产生伸缩。

（6）整膜覆盖性好：超宽幅宽度达1.524m，保证整膜覆盖，无须拼接。

（7）高效滤光性能：隔绝UV辐射，降低紫外线、高温对原车车漆的损伤。

（8）抗腐蚀能力强：耐化学物质腐蚀及酸雨、虫尸、鸟粪、树脂等的侵蚀。

（9）遮蔽性能优异：可完全遮蔽原车车漆颜色，展现车身膜本身亮丽色彩。

（10）划痕自我修复：对膜表层产生的细微划痕，可通过施工工艺处理即可自动弥合。

（11）耐候性能卓越：高温、严寒、风沙及海风地带均有良好耐候性，可始终保持鲜亮，持久晶莹。

（12）惰性阻温阻燃：－40℃～90℃温差适应性，惰性隔热，有效阻隔日晒高温，降低自燃危害。

### 4. 施工时间

汽车车身贴膜成为汽车美容的新项目，甚至成为改装发烧友的必改项目。那么，车身贴膜需要多久可以完成整辆车的贴膜施工呢?

据专业车身贴膜提供的技术要求，贴时间由以下因素来决定。

（1）贴膜技师的熟练程度。贴膜技师是最关键的因素，在整个施工过程中起着决定性作用，只有好的技术才能保证施工质量的前提下，施工时间最短。

（2）使用的贴膜材料。使用什么样的贴膜材料也影响贴膜时间，一般有导气槽的施工较快，无导气槽的施工较慢，对施工技术要求也较高。市场上流行的电镀车身贴膜，由于材料的特殊性施工时间相对一般材料也要多费时间。另外，一些劣质材料，施工也比较麻烦，收边比较困难，相对较费时间，这样的材料不推荐使用。

（3）施工的做工工艺。一般做工工艺做得比较细致的要费时间。例如，车身贴膜是否拆件，是否整张包覆，是否做颜色搭配，是否有拉花图案等增加额外的效果，工艺复杂会增加做工时间。

（4）车型和曲面弧度。车型千变万化，弧度各异，有些车弧度较大，曲面变化复杂的车施工就比较费时间。

（5）正常的施工，2人一组2天可以完美地做好一辆车（数据来自特星专业车身贴膜），如果增加至4人，1天正常完成一辆车，比赛的时候最快4小时完成一辆车。

### 5. 贴膜技巧

车身改色贴膜有两种方式，第一种为干贴法，另一种为湿贴法。在贴膜之前，需要根据不同的车型来选择不同的贴膜方式。

干贴法适用于摩托车、小汽车或小面积贴膜。贴膜前需洗净要贴膜的位置，一般情况下用肥皂水洗净即可，条件允许的情况下，可以用无纤维脱落的布，50%浓度的酒精或异丙醇、丙酮加等。待酒精等液体挥发后即可开贴。

贴膜的时候，先贴好一头，固定后，用工具刮平的同时边揭底纸。若贴膜不是很大的话，可以全部揭开来贴，需要注意的是，贴膜不能粘到灰粒及注意不要使其意外粘连。

贴膜完成后，可能会出现气泡若干，这时可以用干净的布或刮片在膜上反复擦拭，直到气泡消失为止。

## 二、人员配备

### 1. 接车部

人员需求：1人。

工作任务：提前准备好洗车工单、笔，并记录车型、车牌、来店时间、预计交车时间。请客户到休息区休息。

仪表要求：面部、头发、口腔卫生、服装要符合工作的要求。

### 2. 美容部

人员需求：3人，其中美容大工1 人，美容小工2人。

工作任务：迎宾，等待客户到来、引导车辆、环车检查、清洁操作、送车。美容大工还需增加质检工作。

### 3. 汽车装饰部

人员需求：4人，其中贴膜大工2人，贴膜小工2人。

工作任务：对车身进行详细的检查。确认是否补漆，是否有划痕，包括对这辆拆卸部分进行告知之后，填写施工单，待车主确认后签字，签字之后会拍照存档。车主办理完手续即可施工，在施工之前，需要进行全车清洁，清洁后便可进行整车施工了。

## 三、工具配备

### 1. 工具套装

作用：此产品为贴汽车膜、建筑贴膜的专用工具，也可用与贴玻璃贴纸或刮水时用，能更好地赶出贴膜时膜里面产生的气泡，如图4-1-2所示。

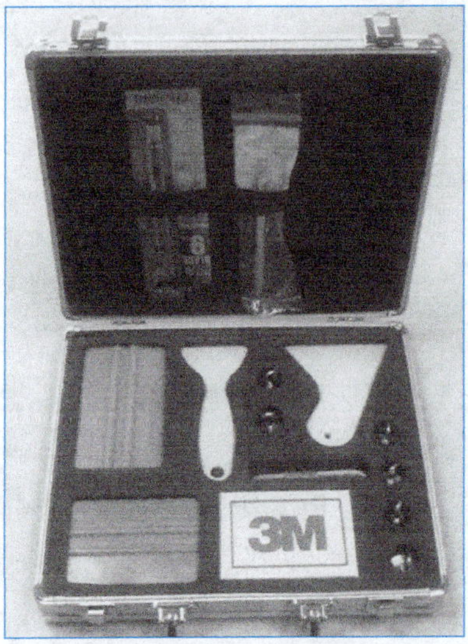


图 4-1-2　工具套装

### 2. 附件类

（1）热风枪。

作用：热风枪主要是利用发热电阻丝的枪芯吹出的热风来对元件进行焊接与摘取元件的工具，如图4-1-3所示。

图 4-1-3　热风枪

使用热风枪的注意事项如下。

①请勿将热风枪与化学类（塑料类）的刮刀一起使用。

②请在使用后将喷嘴或刮刀的干油漆清除掉以免着火。

③请在通风良好的地方使用，因为从铅制品的油漆去除的残渣是有毒的。

④不要将热风枪当作吹头发的吹风机使用。

⑤不要直接将热风对着人或动物。

⑥当热风枪使用时或刚使用过后，不要去碰触喷嘴，热风枪的把手必须保持干燥、干净且远离油品或瓦斯。

⑦热风枪要完全冷却后才能存放。

（2）卷尺。

作用：用来测量汽车车身贴膜的尺寸，如图4-1-4所示。

（3）剪刀。

作用：用于剪贴膜或者修正贴膜，如图4-1-5所示。

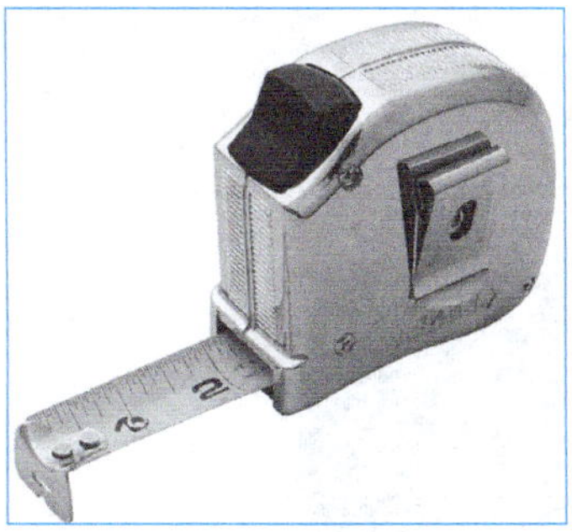

图4-1-4　卷尺

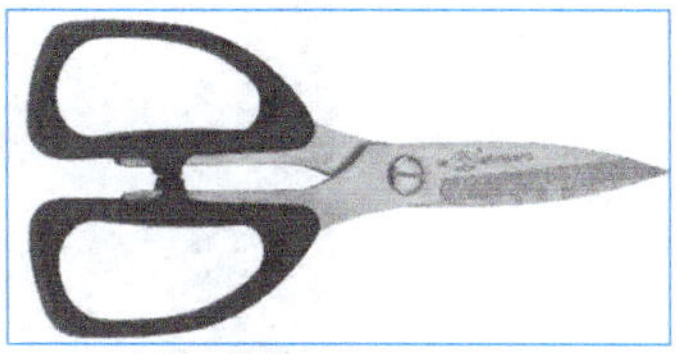

图4-1-5　剪刀

### 3. 施工环境

施工车间明亮无尘，地面干燥，通风良好，温度过低时开启空调保证施工条件，避免穿戴易掉毛及带静电衣物。

## 四、材料配备

### 1. 通用除胶剂

作用：清除各类不干胶、双面胶、封口胶等，如图4-1-6所示。

使用方法：

（1）贴纸残流物：先除去贴纸表面纸张，再用本产品喷在胶残留物上1～2min后，擦拭干净即可。

（2）油渍去除：将本产品喷于污垢上，然后用刷子或干布擦拭即可。

图4-1-6　除胶剂

### 2. 洗车泥

洗车泥，又叫洗车去污泥是一种擦洗车体的泥巴，如图4-1-7所示。它具有非常的力量，但不损伤车体表面的油漆。这就是它具有的无可论比的特征。因为洗车泥是由超细纤维及固体胶状经过反复密炼而成的。

细：经洗车工人反复擦洗，可以擦入车体因氧化而产生的细孔、斑状。

粘的特点：经洗车工人反复擦洗，可以粘除车体上的自然氧化、水垢、洗车、鸟（虫）粪便、铁粉、酸雨、树液以及不当护理的残留物质。所以洗车泥非常受到车主的喜爱。在不损伤车的情况下，可以清除车体的有害残留物质。

洗车泥质量鉴定：洗车泥由于应用范围不大，目前在国内、外都没有相应的标准来规范。但怎么样区别质量好坏呢?

（1）能否有效去除车体的有害残留物，是去污能力的体现。往往去污能力体现在洗车泥的粘性，胶体的密炼程度、成型等方面。

（2）洗车泥成型后，会不会散落。一般好的泥不会散落。

（3）洗车泥成型后，会不会有退颜色的现象。就是要使用过程中，如果泥是蓝色的，是否会有清洗过程中出现蓝色溶于洗车的水中。

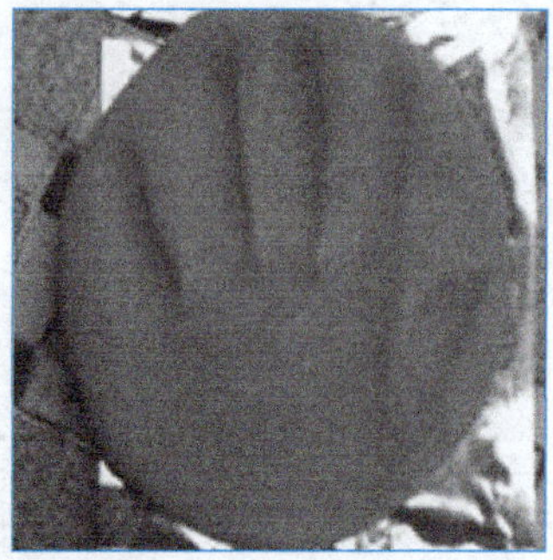

图 4-1-7　洗车泥

## 3. 94底涂

作用：加快胶带初粘速度，提高胶粘力，如图4-1-8所示。

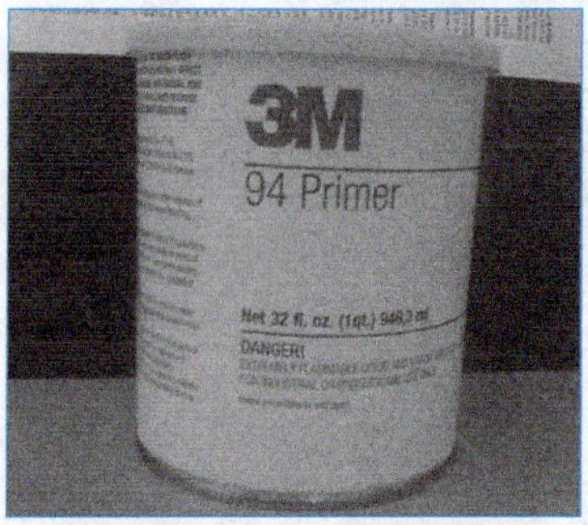


图 4-1-8　94 底涂

粘接表面：ABS，PET/PBT，blends，concrete，Wood，Metal，玻璃等。

使用方法：粘接表面须用50%的丙酮溶液清洁，且须待表面彻底干燥后用刷子（须无纤维脱落）将底胶均匀涂在被粘面，涂层厚度为0.05mm，待底胶干燥后方可粘贴胶带。

94底胶是一种淡褐色透明液体，为了改善胶接性能，涂胶前在被粘物表面涂布的一种胶粘剂。它和空气中的水分子作用，可以产生高黏结力，并具有抗高温能力，尤其和3M丙烯酸泡绵胶带一起使用，可以起到极好黏结效果。

使用指导：

①粘接表面准备。用无纤维脱落的布蘸以50%异丙醇、丙酮或甲苯，清洁粘接表面。

②操作。使用前用力摇晃装有3M 94底胶的瓶子。然后用3M专用工具或刷子、滚筒（须无纤维脱落），将94底胶均匀涂在粘接表面，一般涂层厚度为2～4μm。

③干燥时间。干燥时间一般视温度、湿度和涂层厚度而异。

正常干燥时间：1min～1h

最佳干燥时间：10～30min（温度：23℃，湿度65%），其间须注意涂层表面绝对不受污染。

④双面胶带粘接。将双面胶带贴到已干燥的涂层表面，并施以一定的压力。

注意事项：

①3M 94底胶是一种化学性质活跃的物质，所以每次使用时，只需取出当天（8小时）的用量，其余的仍密封保存。

②操作环境应有良好的通风，并保持清洁。

## 4. 汽车车身膜

车身膜的常用品牌有威固、3M、龙膜、雷朋、Nanolux、威固V-KOOL等。

# 五、操作流程

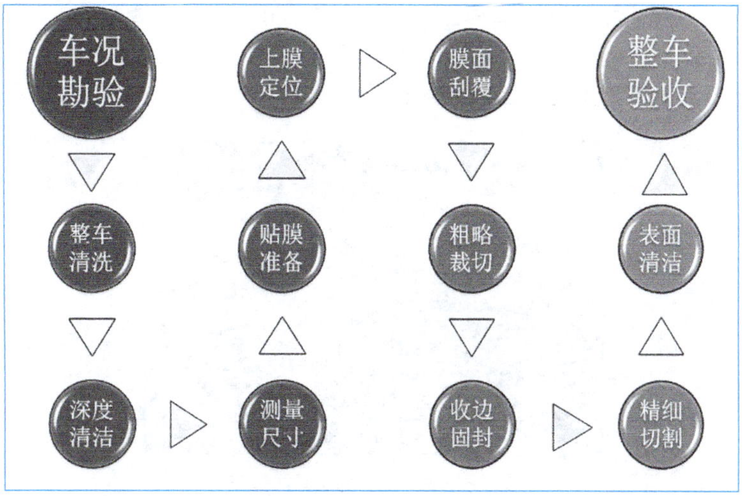


## 1. 车况勘验

询问客户汽车漆面是否做过修补，若做过非专业修补漆面处理，有可能对漆面造成损伤，告知客户可能的风险。

## 2. 车辆表面缺陷记录

告知客户车漆表面存在的缺陷并记录，若较为严重，可建议客户进行漆面处理，如图4-1-9所示。

图 4-1-9　车辆表面缺陷记录

## 3. 整车清洗

（1）冲洗车身，如图4-1-10所示。

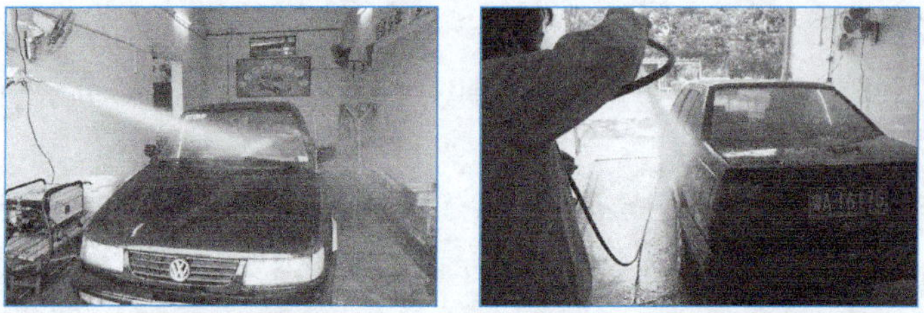

（a）冲洗车身前面　　（b）冲洗车身侧面

图 4-1-10　冲洗车身

（2）将泡沫喷到汽车车身上，如图4-1-11所示。

图 4-1-11　在车身上喷涂泡沫

（3）用泡沫清洗车身，如图4-1-12所示。

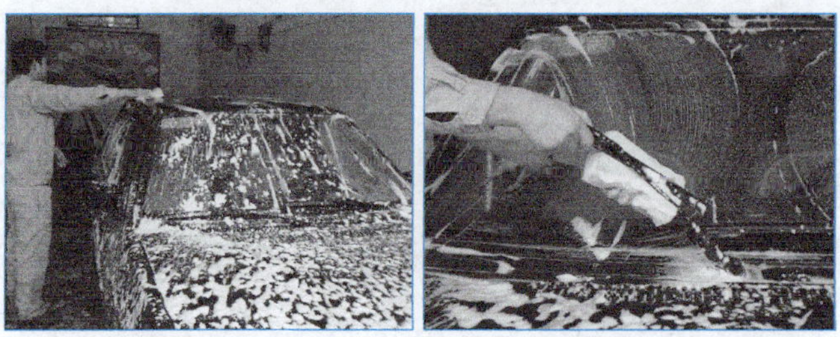

（a）清洗车顶　　（b）清洗前风窗玻璃

图 4-1-12　用泡沫清洗车身

（4）用高压水枪冲洗汽车车身上的泡沫，如图4-1-13所示。

图 4-1-13　冲洗汽车车身上的泡沫

（5）用专用毛巾擦拭车身上的水，如图4-1-14所示。

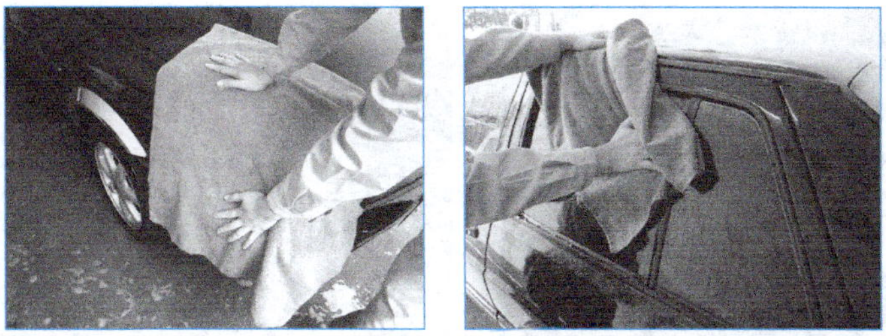

（a）擦拭车身　　（b）擦拭门窗玻璃

图 4-1-14　用专用毛巾擦拭车身上的水

## 4. 深度清洁

（1）使用洗车泥清洁漆面表面，去除油漆表面氧化层及附着力较强的污渍，如图4-1-15所示。

（2）使用通用除胶剂除去车身表面残胶。

（3）使用酒精溶液清洗，去除漆面残留的油渍及蜡质，使改色膜与漆面有良好的黏结力，如图4-1-16所示。

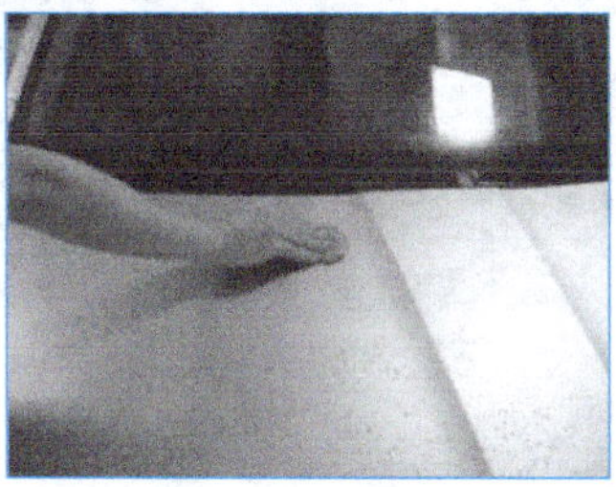

图 4-1-15　用洗车泥清洁漆面表面

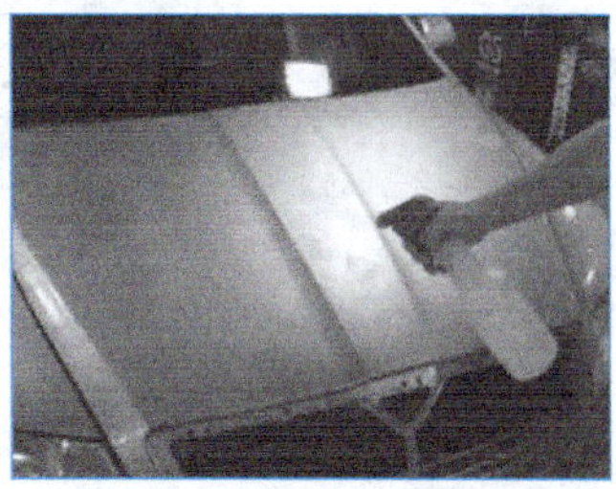

图 4-1-16　用酒精去除漆面残留的油渍及蜡质

（4）手工清洁门边、钣件间缝隙及反面等不易清洁部位，如图4-1-17所示。

（a）手工清洁门边　　（b）手工清洁钣件间缝隙

图 4-1-17　清洁钣金件各部位

## 5. 测量尺寸

（1）测量贴膜钣件的尺寸，如图4-1-18所示。

（2）测量时选取长宽最大处，为减少浪费和充分利用材料，可在裁剪前对要贴膜的表面进行打版。

（3）根据实际测量和打版，在裁膜台裁取合适的膜长宽，如图4-1-19所示。

图 4-1-18　测量贴膜钣件的尺寸

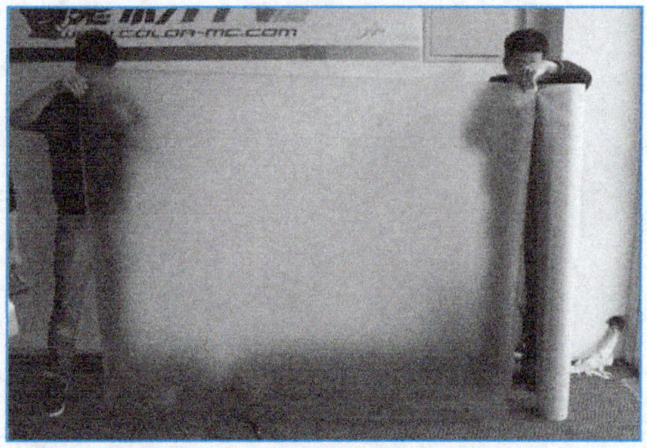

图 4-1-19　裁膜台裁取合适的膜长宽

## 6. 贴膜准备

贴膜工具准备，如图4-1-20所示。

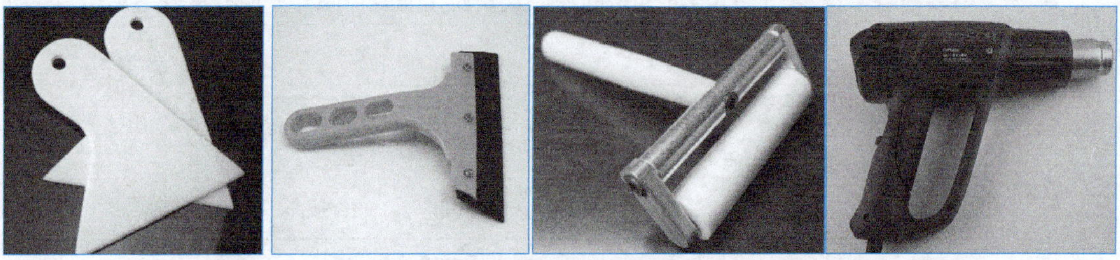

（a）塑料刮板　（b）鹅毛绒板　（c）滚轮　（d）烤枪

图 4-1-20　贴膜工具

刮板：用于刮覆改色膜表面，鹅毛绒板较软，塑料刮板较硬。

滚轮：用于弧度较大处的膜面贴服。

烤枪：用于轻微折痕的烘烤消除和收边固定。

## 7. 上膜定位

（1）揭膜。揭膜时从上往下，使膜面自然下垂，保持改色膜不动，顺势揭除表面保护膜，防止产生折痕，如图4-1-21所示。

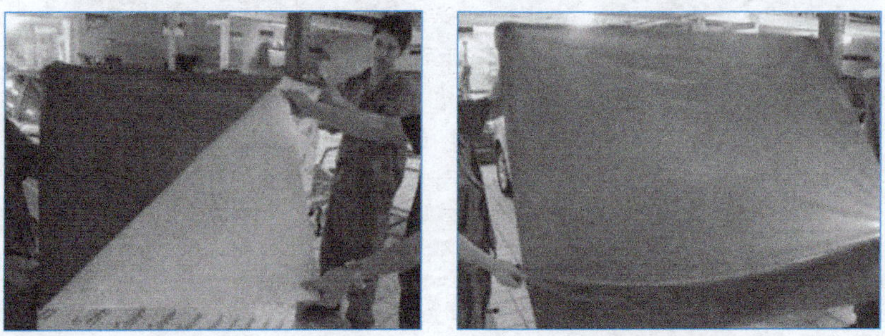

（a）揭膜　（b）使膜面自然下垂

图 4-1-21　揭膜

（2）上膜定位。上膜时按照贴膜部位的尺寸，轻轻放下，两人配合向四角拉伸平铺于漆面，去除大部分气泡，如图4-1-22所示。

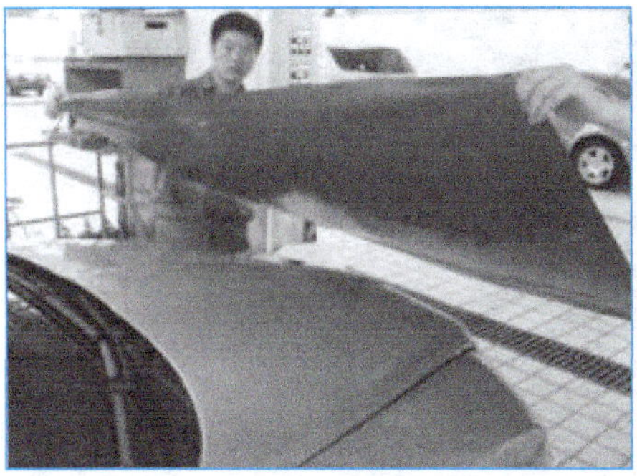

（a）上膜

（b）两人配合向四角拉伸平铺于漆面

图 4-1-22　上膜定位

（3）发动机仓盖贴膜。

（4）机盖完工之后，进行前翼子板，车门后翼子板贴膜，其过程与上述相同，如图4-1-23所示。

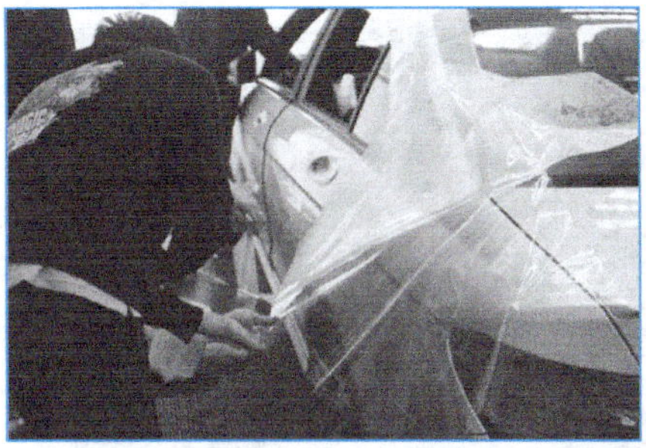

（a）车门后翼子板贴膜

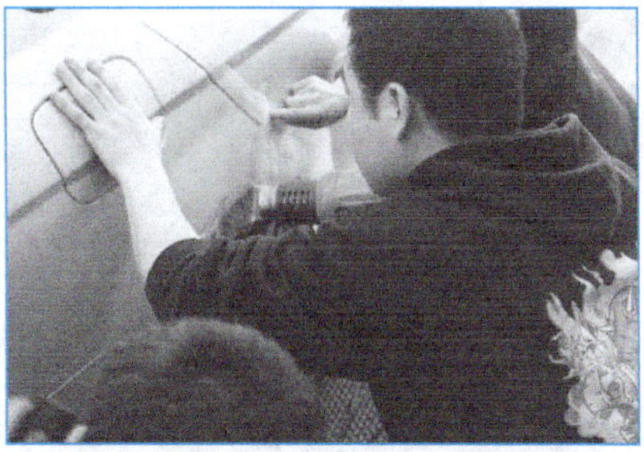

（b）用热风枪对车门后翼子板贴膜加热

图 4-1-23　车门及翼子板贴膜

## 8. 膜面刮覆

膜面定位与刮覆，如图4-1-24所示。

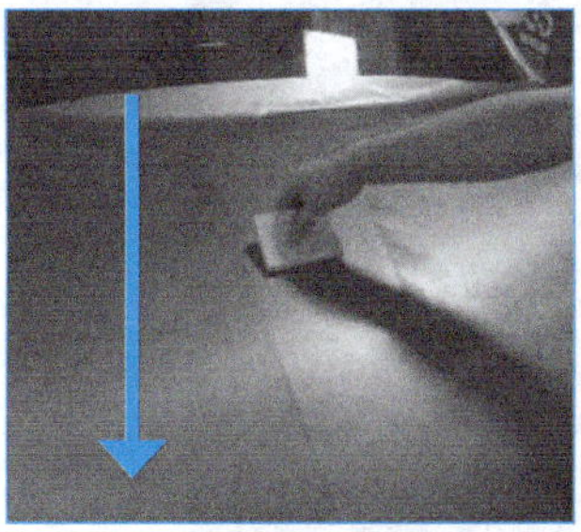

（a）从上到下刮覆

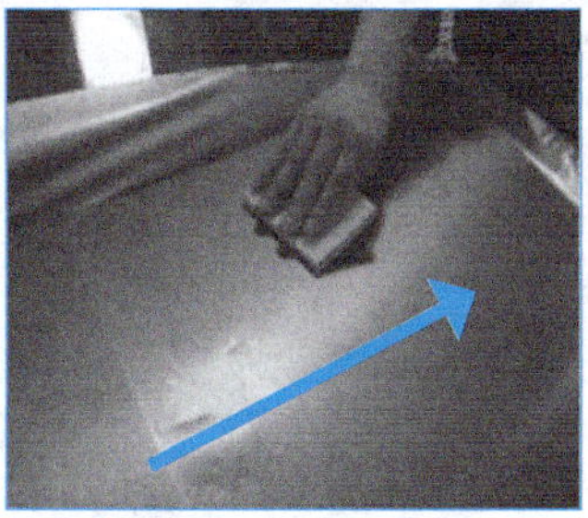

（b）从左到右刮覆

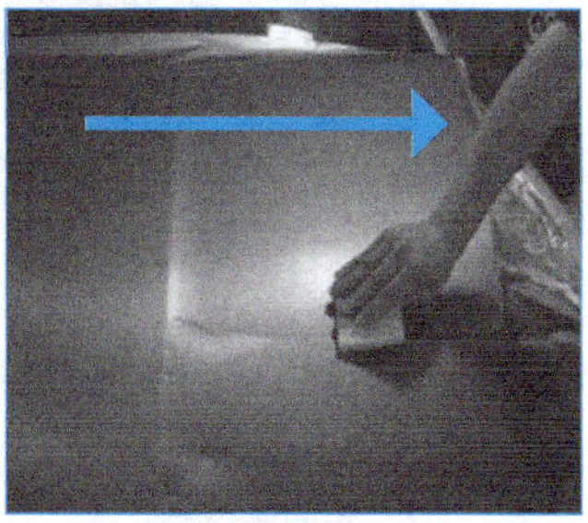

（c）膜面定位

图 4-1-24　膜面刮覆

选取合适的部位进行定位。以前引擎盖为例，通常先中间赶覆定位，再顺势自然定位左右两侧。

## 9. 粗略裁切、收边固定

（1）94底涂可以增加膜与漆面或者塑料件的粘性，可以有效避免起边等问题的发生，将边角多余的改色膜裁切至3～5cm，使其能更好地包覆于钣件的反面，如图4-1-25所示。

图 4-1-25　改色膜裁切至 3 ~ 5cm

（2）使用无纺布蘸取少量94底涂，将无纺布润湿，如图4-1-26所示。

（3）将94底涂涂覆到钣金内侧或者弧度较大的边角位置。等待2 ~ 3min，底涂干燥后，将多余的改色膜部分贴敷在有底涂区域，如图4-1-27所示。

图 4-1-26　将无纺布润湿

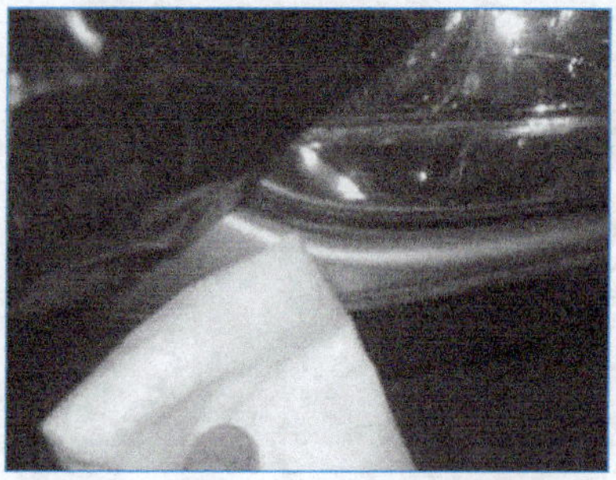

图 4-1-27　将 94 底涂涂覆到钣金内侧或者弧度较大的边角位置

（4）用热风枪（100℃ ~ 150℃）烘烤已黏附的边角，使其更好地贴合弧度部位，如图4-1-28所示。

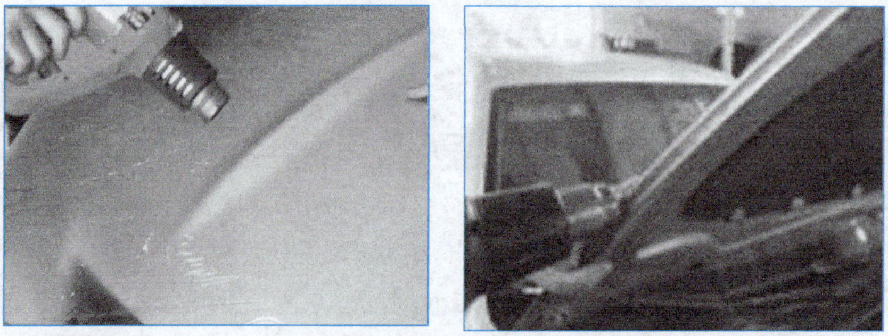

（a）烘烤已黏附的表面　（b）烘烤已黏附的边角

图 4-1-28　热风枪烘烤已黏附的边角

## 10. 精细切割

依钣件背面构造精细裁切，确保平整的裁膜效果，如图4-1-29所示。

图 4-1-29　依钣件背面构造精细裁切

## 11. 表面清洁

清洁膜面残留的手指印、灰尘等，恢复膜表面完美光泽，达到完美交车效果。

## 12. 整车验收

检查整车贴膜部位，去除缺陷，同时确保所有拆卸部件已复位，如图4-1-30所示。

（a）贴膜后的整车　　（b）贴膜后的保险杆及翼子板

图 4-1-30　整车贴膜

**提示**

所有可能发生的翘边起泡等问题都会在 12h 内出现，建议车辆完成贴装后在店内放置 12h 以上，以检查消除可能出现的贴装问题。

汽车车身改色膜保养及注意事项如下。

（1）避免硬物刮擦膜和用力擦洗膜表面，刮擦和磨损的痕迹会影响膜的整体效果。

（2）清洗车辆时，避免使用刷子和腐蚀性化学物质。

（3）停车时避免停在灌木丛或其他易刮擦到漆面的地方附近。

（4）使用无磨料、不含强溶剂且pH值为3～11的清洁剂擦拭。

（5）清洁后使用清水冲洗并用干净、柔软的布料或橡胶刮板擦干，防止水渍残留。

（6）不建议在膜面打蜡或者抛光。若膜表面蜡斑残留，可使用清水清洁。

（7）洗车时避免用高压水枪对膜边缘冲洗。

（8）贴膜后一周内避免洗车，以保证胶和漆面产生最好的结合力。

## 六、检验标准

（1）贴装中需要拼接或修补车膜时，接缝应与周围环境相协调，两片膜之间应无可视色差，接缝间无漏色。

（2）常见缺陷验收标准如表4-1-1所示。

表 4-1-1　　常见车身贴膜缺陷验收标准

| 缺陷名称 | 说明 | 合格 |
| --- | --- | --- |
| 点状缺陷（尘点、胶斑、气泡等） | 直径＜ 1 mm | 不允许集中 |
| | 1mm ≤直径≤ 1.5 mm 每平方米允许个数 | 中部不允许集中<br>四周 :5 |
| | 1.5mm ≤直径≤ 2.5 mm 每平方米允许个数 | 四周边部 :3<br>中部 :1 |
| | 直径＞ 2.5mm | 不允许 |
| 膜表面破损或漏色 | 由于膜破损而可以看到油漆颜色 | 不允许 |
| 膜表面褶皱 | 长度＞ 3mm | 不允许 |
| 线状缺陷 | 2.5mm ＜长度≤ 10 mm<br>每平方米允许个数 | 1 |
| 表面划伤 | 0.1mm< 宽度≤ 0.3 mm 每平方米允许个数 | 长度≤ 50 mm：4 |
| | 宽度＞ 0.3mm 每平方米允许个数 | 宽度＜ 0.8 mm 且长度≤ 100 mm：2 |

### 【小结】

1. 汽车车身贴膜的作用。

（1）不破坏原车车漆，增强原车车漆保护作用。

（2）可以长期保护原车车漆，免除封釉镀膜等费用，节约美容成本。

（3）更换自己喜爱的颜色，创造个性化汽车。

（4）耐化学物质腐蚀及酸雨、虫尸、鸟粪、树脂等的侵蚀。

（5）阻隔日晒高温，降低汽车自然的危害。

（6）旧车车面翻新。

2. 工具、材料配备：工具套装、热风枪、卷尺、剪刀、除胶剂、洗车泥、94底涂。

3. 汽车车身贴膜流程：车况勘验、整车清洗、深度清洁、测量尺寸、贴膜准备、上膜定位、膜面刮覆、粗略裁切、收边固封、精细切割、表面清洁、整车验收。

4. 检验标准：点状缺陷（尘点、胶斑、气泡等）、膜表面破损或漏色、膜表面褶皱、线状缺陷、表面划伤。

### 【课后练习】

#### 1. 填空题

（1）汽车改色贴膜的作用____________、____________、____________、____________、____________。

（2）__________主要是利用发热电阻丝的枪芯吹出的热风来对元件进行焊接与摘取元件的工具。

（3）_____________作用清除各类不干胶、双面胶、封口胶等。

（4）_____________是一种擦洗车体的泥巴，它具有非常的力量，但不损伤车体表面的油漆。

（5）车身膜的品牌有威固、3M、__________、__________、Nanolux，威固V-KOOL等。

## 2. 看图题

（1）用热风枪（100℃～150℃）烘烤已粘附的边角，使其更好贴合弧度部位。

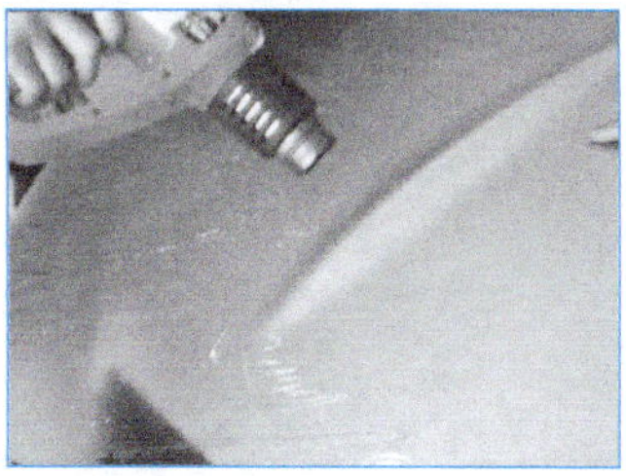

__________________ __________________

（2）膜面定位与刮覆。

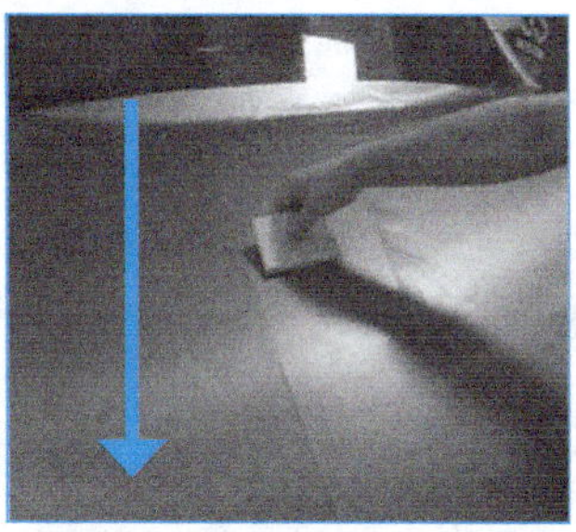

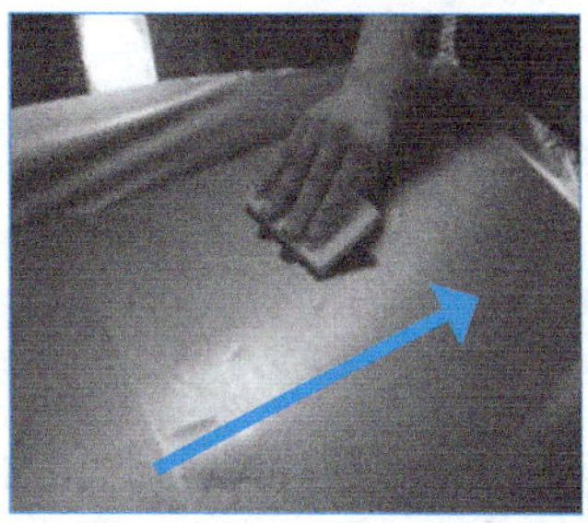

__________________ __________________

（3）发动机仓盖贴膜。

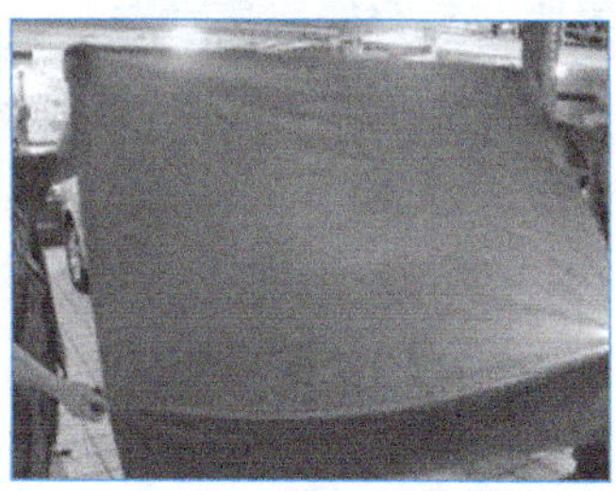

__________________ __________________

## 3. 问答题

（1）汽车车身贴膜的作用有哪些？

（2）根据专业车身贴膜提供的技术要求，贴膜时间由哪些因素来决定？

（3）汽车车身贴膜需要哪些工具和材料呢？

（4）汽车车身如何进行贴膜，请写出操作流程。

# 任务二　汽车车身镀晶

## 【任务引入】

刘先生的宝马5系新车买了3个月，平时都是打打蜡，无奈德国车车漆太薄太软，打蜡完全保护不了车漆，套个汽车衣上去车漆都能划出划痕，前几天朋友介绍他去做个车身镀晶，于是刘先生开着他的宝马5系轿车来店做全车身镀晶，主管派工给你，这辆车由你全程负责。

## 【知识目标】

（1）了解汽车镀晶操作的基础知识。

（2）了解材料、工具的配备。

（3）掌握车身镀晶操作流程。

## 【知识链接】

## 一、操作基础知识

### 1. 汽车镀晶

汽车镀晶是为车漆提供可靠的漆面密封技术，高效持久地保护车漆，防止环境对车漆的颜色带来的影响。

有一项水滴实验表明：使用经过 12 个月的时间，车漆表面仍是完美无损。这就是汽车镀晶技术。

汽车镀晶是为了区别于镀膜打蜡封釉提出的概念，镀晶的基本要求是所使用材料是$SiO_2$无机物，能在施工表面生成几个结构，通常情况下分子的纳米级，通过高分子聚合物的作用在施工表面形成一隔离层，该隔离层具有抵抗紫外线、抗油、低表面能疏水的功能，从而保护漆面。

### 2. 汽车镀晶是汽车美容的最高水准

汽车镀晶是最尖端的汽车漆面保护解决方案，将汽车美容养护理念上升到“保护”层面，是汽车美容的最高水准。

（1）耐划痕：钻石晶体硬度达6H，相比较普通车漆2H的硬度而言，能防止大多数轻微的划痕，并且自身有弹性恢复功能，保护车辆免受日常轻微划痕的侵扰，使漆面划痕较一般镀膜减少70%以上。当外力超出晶体弹性保护范围时，一般也只是在晶体上留下划痕，不会损伤到漆面。

（2）耐腐蚀：钻石晶体超细的纳米晶体层将漆面与外界隔绝，能有效防氧化、耐鸟粪、飞虫浆液、酸雨等的腐蚀。

（3）不龟裂：钻石晶体抗紫外线，抗高温、严寒，耐温范围达－50℃～300℃，适应温度变化范围宽，不会产生龟裂、脱落。

（4）易清洗：钻石晶体强大的纤维网会填补车身漆面看不见的细小毛孔，使漆面达到镜面状态，使车身易清洗保养，各种灰尘和各类污物仅使用清水（不加任何洗涤剂）冲洗，车体表面就可恢复和保持晶莹透亮，即使粘有油污或虫尸，只需将湿毛巾直接擦试物体表面就可轻松去除，可节省洗车量50%以上，同时具有超强的疏水自洁功能。

（5）抗静电：汽车镀晶的钻石晶体含抗静电剂，使漆面不易吸附粉尘，拒绝“交通膜”。

（6）更光亮：钻石晶体具有与钻石相类似的晶体结构，增加光的折射，使车面亮度更高，漆面晶莹绚丽，光亮度达95%以上（新车只有70%左右）。

（7）拨水强：钻石晶体的低表面能张力与水珠相斥，有超强的拨水性，不沾水。

（8）超保值：钻石晶体先进的漆面保护技术，不仅可减少洗车、打蜡费用，并且使原车漆得到更好保护。

注意：市场上有些产品是用镀膜假冒镀晶，要选择专业品牌和信誉高的汽车美容店。

优点：在车漆表面形成一层牢固的晶体，对漆面能起到真正保护作用。

缺点：价格高，施工复杂，要求严苛，必须由经专业培训的镀晶工艺师施工。工时长，镀膜耗时2~6小时，镀晶则需要2天。

## 二、人员配备

### 1. 接车部

人员需求：1人。

工作任务：提前准备好洗车工单、笔，并记录车型、车牌、来店时间、预计交车时间。请客户出示会员卡，并请客户到休息区休息。

仪表要求：

（1）面部：整洁，无油腻，化职业淡妆。

（2）头发：经常清洗、修剪，梳理整齐，保持干净。

（3）口腔卫生：注意生活卫生，保持口中无异味。

（4）服装：按照规范穿着公司统一工作服装，要求干净、平整。

### 2. 美容部

人员需求：3人，其中美容大工1 人，美容小工2人。

工作任务：迎宾，等待客户到来、引导车辆、环车检查、清洁操作、送车。美容大工还需增加质检工作。

仪表要求：

（1）面部：整洁，无油腻，不留胡须。

（2）头发：经常清洗、修剪，梳理整齐，保持干净，头发不得超过耳际，不过领，禁止剃光头、染发，不留奇异发型。

（3）口腔卫生：上班不饮酒，注意生活卫生，保持口中无异味。

（4）服装：按照规范穿着公司统一工作服装，要求干净、平整、扣齐所有纽扣、衣领无汗迹，衣袖及裤脚不得翻转、挽起。

# 三、材料、工具配备

抛光机、抛光盘（兔毛球、还原盘）、捷仕特航空级无机镀晶产品、黏土、胶带、研磨剂、还原剂、毛巾、海绵、眼镜布。

## 1. 抛光机

抛光机的作用是用于所有的抛光、磨光及最后的修饰、清洁工作，在抛光用工具中，有气动抛光机和电动抛光机两大类，如图4-2-1所示。

（a）气动抛光机　　（b）电动抛光机

图 4-2-1　抛光机

这两类抛光机各有优缺点，但从作业功效方面看，电动抛光机效率高。

电动抛光机的转速为1 500～2 000 r/min，气动抛光机比电动式抛光机重量轻，便于手提，其转速可随气压的升降而改变，一般为2 000～2 500r/min。高转速抛光机与羊毛轮及海绵垫连用，可用于所有的抛光及清洁工作，它以压缩空气为动力，转速可达6000r/min、最新的气动抛光机与以前相比，已有很大改进，使用更加方便。

电动抛光机比气动式重，回转力基本上不随加力情况而变，工作平稳，有一定重量，适宜于抛光作业。

**注意**

抛光机和研磨机不能混合使用，修光时只能使用抛光机，否则会在车身表面产生擦痕。

## 2. 抛光盘

抛光盘如图4-2-2所示。

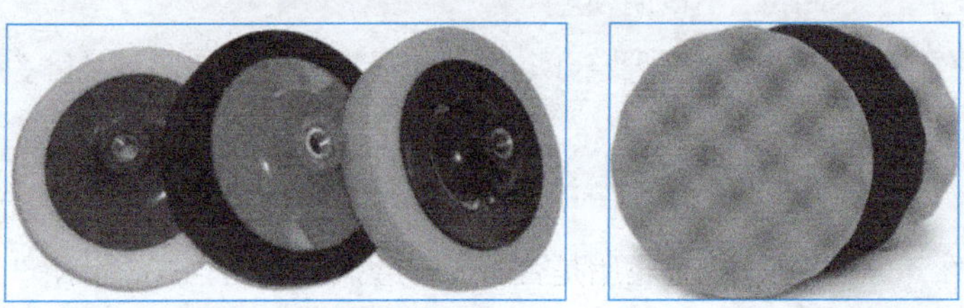

（a）抛光盘　　（b）抛光盘正面

图 4-2-2　抛光盘

### 3. 捷仕特航空级无机镀晶产品

新一代美国JETCOAT™（捷仕特）航空级无机镀晶产品不同于现有的蜡、封釉等产品，如图4-2-3所示，它能在汽车表面形成一层透明玻璃状结晶体保护层，增加表面的光泽度，硬度可达7H以上，颜色更加饱满；产生泼水效果，可对车漆面形成永久保护。保护期内无须再进行打蜡、封釉和研磨，真正对车漆起到保护作用。

图 4-2-3　捷仕特航空级无机镀晶

使用航空级无机镀晶，具有超强的抗强酸、强碱性能；其物理及化学性能相当稳定；能长期有效地保护漆面。有超强的耐候性、耐磨性、抗老化、抗氧化、防静电、防紫外线；有较强的渗透能力。可轻松弹去覆膜表面的污垢、水流、酸雨、油脂等有害物质。

产品优势：

（1）产品原材料全部美国进口，是技术最先进、最流行的汽车美容产品。

（2）该镀晶系无机质产品，不含有任何导致酸性裂化的挥发性有机质，因自身不会裂化，不会氧化，这是保护车体涂层不裂化的根本所在。

（3）镀晶涂料硬化后形成透明结晶体，具有极强的柔性。

（4）镀晶后无须再上光、打蜡的烦琐护理，长期保持车体崭新状态。

（5）镀晶后，车体抗紫外线、抗酸雨、抗划痕、抗盐食、抗锈蚀，能长时间保持车漆的亮丽。

（6）养护产品更新换代都非常快，但本镀晶是目前美国汽车美容的顶尖产品，是最不易被淘汰的产品。

（7）能有效抑制各种腐蚀、氧化、紫外线、酸雨、褪色；减少尘土、油脂、树脂、鸟粪和盐等污染物附着在车身外表面；增加漆面光泽度和硬度，产生泼水效果，使用多年后车身依然光亮如新。

功能简介：

（1）航空级结晶镀膜硬度高，能在车漆形成坚固的玻璃状树脂保护层，令车漆不易被划伤，能长期有效的保护漆面。

（2）渗透力强，非常容易融入车漆，使漆面亮丽如新。

（3）高黏附力，镀晶层非常坚固，很难被洗掉，因此起到长效保护车漆的作用。

（4）防紫外线较强，一般蜡、釉的养分流失得比较快，使漆面容易出现干燥和光泽度降低。

（5）使用后，车漆立体感明显，一般镀膜产品光泽度和鲜艳度是无法和航空级结晶镀晶相比的。

（6）保护车漆荷叶效应，具有超强的泼水性、耐候性、防紫外线、防酸雨、防油污、防侵蚀、防辐射、防静电、防高温、不褪色、不氧化等功能。

使用捷仕特前后对比图，如图4-2-4所示。

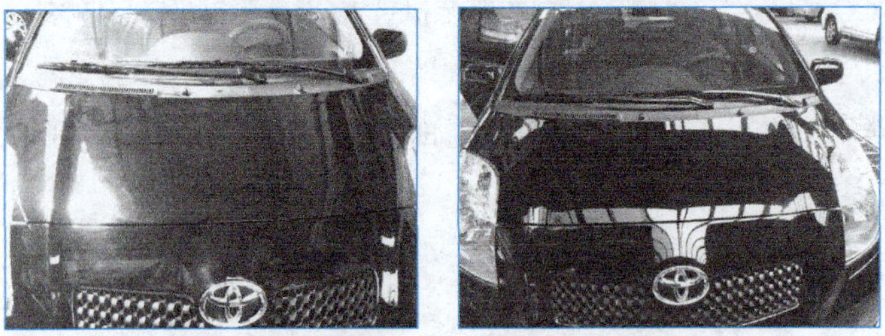

（a）施工前车身表面　　（b）施工后车身表面

图 4-2-4　使用捷仕特前后对比图

应用领域：任何漆面的防水防尘、提高光泽度，是漆面最佳的保护产品，包括汽车、飞机等的保护。

包装盒产品套件：还原剂100mL+脱脂剂100mL+保养剂100mL（两瓶）+结晶镀膜液30mL+固化剂+毛巾+镀晶条+镀晶喷嘴（产品说明书）。

使用方法：

（1）使用前先冷却车身，清洗车辆。

（2）取还原剂抛光车身，均匀涂抹划痕处、老化处、氧化处，配合专用抛光机进行划痕处理，还原到镜面效果为止。

（3）取脱脂剂涂擦车身漆面，将原有的漆面蜡釉成份清除掉，以增加结晶镀膜剂的附着力，然后用清水冲净擦干。

（4）将固化剂全部倒入镀晶液瓶里，充分摇均匀，喷洒在施工区域，用海绵涂均后，用轻柔毛巾将漆面擦干净。

（5）分区域作业：分多个区域，一个区域镀完成后再用同样的方法施工另外的区域（采用井字形涂抹，先横向在竖向）。

（6）镀晶完成后，2小时后再用保养剂提高光泽度。

（7）每3～5个月用保养液定期保养（包装盒内2瓶装）。

（8）镀晶2小时后才能体现泼水效果。

（9）镀晶效果在有定期保养的情况下可保持3年，无保养的情况下12个月。

（10）不要在阳光暴晒下使用，在干净的施工车间使用，7天内不可以洗车。

注意事项：

（1）本产品一套一辆车制（剩余产品车主后期保养使用），专供专业人员使用。

（2）严禁入眼入口，如不慎入眼，立即用清水冲洗15分钟或就医，勿让儿童接触。

（3）远离火源，0℃～40℃环境存放，不用时必须将瓶盖拧紧，严禁冷藏或暴晒。

### 4. 研磨剂

用磨料、分散剂（又称研磨液）和辅助材料制成的混合剂，习惯上也列为磨具的一类。研磨剂用于研磨和抛光，使用时磨粒呈自由状态。

研磨剂的使用方法和范围：

（1）优异的润滑性能，抗磨性能，提高加工精度，表面光洁度，有效地保护刀具，延长刀具使用寿命。研磨剂属高效节能型产品。

（2）润滑性能，冷却性能，防锈性能，清洗性能——四能一体。能有效地排除磨屑、铁剂、油污、砂粒等切屑；有一定的短期防锈、工序间防锈作用。散热冷却，不燃，安全可靠。

（3）溶解速度快，工作效率高。

（4）不易腐败，稳定性好，使用周期长；高透明度，易于观察工件。

（5）有较好的快速消泡作用，属于抑泡型产品。

（6）极低的使用浓度，较高的润滑，防锈效果，综合使用成本低。

（7）剂体包装，运输方便。

（8）环境清洁友好，无废油产生，无油泥污染。

## 四、操作流程

（1）仔细检查车身。

对施工车进行仔细的检查，此工程必须是在施工前、车主在场的时候进行，因为主要的施工过程中会进行抛光、划痕处理等工序，为了避免施工后与车主发生不必要的误会，所以必须在施工前车主在场的时候进行细致的检查，如发现汽车漆面的破损、划痕等情况后应该和车主说明并记录下来。

（2）洗车，如图4-2-5所示。

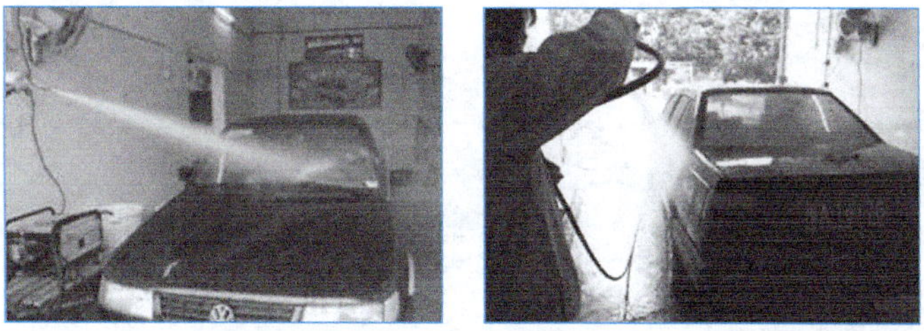

（a）冲洗车身前面　（b）冲洗车身侧面

图 4-2-5　洗车

（3）黏土处理。使用麦伽特专用磨泥以手腕左右移动的范围轻轻研磨，用清水配合，要把黏土反复揉搓，放在掌心以水平方向在漆面来回移动。磨泥时要从里到外从上到下顺序操作，如图4-2-6所示。针对漆面氧化层和吸附在漆面铁粉进行去除，并能对洗车时留下的顽固污迹沥青等处理淡化甚至消失，使用时不得用柏油清洗剂。

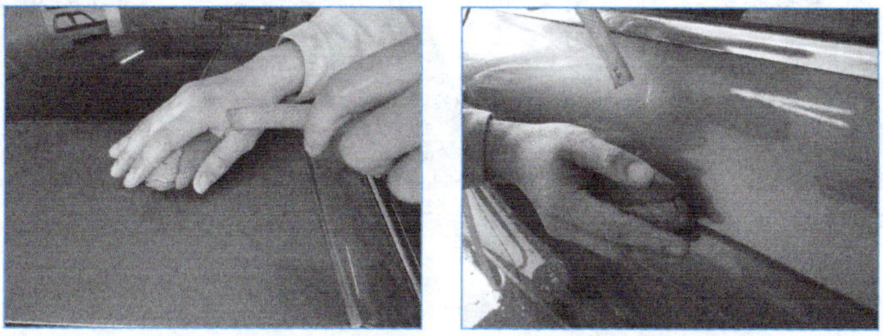

（a）研磨车顶　（b）研磨车门

图 4-2-6　黏土处理

（4）抛光。用研磨/抛光机配合抛光剂对漆面进行抛光，如图4-2-7所示。

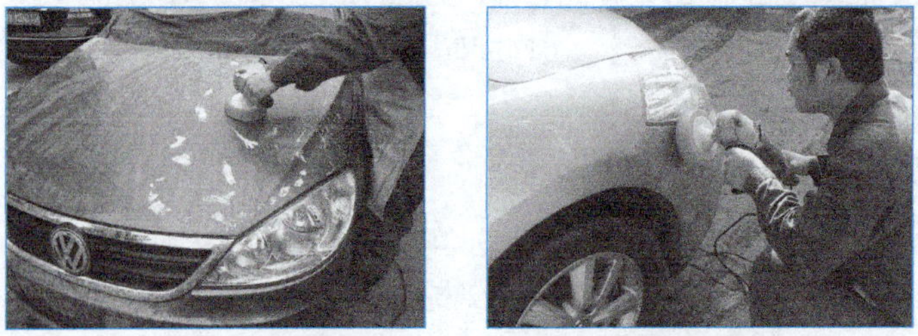

（a）抛光发动机仓盖　　（b）抛光前保险杆

图 4-2-7　抛光

（5）将车依镀膜剂喷洒到40～50cm见方的车漆表面，然后用海绵快速推开并涂抹均匀即可，如图4-2-8所示。

（a）车身镀晶　　（b）使用前、后对比

图 4-2-8　镀晶操作图

**注意**

半米见方区域只需喷洒车依镀膜剂约5次，即一边喷一边用配套小海绵推开并涂抹均匀；施工中小海绵干燥后，可再用水浸湿润拧干继续使用。

（6）用毛巾擦亮漆面后，车漆镜面效果，如图4-2-9所示。

（a）用毛巾擦亮后漆面　　（b）擦完后的效果　　（c）完成镀晶后泼水在镀晶前与镀晶的效果

图 4-2-9　毛巾擦亮后车漆效果

## 五、检验标准

镀晶之后的效果，如图4-2-10所示。

图 4-2-10　镀晶后的效果

### 【小结】

（1）汽车车身镀晶是为车漆提供可靠的漆面密封技术，高效持久的保护车漆，防止环境对车漆的颜色带来的影响。

（2）工具、材料配备：抛光机、抛光盘（兔毛球、还原盘）、捷仕特航空级无机镀晶产品、黏土、胶带、研磨剂、还原剂、毛巾、海绵、眼镜布。

（3）汽车车身镀晶操作流程：仔细检查车身、洗车、黏土处理、抛光、将车依镀膜剂喷洒车漆表面，然后用海绵快速推开并涂抹均匀、用毛巾擦亮漆面。

### 【课后练习】

#### 1. 填空题

（1）______________为车漆提供可靠的漆面密封技术，高效持久的保护车漆，防止环境对车漆的颜色带来的影响。

（2）材料及工具有_________、抛光盘（兔毛球、还原盘）、捷仕特航空级无机镀晶产品、黏土、胶带、__________、还原剂、毛巾、_______、眼镜布。

（3）__________用于研磨和抛光，使用时磨粒呈自由状态。

（4）______，车体抗紫外线、抗酸雨、抗划痕、抗盐食、抗锈蚀、能长时间保持车漆的亮丽。

（5）电动式抛光机转速为_________________。

#### 2. 看图题

（1）抛光机。

__________________　__________________

（2）使用捷仕特前后对比图。

（3）黏土处理。

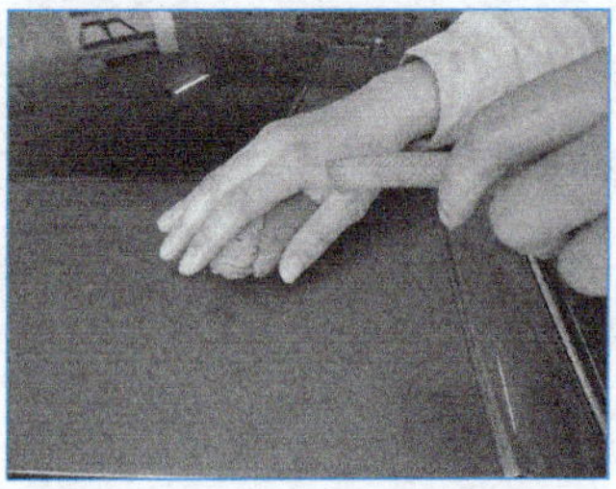 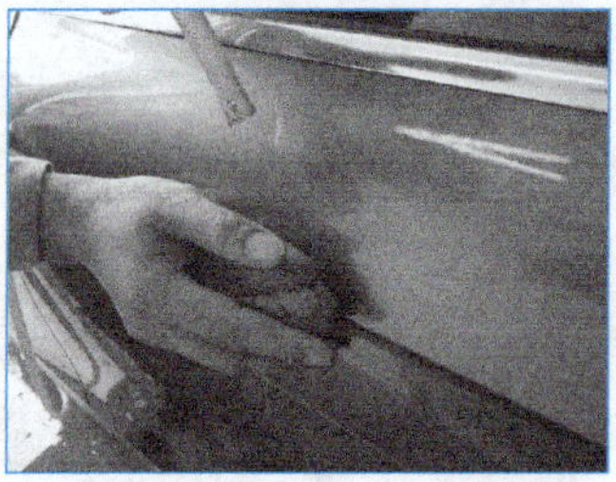

（4）抛光。

 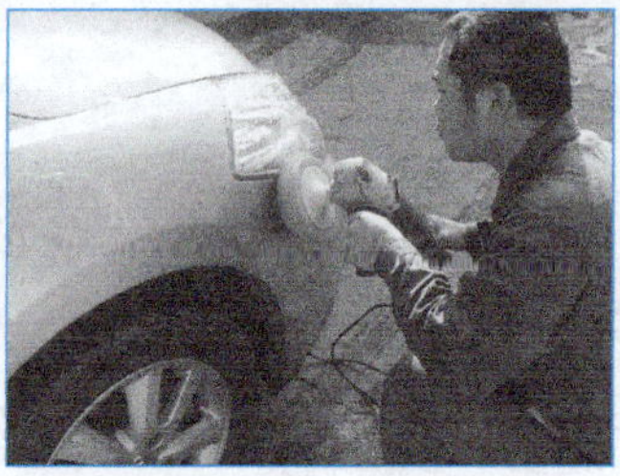

## 3. 问答题

（1）捷仕特航空级无机镀晶产品如何使用？

（2）如何进行汽车车身镀晶？

# 任务三　安装汽车倒车雷达和防盗器

## 【任务引入】

汽车精品为汽车添加了不少色彩，冯先生在你所在的那间4S店新买了一台13款宝来，你能为冯先生介绍哪些汽车精品呢？如果你不知道有哪些精品能介绍给冯先生，那让我们一起来学习下面关于汽车精品的知识。

【知识目标】

1. 了解汽车精品操作的基础知识。
2. 了解汽车精品牌子。
3. 掌握倒车雷达、防盗安装的工具、材料。
4. 掌握倒车雷达、汽车防盗安装流程。

【知识链接】

# 一、操作基础知识

## 1. 汽车精品的概念

汽车精品是汽车文化的延伸，是汽车品牌传播的工具，是汽车行业中不可缺少的一部分。汽车精品的发布提升了人们对汽车的认识，对汽车品牌概念的认知，对各品牌文化的区分，促进了汽车市场的全方面的发展。

## 2. 汽车精品分类

汽车精品分为汽车礼品和汽车用品两大类。

汽车礼品：汽车礼品包含有汽车纪念品、汽车广告礼品、汽车促销礼品、汽车宣传礼品等。

车模：合金车模的推广体现了汽车文化的多方面、多年龄层、多方位的认识汽车的概念，如图4-3-1所示。

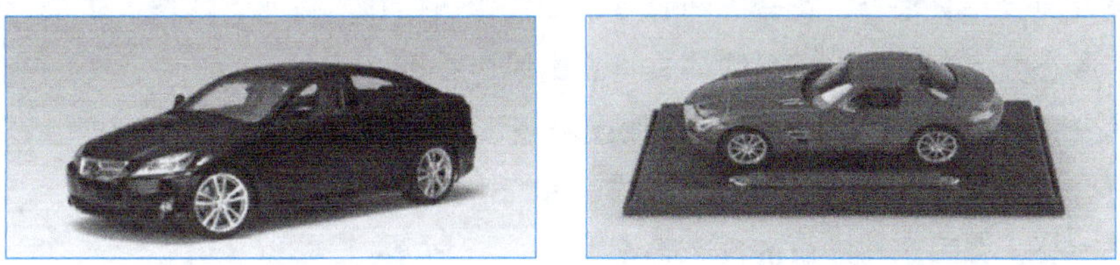

（a）英菲尼迪车模　　（b）保时捷车模

图 4-3-1　车模

汽车广告伞：汽车赠品的出现更加稳固了汽车各品牌文化基础，使得更人性化的推广，如图4-3-2所示。

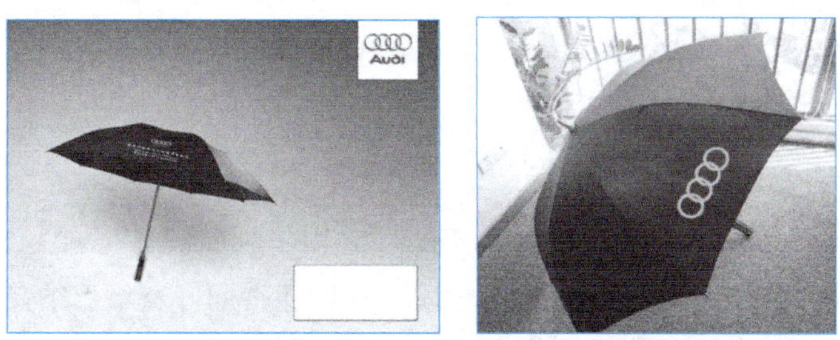

（a）奥迪广告伞　　（b）奥迪广告伞

图 4-3-2　汽车广告伞

汽车用品：汽车用品包含有汽车改装用品、汽车护理用品、汽车加装配件等，如图4-3-3所示。

汽车用品举例如下。

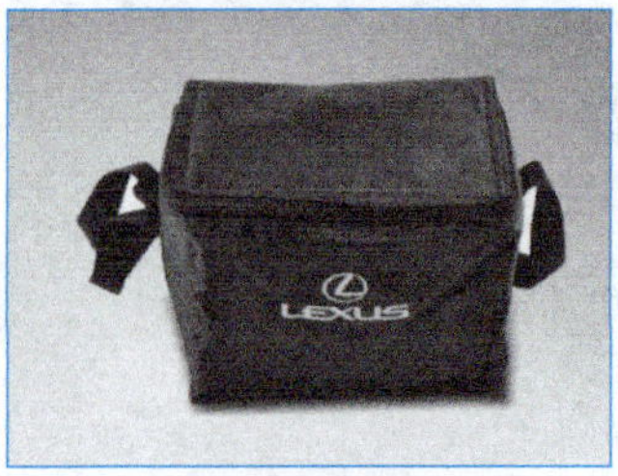


（a）车载冰箱

（b）车内抱枕被

（c）牌照框

（d）车用手机充电座

图 4-3-3　汽车用品

（1）汽车香水。

汽车香水的组成：香水、香水瓶、香水座、香水垫。

汽车香水的分类如下。

①按香座形状造型分，有卡通、汽车仿真产品等，如瓶上带指南针、温度计或者具备来电闪烁功能等。

②按香型方面分，有果香、花香、药香等，如柠檬、桂花、古龙、玫瑰、水果、薄荷味等。

③按香水形态分，有液体香水、固体香膏、出风口香熏。

④按用途分，有提神醒脑的、如提神醒脑薄荷味。

⑤按味道分，有味道浓烈的、味道清淡的、香气怡人型。

⑥按生产地分，有国产与进口的汽车香水。

⑦按质量分，有纯正优质的汽车香水和劣质汽车香水。

汽车香水的选择方法：

选择汽车香水，应从外观、气味、季节等方面加以注意。选择汽车香水千万不能图便宜，香水少有物美价廉的，在汽车超市看到，大部分香水都在30～100元，香味可选择的范围也很广。

车内的香水味道不要太浓烈，夏天最好选用中性的、味道较淡的香水。

下面介绍汽车香水的十大品牌。

### 第一名：迪萨

马斯卡尼（mascagni）出生在位于意大利艾莎河左岸的哥利维迪萨小镇。

1981年毕业于意大利米兰卡罗世纪服装学院，1982年携同好友格巴纳在意大利米兰开设高级订制时装设计工作室，其独具特质的设计风格洋溢着严谨、飘逸、奢华和性感，迅速风靡意大利，被VOGUE的掌舵人Newhouse称为“天空中的一轮明月”。

1983年马斯卡尼接管了其家族拥有100年历史的意大利迪萨水晶制造公司，同年与IFF国际香水公司联合开发出迪萨梦幻水晶香水，这种香水后来作为荣耀和尊贵的标志，置放在新推出豪华劳斯莱斯幻影房车上，如图4-3-4所示。

（a）迪萨香水样品　　（b）迪萨香水样品

图 4-3-4　迪萨香水

1985年迪萨推出了具有美国爵士风格的“摩登时代”，香水由位于世界香水城格拉斯的佛拉格那德公司的老板乔治·福克斯（George Fuchs）特别调配，其时髦的造型和自然清新的味道，迷倒了欧洲大陆代表现代时尚的年轻一代。1986年同名的系列香水获得了戴尔·布罗法洛学院奖（del profumo）的“年度最佳香水奖”。

### 第二名：宝成

公司以“诚信为本，质量第一”的经营理念，致力于汽车用品、精品、饰品、文化艺术品的经营，公司奉行“创新、敬业、共享、服务”的企业精神，汇集了一流的研发团队，以“高、精、美”的工艺标准，将名贵玉石、琉璃、水晶与金、银等材质完美结合，造就产品的独特风格，体现了品位价值与尊贵像征，丰富了传统文化的深度与香水的浪漫的内涵，如图4-3-5所示。

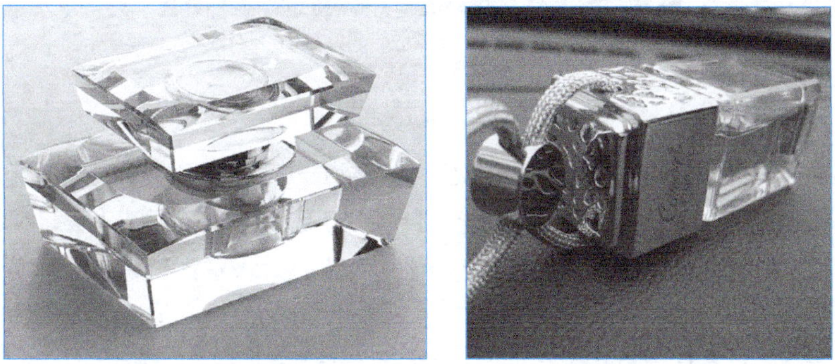

（a）宝成香水样品　　（b）宝成香水样品

图 4-3-5　宝成香水

### 第三名：火鹤

火鹤实业股份有限公司成立于1990年，位于台湾省高雄县大发工业区，从事芳香剂设计，研发、生产，产品行销于全世界。自设立以来，火鹤致力于为客户提供最优美的设计、舒爽的芳香，以及最可信赖的品质，如图4-3-6所示。

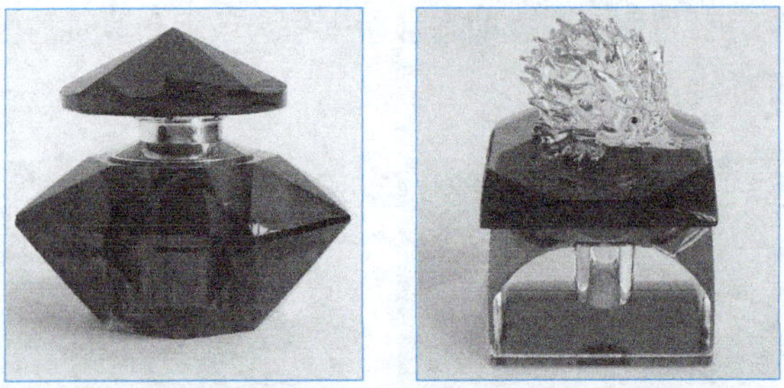

（a）火鹤香水样品　　（b）火鹤香水样品

图 4-3-6　火鹤香水

公司采用来自法国、日本的高级香精，保证了火鹤产品的香味既持久又高雅，适合汽车、家庭、办公室使用。

### 第四名：伟仕

中山市小榄镇高捷塑料制品厂成立于2006 年，是一家专业研发生产欧美、日韩等高端脚轮与新型汽车用品的生产厂家。工厂开业前期，专业为国内外多家脚轮及电器产品经销售商作生产加工基地，产品品种达300 余种，奠定了其强而有力的技术基础。雄厚的技术力量，强大的产品研发能力，先进的生产设备，成熟的加工工艺，完善的质量管理体系，使其产品远销欧美、日韩等地，深受广大用户的青睐，如图4-3-7所示。

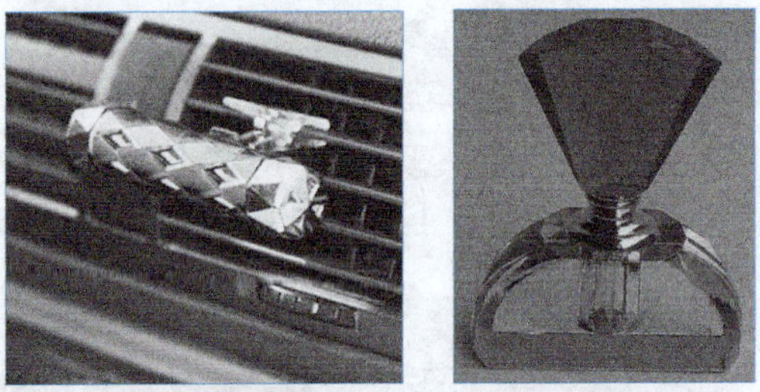

（a）伟仕香水样品　　（b）伟仕香水样品

图 4-3-7　伟仕香水

### 第五名：保赐利

广州保赐利化工有限公司是一家致力于高科技领域的气雾剂及膏状罐装环保精细化工产品制造与销售的外商独资企业。公司成立于2000年7月，位于广州从化经济技术开发区，拥有世界领先水平的英国KP、意大利COSTER等专业气雾剂全自动罐装线，及法国KALIX、日本美之贺等专业膏状体专业罐装生产线，以国际先进的生产工艺，通过ISO9001质量体系的严格认证，专业生产各类精细化工产品，具备日产20万罐合格品的庞大生产能力，如图4-3-8所示。

（a）保赐利香水样品　　（b）保赐利香水样品

图 4-3-8　保赐利香水

### 第六名：埃迪

2005年埃迪（中国）倾力打造限量版的时尚经典——“多兰1937”。她源自20世纪30年代的法国时尚之都，是上流阶层的代表。金属质感的瓶身，中部配上金色绳线强调对比，尽显奢华。晶莹钻饰的点缀，流露出绅士般的温柔和浪漫。精雕细琢的神话浮雕，全部由24K金镀成，造像彰显20世纪30年代追求极致华贵的皇室风格，如图4-3-9所示。

（a）埃迪香水样品　　（b）埃迪香水样品

图 4-3-9　埃迪香水

### 第七名：豪特

北京三木石商贸中心，1990年在北京成立，凭借“领先、务实、诚信、和谐、共赢”的企业文化立足于业内。截至2008年，历时18年的时间，完成了从单一业务企业向集团化企业的蜕变。现北京三木石商贸中心以一个全新的面貌，携下属企业：北京红豪特商贸有限公司、上海瑞戴斯有限责任公司、北京德召文软件科技有限公司三大分公司，秉承“利、规、道”的企业管理方针，坚持“人的一生先做好一件事，再将这件事形成模式并复制创新”的经营理念，其豪特香水，如图4-3-10所示。

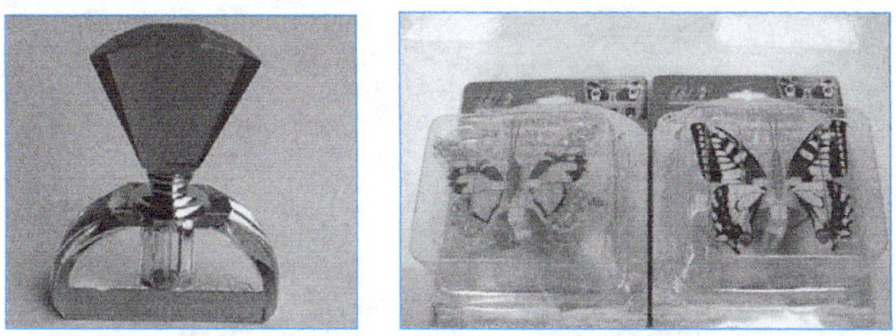

（a）豪特香水样品　　（b）豪特香水样品

图 4-3-10　豪特香水

### 第八名：莫奈印象

“莫奈印象”系列精品汽车香水是由法国进口纯天然植物精油，采用国际先进技术，为中国人量身定做的国际品牌。它可以清除车内异味、杀菌保洁、清馨可人，使人头脑清醒、保持镇定，减少事故的发生率。其香水座优美精致，是一种流动的艺术品，能活跃车内气氛，提高驾驶乐趣，如图4-3-11所示。

（a）莫奈印象香水样品　　（b）莫奈印象香水样品

图 4-3-11　莫奈印象香水

### 第九名：车博士

深圳市好利时汽车用品发展有限公司成立于1992年，座落于深圳宝安繁华地段，邻近宝安汽车站、宝安广场、都之都大酒店，占地面积3000多平方米，是深圳市首家大型的汽车用品仓储商场，主营业务以汽车用品批发、零售、汽车专业美容护理、汽车维修保养等，是全优“一站式”汽车用品销售及汽车服务连锁店，其车博士香水如图4-3-12所示。

（a）车博士香水样品

（b）车博士香水样品

图 4-3-12　车博士香水

### 第十名：巴洛克

巴洛克汽车香水，均为法国调香大师的经典杰作。采用香水香味的头调、中调、尾调，展现出香水的美。头调：绝对的清新气息，让亮丽的葡萄柚、快乐的香柠檬和甜美的橙子成为主角。中调：细腻又亮丽，花和美味的果随着音符而跳动，小苍兰、铃兰、何花、菠萝、西瓜和石榴汁的混合。尾调：低调演绎性感，延续着檀香和白麝香留下的细腻感触。巴洛克香水如图4-3-13所示。

（a）巴洛克香水样品

（b）巴洛克香水样品

图 4-3-13　巴洛克香水

（2）摄像头。

定义：摄像头又称为电脑相机、电脑眼等，是一种视频输入设备，如图4-3-14所示。

（a）车用摄像头安装位置

（b）摄像头样品

图 4-3-14　摄像头

（3）汽车坐垫。

亚麻坐垫：亚麻纤维具有吸湿、放湿快、透气、防静电、散热性好等优点，使人体的实感温度比其他纤维低3℃～4℃，有“天然空调”之美誉，如图4-3-15所示。

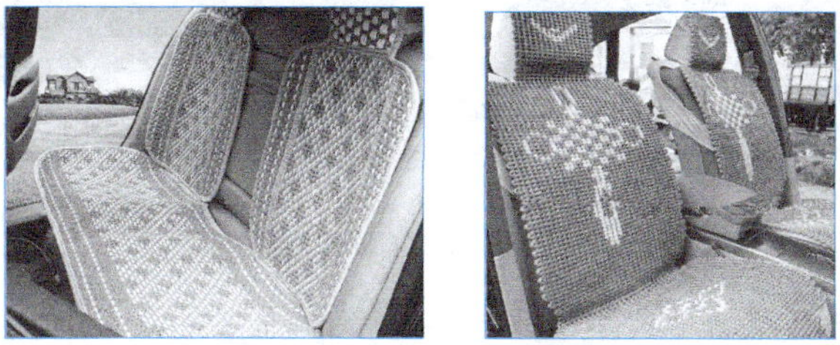

（a）后排亚麻坐垫　　（b）前排亚麻坐垫

图 4-3-15　亚麻坐垫

冰丝坐垫：冰丝是由天然棉皮经科学提炼而成，具有透气性能好，自动调湿，日照升温慢等特点。冰丝凉垫的使用感觉同亚麻凉垫很相，如图4-3-16所示。

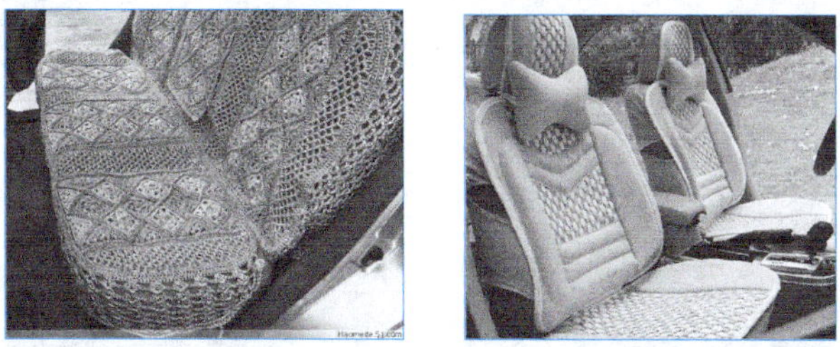

（a）后排冰丝坐垫　　（b）前排冰丝坐垫

图 4-3-16　冰丝坐垫

维卡坐垫：维卡是高分子材料，属于纤维的一种。它是以棉短绒为具有柔软的手感，具有良好的光洁度、良好的悬垂性、吸湿透气性好和耐磨性强等优良特性，如图4-3-17所示。

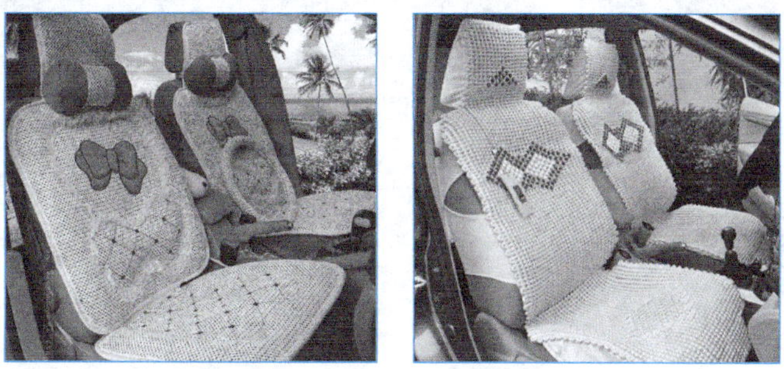

（a）前排维卡坐垫　　（b）前排维卡坐垫

图 4-3-17　维卡坐垫

（4）汽车脚垫。汽车脚垫是集吸水、吸尘、去污、隔音、保护主地毯5大主要功能为一体的一种环保汽车内饰零部件。

吸水、吸尘、去污可以有效防止鞋底残留的水分、脏物造成与离合器、刹车和油门间的滑动，汽车脚垫的分类如下。

①按功能分类，分为专车专用型脚垫和通用型脚垫，如图4-3-18所示。

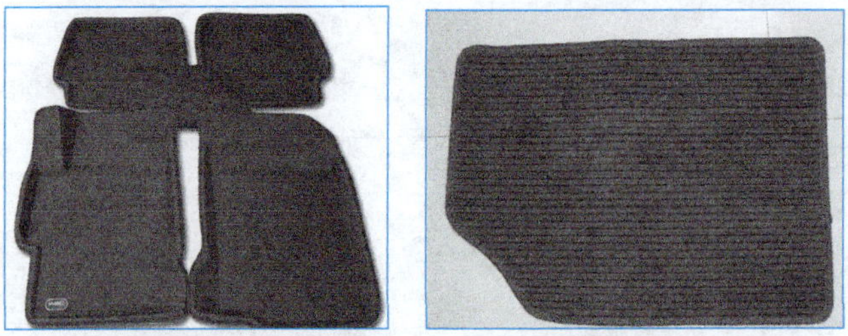

（a）专车专用型脚垫　　　（b）通用型脚垫

图 4-3-18　专车专用型脚垫和通用型脚垫

②按形状分类，分为平面脚垫和立体脚垫，如图4-3-19所示。

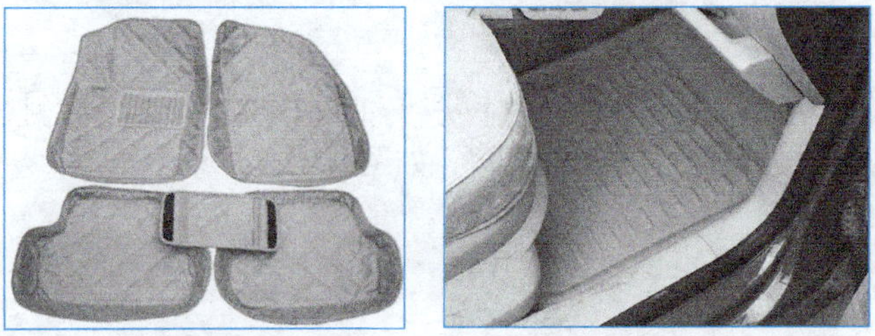

（a）平面脚垫　　　（b）立体脚垫

图 4-3-19　平面脚垫和立体脚垫

③按工艺分类，分为手工脚垫、机器编织脚垫和机器注塑脚垫，如图4-3-20所示。

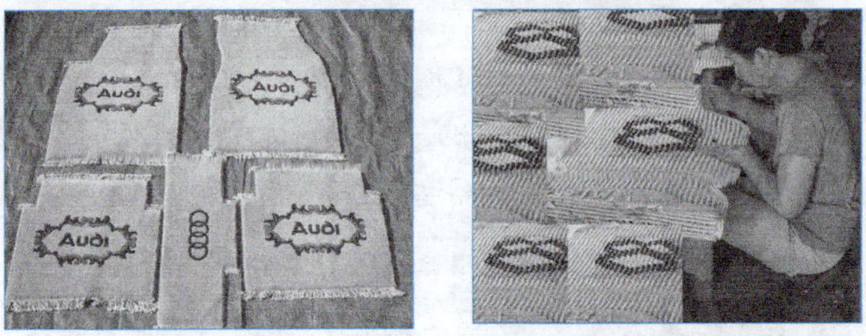


（a）手工脚垫　　　（b）手工脚垫

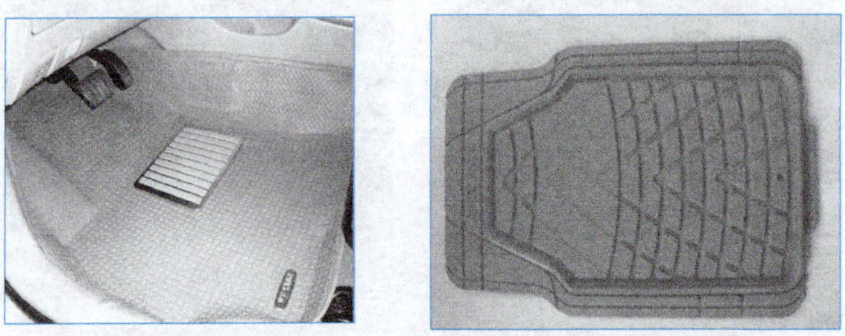

（c）机器编织脚垫　　　（d）机器注塑脚垫

图 4-3-20　手工脚垫、机器编织脚垫和机器注塑脚垫

④按材质分类，分为化纤脚垫、亚麻脚垫、PVC脚垫、橡胶脚垫、呢绒脚垫、皮革脚垫等。

（5）汽车方向盘套。

装饰和美观的作用：可以根据车的内饰进行选择，起到装饰作用。

保护原车方向盘：可以保护原车方向盘不被污损和摩擦，同时可以保护原车的方向盘不被阳光中的紫外线照射而产生老化。

增加驾驶安全性：原车方向盘一般比较光滑，摩擦系数较小，容易打滑，尤其是手出汗的时候。所以选用一款好的方向套，不但手感舒适，而且可以防止因手打滑而产生不良后果，增加驾驶的反应灵敏度和安全性，如图4-3-21所示。

（a）安装在东风日产的汽车方向盘套　（b）安装在通用别克的汽车方向盘套

图 4-3-21　汽车方向盘套

（6）汽车电子狗。

电子狗的概念：许多人习惯上将所有的反测速产品统称为电子狗，这种产品现在一般叫反测速雷达，产品包装上写的是安全驾驶仪或雷达警示器。

电子狗的作用：作用是提前提醒车主电子眼或测速雷达的存在，可防止因为超速或违规而被罚款和扣分，让驾驶者有防备地尽享驾驶乐趣，又叫安全驾驶提醒仪，至今法律上没有禁止或允许的界定。

下面介绍电子狗的十大品牌。

### 第一名：凌速

东莞市凌速电子科技有限公司，简称凌速电子、凌速，公司成立于2000年3月，涉及产业有GPS导航设备、汽车安全行驶语音提示器及汽车内外装饰系列产品等汽车电子用品领域，集科研、生产、销售于一体的公司。凌速电子狗如图4-3-22所示。

图 4-3-22　凌速电子狗

### 第二名：征服者

台湾瑞忆科技2011年6月12日以公司本名，“厦门瑞忆科技有限公司”在厦门正式挂牌成立。原大陆子公司东太利（厦门）电子有限公司不变，仍为瑞忆集团所投资产业之一。征服者电子狗如图4-3-23所示。

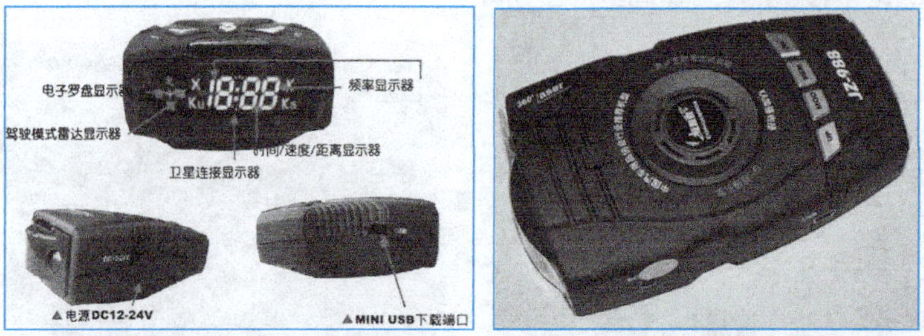


（a）显示器　　（b）电子狗正面

图 4-3-23　征服者电子狗

## 第三名：E导游

深圳市卓越创通科技有限公司是一家致力于GPS导航定位产品与驾驶安全预警系统于一体的高科技企业，公司位于深圳市宝安区高新技术产业园，现有GPS导航仪、雷达安全预警等系列产品。卓越创通与众多国际知名汽车电子企业的战略合作，使公司能够迅速掌握和了解全球同步的高精尖技术资源，以“科技创造精彩”为核心理念，不断实现技术突破与产品创新。E导游电子狗如图4-3-24所示。

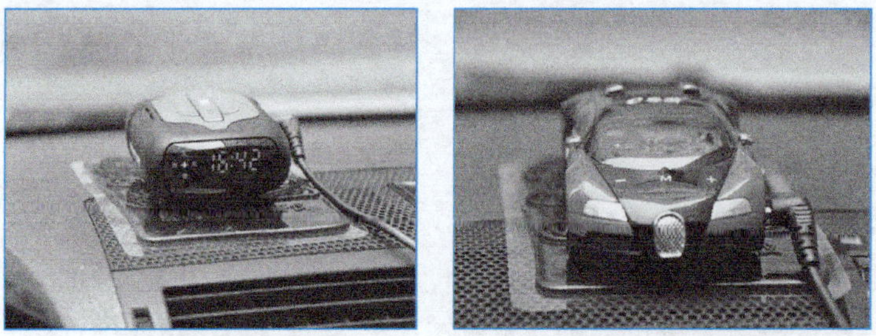

（a）E 导游仪表台排放式　　（b）E 导游汽车款式

图 4-3-24　E 导游电子狗

## 第四名：任我游

“任我游汽车导航”将高品质的导航世界容纳于轻巧机身内，流线型轻薄造型，专业设计理念，无按键触控式人性界面，高感定位路径规划，透射高清屏显，DSA驾驶安全预警，VCO全频段高感流动测速预警，3D路口实景放大图，实用资讯，影音娱乐，Google Earth网络互动导航等强大功能……细节之间彰显便携式GPS汽车导航仪的国际风尚潮流。任我游电子狗如图4-3-25所示。

（a）任我游仪表台排放式　　（b）任我游汽车款式

图 4-3-25　任我游电子狗

### 第五名：纽曼

纽曼数码科技有限公司，是一家集研发、制造、销售、服务为一体的高新技术企业。公司创建以来，坚持并发扬以“两个目标、四剑八和、十字精神”为核心的纽曼企业文化，使公司得以持续、健康、和谐的发展，迅速成长为中国数码行业的旗舰企业。纽曼电子狗如图4-3-26所示。

（a）纽曼电子狗　　（b）纽曼电子狗显示器

图 4-3-26　纽曼电子狗

### 第六名：华锋

香港华锋实业有限公司成立于2005年，是一家集研发、制造、销售、售后于一体的高新技术企业。公司主要生产华锋E路航GPS全球卫星导航仪、UMPC、MID移动网络终端以及电子预警仪等驾驶安全系列产品。其中“华锋E路航eroda”为公司独有注册商标，是国内GPS行业知名品牌。华锋电子狗如图4-3-27所示。

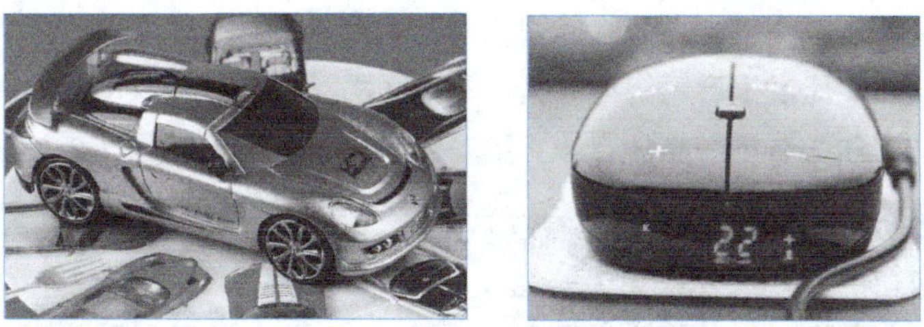

（a）华锋汽车款式　　（b）华锋仪表台排放式

图 4-3-27　华锋电子狗

### 第七名：中恒

中恒兴业科技集团成立于1994年，多年来致力于数码技术、能源技术等人本科技开发及应用。集团旗下拥有中恒兴业视频、中恒讯视科技、金中恒科技、数码驿站连锁零售、深圳科研所等多家全资子公司。主营业务包括国家重点科研项目开发、专业存储设备、专业音视频处理，以及消费电子类产品的生产、研发、销售。中恒电子狗如图4-3-28所示。

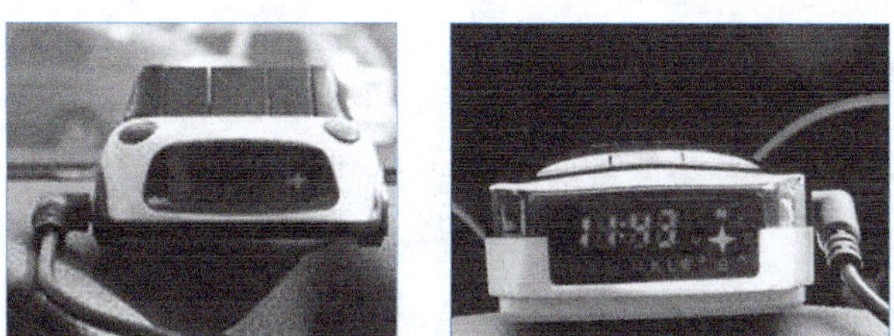

（a）中恒仪表台排放式　　（b）中恒仪表前型

图4-3-28　中恒电子狗

## 第八名：优路特

优路特品牌创建于2007年，专注于GPS领域，将“导航就是优路特”作为品牌的深度诠释，并于2011年起开始切入平板电脑。优路特立志为用户提供高品质的产品解决方案，为合作客户量身定制顺应市场需要求的产品，实现用户、品牌、合作伙伴的多赢形势。优路特汇聚了业内顶尖的技术人员，为其提供了创建性产品，实行了品牌价值。优路特电子狗如图4-3-29所示。

（a）优路特汽车款式

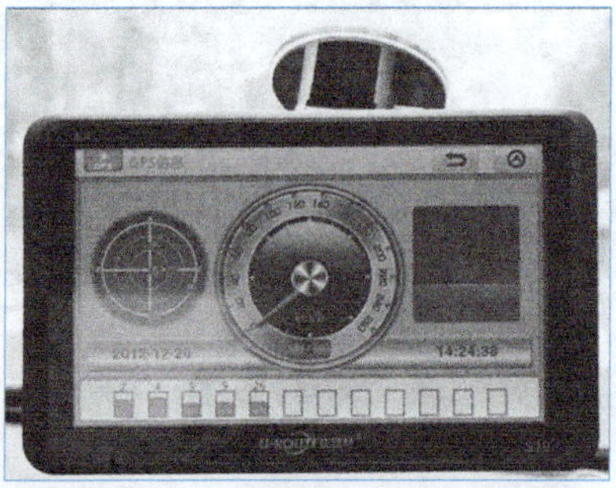

（b）优路特吸在玻璃上的显示器

图 4-3-29　优路特电子狗

## 第九名：万利达

万利达集团有限公司创立于1984年，是以研发、制造及销售电子信息产品为主的国家重点高新技术企业，得益于多年来技术的创新与资源的积累，无论在消费电子还是IT领域，万利达都有着业界领先的优势。公司自主研发生产笔记本电脑、高清互联网DVD、电脑电视一体机、GPS导航仪、移动DVD、手机、点读机等各类产品数百种，年产量近千万台。万利达电子狗如图4-3-30所示。

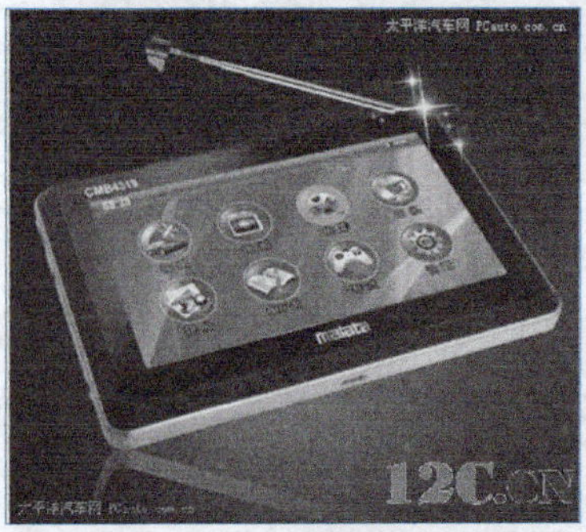

（a）万利达吸在玻璃上的显示器

（b）万利达汽车款式

图4-3-30　万利达电子狗

## 第十名：善领

善领科技有限公司是中国首家集车载GPS导航系统和驾驶安全预警系统（Driving Safety Alerting & Navigation System,DSA）为一体，善领科技有限公司兼容多种解决方案的电子导航平台供应商及服务商。善领电子狗如图4-3-31所示。

（a）善领汽车款式

（b）善领香水型

图 4-3-31　善领电子狗

（7）倒车雷达。倒车雷达是指汽车停车、倒车时的安全辅助装置，能以声音或者图像告知驾驶员周围障碍物的情况，解除了驾驶员停车、倒车和起动车辆时前后左右探视所引起的困扰，并帮助驾驶员扫除了视野死角和视线模糊的缺陷，提高了驾驶的安全性。

下面介绍倒车雷达的五大牌子。

### 第一名：元润倒车雷达

采用美国智能芯片设计，防震防潮性能都比较好，尤其是低耗能设计，受到了同行和消费者的好评，主要适合上海通用品牌各类车型，如图4-3-32所示。

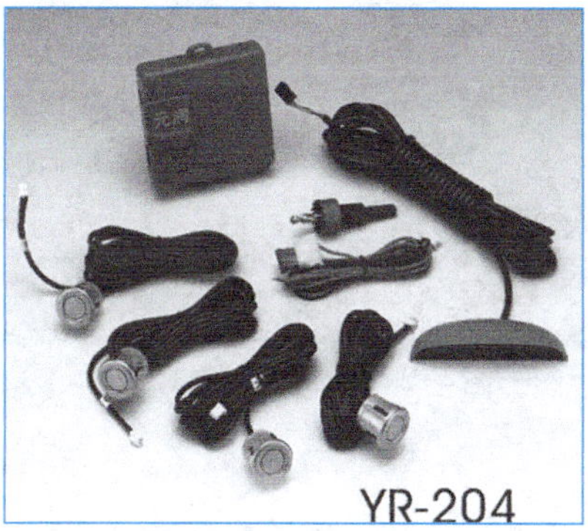


图 4-3-32　元润倒车雷达

### 第二名：英智倒车雷达

由微电脑智能控制，能够精确的显示障碍物距离、分辨障碍物位置，还具有超强抗电磁干扰功能，并配备真人语音提示，主要适合于大众、宝马、奥迪等高端车型，如图4-3-33所示。

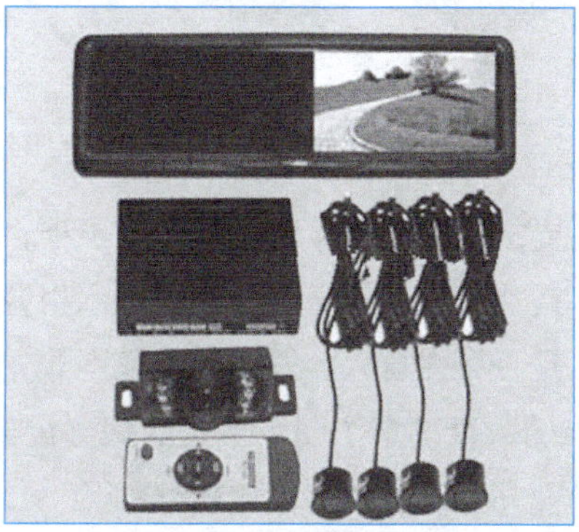

图 4-3-33　英智倒车雷达

## 第三名：艾奇亚倒车雷达

最远接收距离达到1 600m，配有停车倒计时系统，能够遥控指挥，主要适合雪佛兰、起亚、君威、高尔夫、悦动、标致等多款车型，如图4-3-34所示。

图 4-3-34　艾奇亚倒车雷达

## 第四名：永泰和倒车雷达

配有真人语音提示，抗干扰性比较强，配备倒车自动启动系统，省电节能，主要适合于雅阁、polo、奥迪、丰田、宝辰、阿斯顿马丁、飞度、别克等各种车型，如图4-3-35所示。

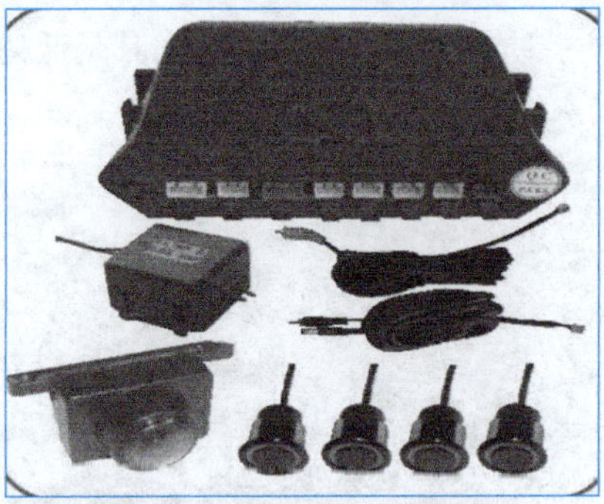

图 4-3-35　永泰和倒车雷达

## 第五名：晶钻倒车雷达

配有 2 ~ 4 个超声波探头，多彩LED屏，能够净精准分别障碍物，配备紧急报警、启动锁选择等多种功能，主要适合于比亚迪、奔驰、保时捷、宾利、宝骏等车型，如图4-3-36所示。

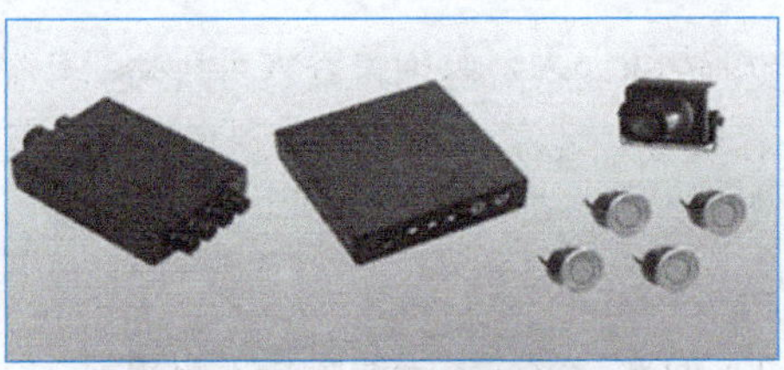

图 4-3-36　晶钻倒车雷达

了解了倒车雷达的品牌，还要把握购买倒车雷达的注意事项，以下是专家给出的建议。

一看功能，功能齐全的倒车雷达应该距离显示、声音提示报警、方位指示等功能。

二看性能，主要从灵敏度、是否存在盲区、探测距离范围等方面来考核。

三看探头，通常而言，探头的数量决定了倒车雷达的探测覆盖能力，目前市面上有2探头、3探头、4探头、6探头及8探头雷达，6个以上的算是比较好的。

四看款式，选择探头的颜色应与车身颜色相符。

五看服务，建议大家选择保修期一年以上的倒车雷达。

倒车雷达的组成：超声波传感器、控制器、显示器。

超声波传感器：对车后部的障碍物信息进行捕捉，并发送给智能控制盒进行处理。体积非常小，一般安装在车尾，如图4-3-37所示。

控制器：对车后部的影像进行捕捉，并发送到显示设备进行显示。体积较小，一般安装在车尾，如图4-3-38所示。

显示器：显示车辆与障碍物的距离或者车后影像。一般安装在后视镜上或者其他显眼位置，如图4-3-39所示。

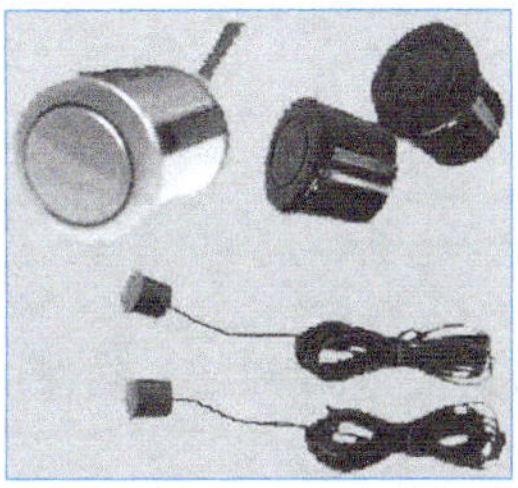
图 4-3-37　超声波传感器

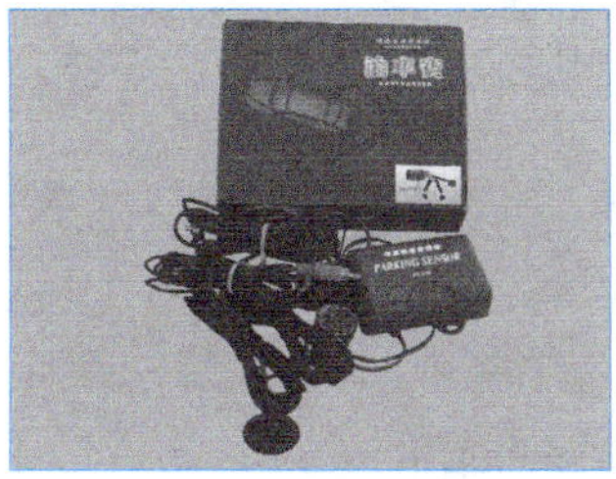
图 4-3-38　控制器

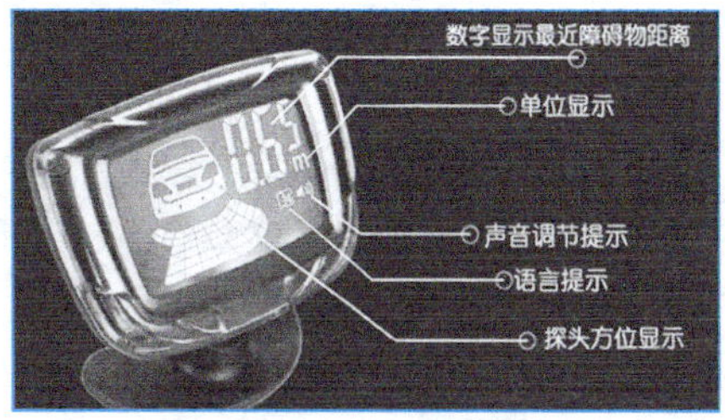

图 4-3-39　显示器

倒车雷达的原理：超声波发射器向某一方向发射超声波，在发射时刻的同时开始计时，超声波在空气中传播，途中碰到障碍物就立即返回来，超声波接收器收到反射波就立即停止计时，如图4-3-40所示。超声波在空气中的传播速度为340m/s，根据计时器记录的时间$t$，就可以计算出发射点距障碍物的距离（$s$），即$s$=340$t$/2。

（8）汽车防盗器。汽车防盗器是指为了增加汽车的安全性，防止被盗或者被损坏而加装的物理设备或者电子设备。通常所说的都是电子设备。

汽车防盗器可分为机械式和电子式两种。机械式正在逐渐被淘汰。目前流行的是电子防盗器，主要由脉冲转发器、识读线圈、防盗器控制单元和发动机控制单元等组成，如图4-3-41所示。

防盗系统工作原理：以“铁将军”为代表的电子防盗器也是有一个集成芯片，在未开锁情况下门被非法打开，或者踩刹车，系统触发防盗，自动控制声光报警、断火停油……集成芯片中设计了若干个“门”，其中任何一个“门”被触发打开，就会输出一个高电位给驱动电路，再给执行机构，执行机构可以是继电器，也可以是可控硅、功率三极管等。例如三极管导通后，可以给报警电路上电，通过电线连到汽车前盖里的小喇叭上，使报警发声。

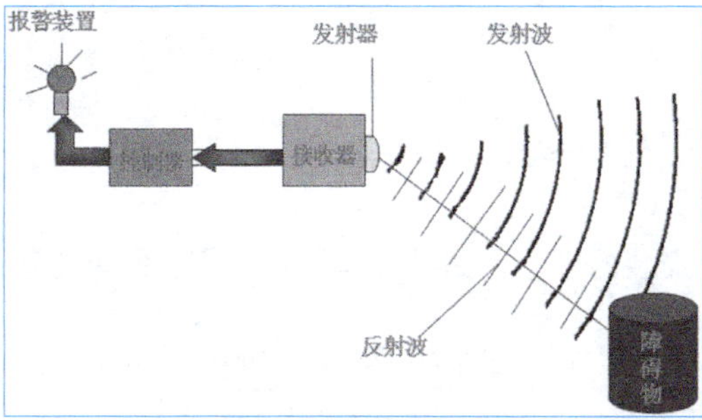

图 4-3-40　倒车雷达的原理图

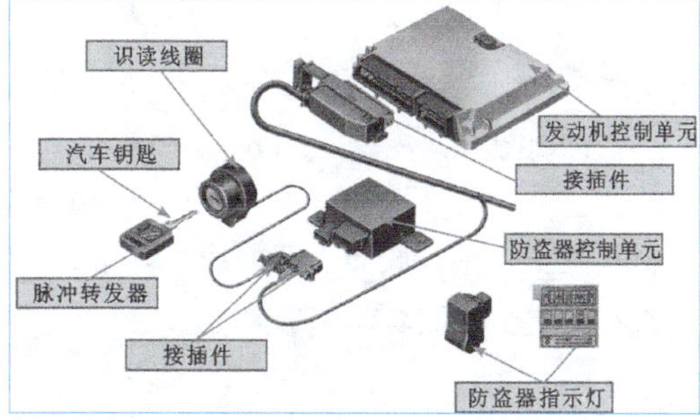

图 4-3-41　汽车防盗器组成图

## 二、人员配备

### 1. 精品销售

人员需求：1人。

工作任务：引导客户购买精品，特别是电子狗、汽车防盗、倒车雷达等的推销。

仪表要求：

（1）面部：整洁，无油腻，化职业淡妆。

（2）头发：经常清洗、修剪，梳理整齐，保持干净。

（3）口腔卫生：注意生活卫生，保持口中无异味。

（4）服装：按照规范穿着公司精品销售服装，要求干净、平整。

### 2. 精品安装

人员需求：2人，其中大工1 人，小工1人。

工作任务：将客户需要安装的精品按正确的工序进行安装，并且安装后要进行调试，确保所安装精品工作可靠、功能齐全，然后才把车交回车主。

仪表要求：

（1）面部：整洁，无油腻，不留胡须。

（2）头发：经常清洗、修剪，梳理整齐，保持干净，头发不得超过耳际，不过领，禁止剃光头、染发，不留奇异发型。

（3）口腔卫生：上班不饮酒，注意生活卫生，保持口中无异味。

（4）服装：按照规范穿着公司统一工作服装，要求干净、平整、扣齐所有纽扣、衣领无汗迹，衣袖及裤脚不得翻转、挽起。

## 三、工具配备

工具配备：剥线钳、测电笔（12～24V）、螺丝刀（十字、一字）、工具刀，以及一些不同规格的十字改锥、剥线钳、内梅花、内六角、剪钳等（具体视车型而定），如图4-3-42所示。

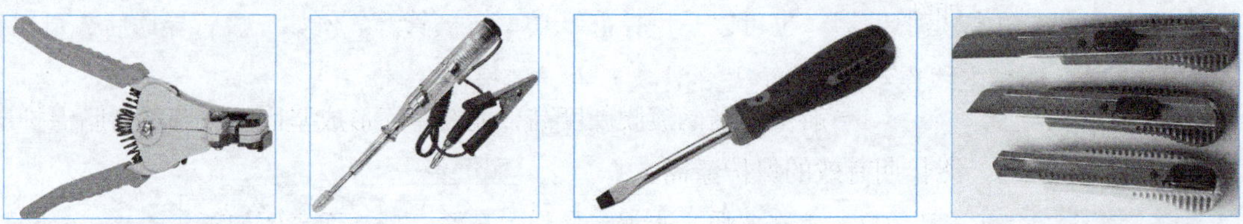

（a）剥线钳　（b）测电笔　（c）螺丝刀　（d）工具刀

图4-3-42　工具

材料配备：绝缘胶布、双面胶、扎带，及需要安装的精品，如某种电子狗一套、倒车雷达一套、汽车防盗，如图4-3-43所示。

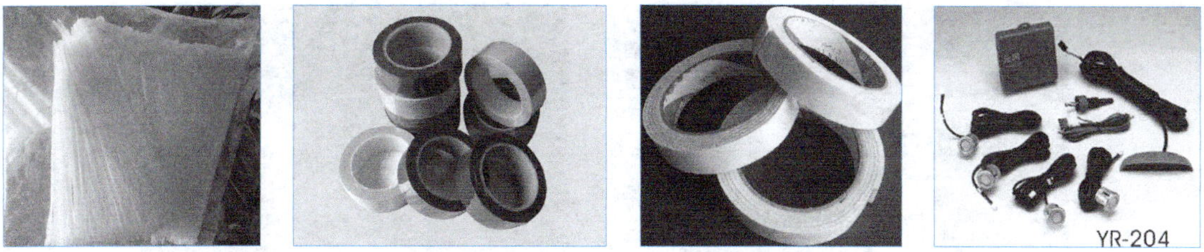


（a）扎带　（b）绝缘胶布　（c）双面胶　（d）汽车防盗

图 4-3-43　材料

# 四、操作流程

## 1. 汽车防盗的安装流程

（1）引导施工车辆进入施工区位。

（2）注意拉好手刹，熄灭引擎并拔掉钥匙。

（3）安装前应认真检查汽车的电路有无损坏，并由客户签字确认。

（4）用试电笔查找相关线路，并正确连接。

（5）安装系统配线时，+12V电源线必须最后安装，安装时需拔下保险。

（6）防盗器主机固定好，防止车辆行驶中松动出现异响。

（7）紧急解除开关必须隐藏在车厢隐避处，严禁外露。

（8）安装报警喇叭时，喇叭口应朝下，防止进水损坏。

（9）保证线路连接牢靠，绝缘性能好。

（10）安装完毕后，应逐项检查各项功能，并培训车主熟练使用。

（11）签字确认后交车。

（12）施工完毕后，立即清理现场。

## 2. 安装汽车防盗操作过程

（1）在安装前确认原车是否有中控锁。如有，判断它是哪种触发形式。在安装防盗器的时候就可按照“安装电路图”中的“中控锁接线图”进行接线。注意，若判断不定，则按照“中控锁接线图”中的正负触发进行连接，确保中控锁正常工作。如没有，则需加装中控锁，如图4-3-44所示。

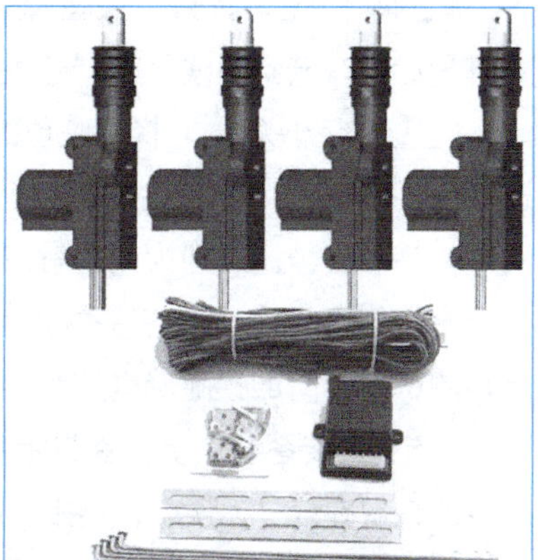

图 4-3-44　中控锁接线

（2）确定安装位置。拆下仪表台下端装饰板，确定车内系统主机、防盗主机、天线和咪头等部件的安装位置（一定要达到安装补充说明的距离要求），注意防尘、防水。为分配接线打好基础，如图4-3-45所示。

（3）查线、接线、线路布置，如图4-3-46所示。

查线：查出安装电路图中所需连接的线路。

分布线路：分布线路时导线应尽量隐蔽、美观，接点到主机之间的距离要预留稍长一些。

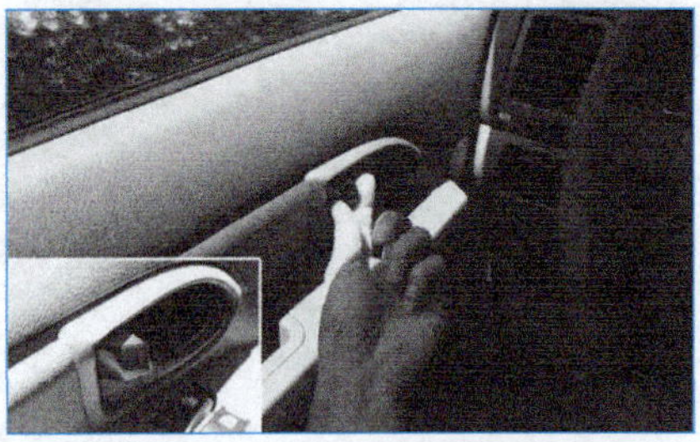

图 4-3-45　确定安装位置

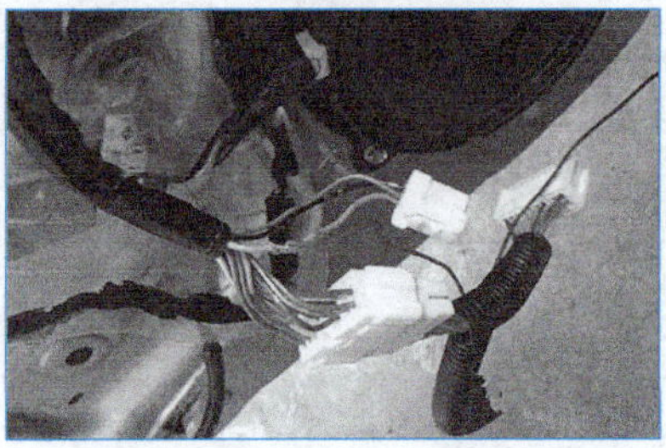

图 4-3-46　查线、接线、线路布置

接线：每测出一根线路，在确保无误的前提下连接一根，避免接错。

接线的要求：接头连接紧密，避免虚接，用绝缘胶布包好。此工序是整个安装过程中最重要的一步。如果连线接错，轻则防盗器无法使用，重则烧毁车内的元器件，使车辆无法正常使用，甚至酿成火灾。

（4）查线方法。连接本防盗器需要查出车内的线路有如下几条：正电、ACC、锁头ON线、转向灯线、脚刹开关线、门边触点开关线、中控锁信号线，如图4-3-47所示。

图 4-3-47　连接防盗器

正电：拔出钥匙，用电笔一端搭铁，另一端在锁头引线上测试。电笔指示灯常亮的便是正电。

ACC线：将锁头钥匙打到ACC处，用电笔在锁头引线上测试，电笔指示灯亮，钥匙关掉后，指示灯灭，此根连线即为ACC线。

锁头ON线：将锁头钥匙打到ON处，用电笔在锁头引线上测试，电笔指示灯亮，然后起动发动机，会发现电笔指示灯，会明显的灭一下，然后又亮起来。将此跟线断掉，发动机熄火，此根连线即为ON线。

转向灯线：把钥匙打到ON挡，打开某一转向灯开关。然后用电笔在转向灯开关下的线束上查找（有少量车型需在保险盒附近查找），如果电笔指示灯随着转向灯开和关一亮一灭，此线即为转向灯线，同理查找另一根转向灯线。

脚刹开关线：此线一般在脚刹上方的触点开关处可查到。一根为常通的正电，另一根为在踩下脚刹后才有电到的线是脚刹开关线。

门边触点开关线：将驾驶位的门打开，其他门关闭。电笔夹子端接车内正电，另一端测试门边开关的线束。用手按住门边的触点，一开一关。随着门边触点的开关，电笔指示灯和车内的照明灯一亮一灭，此线即为门边触点线。

中控锁信号线：电笔一端接地，另一端测试线束中的线路（线束一般在驾驶位门边附近），反复测试，四门的锁随着电笔指示等的亮和灭，一开一关，即为信号线。

（5）安装系统主机。在以上所有线路连接完成后，按照安装接线图最后确认，无误后，连接系统负电（搭铁线）。此线最好自己找一搭铁螺丝连接。所有线束包扎完毕，将系统主机和防盗主机连接。将准备好的电话卡插入系统主机的插槽，打开SIM卡内置的电源开关，如图4-3-48所示。

图 4-3-48　安装系统主机

（6）测试。先利用手机或座机按照说明书的电话操作内容对系统主机的电话操作进行设置：设置报警电话、紧急报警电话。然后进行测试，将所有功能演示一遍，确认无误后，将所有系统部件固定在车内隐蔽处，还原所拆的汽车内饰件。最后再进行整机测试，无误后，完成安装过程。

注意事项：

（1）安装前，先将线全部接上，自检的线线路正确无误后，再分别把电源、震动器、LED灯插上主机，主机及震动感应器的位置应避免音响喇叭等高磁场的地方。

（2）固定主机、震动感应器的位置注意该位是否有高温产生的电器部位以及还要注意防水（漏水）。

（3）防盗器装的好与不好，反映在查找车线是否正确，接线质量是否过关等方面。线的查找必须正确，线不能虚接，不该搭铁的地方不能搭铁，搭铁的地方必须搭实。接线处必须紧固、绝缘，否则极易造成烧毁防盗器主机，或烧损车辆电路的严重后果。安装时，认为防盗器主机、遥控器或其他元件有问题时，请将有问题主机元件原封不动地退回经销商，任何单位或个人，请勿擅自拆卸主机、遥控器等任何元件。

### 3. 汽车倒车雷达安装流程

（1）检查后保险杆内部构造情况，是否有阻挡物，如车架大梁、撞击缓冲泡沫块等，尽量避开此类位置。

（2）以后保险杆两端轮眉间距离为总量，度量并标出4个探头的准确位置，4个探头的间距要均等，且在同一水平线上，中间有牌照时对称在两边分布，安装面弧度不易过大。

（3）用配套的专用钻头沿标记处开孔，并将孔修理平滑，按探头编号从左至右依次装入，注意探头上下方向及角度。

（4）拆开后备箱左侧内衬板及左尾灯，安装固定倒车雷达主控制器，电源信号线接往倒车灯线。

（5）理顺固定保险杆内探头连线，并上穿至后备箱左侧处。

（6）根据车主用车习惯找雷达显示器的固定位置，一般在左侧A柱下方。

（7）将显示器信号线沿左侧门边压条下方或地胶垫下，排到后备箱左侧处，依顺序把显示器及探头插头接往主控制器。

（8）挂入倒挡测试雷达工作状况，确定各探头及显示器式作正常。

（9）装回车辆尾灯及内衬板。

### 4. 下面以铁将军3900倒车雷达安装操作步骤为例，如图4-3-49所示。

（a）铁将军倒车雷达　　（b）包装盒里的钻头

图4-3-49　铁将军3900倒车雷达

（1）量尺寸，画线，如图4-3-50所示。

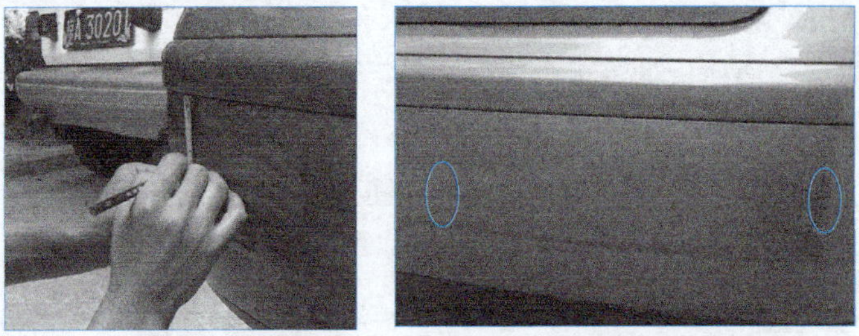

（a）量尺寸　　（b）画线

图 4-3-50　量尺寸及划线

（2）用电动钻钻孔，如图4-3-51所示。

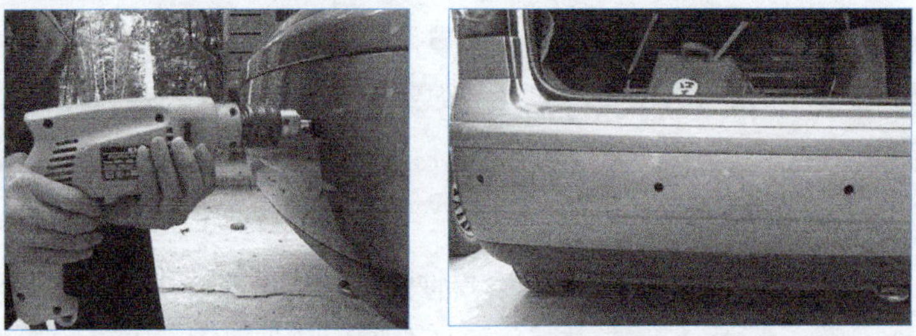

（a）用电动钻钻孔　　（b）钻孔完成

图 4-3-51　钻孔

（3）安装探头，布线，如图4-3-52所示。

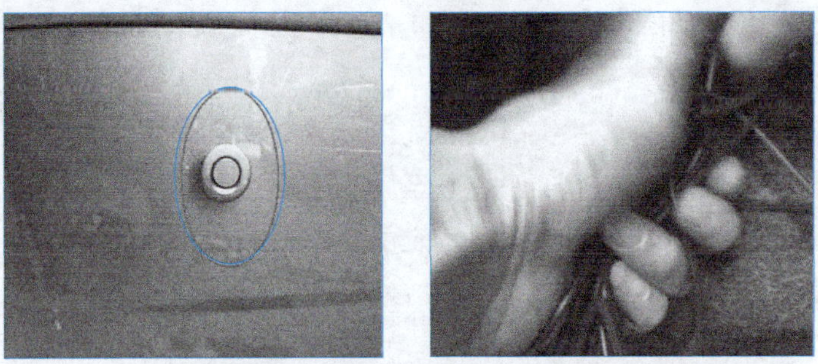

（a）安装探头　　（b）布线

图 4-3-52　安装探头及布线

（4）接倒车灯火线，布线，如图4-3-53所示。

（a）接倒车灯火线　　（b）布线

图 4-3-53　接倒车灯火线及布线

（5）接地线，如图4-3-54所示。

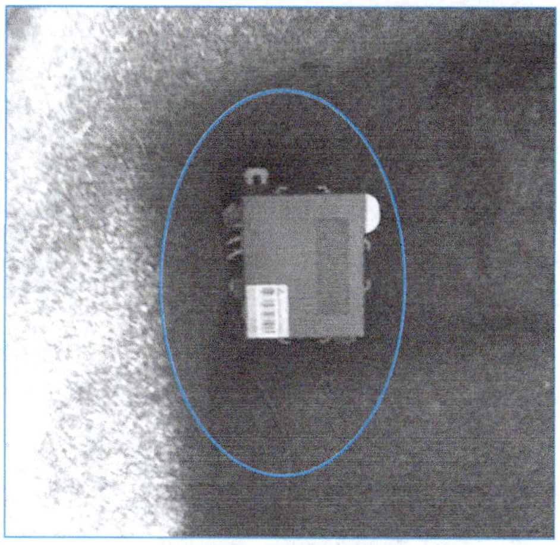

图 4-3-54　接地线

（6）将铁将军接线盒装入行李箱，如图4-3-55所示。

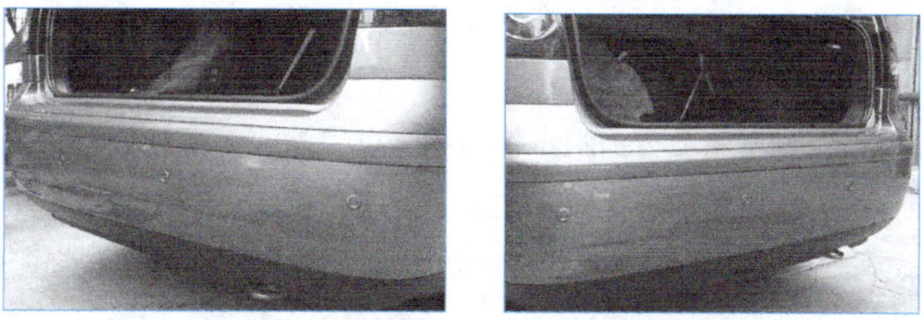

（a）将铁将军接线盒装入行李箱　　（b）摆放好行李箱地板垫

图 4-3-55　将铁将军接线盒装入行李箱

（7）将屏幕放到工作台上，安装完毕，如图4-3-56所示。

图 4-3-56　将屏幕放到工作台上

倒车雷达安装注意事项如下。

（1）要考虑雷达显示器和传感器安装后的美观与整车的协调性。

（2）大多数倒车雷达的探测范围在0.4～1.5m，有的甚至可以达到0.35～2.5m，探测范围越宽，在倒车时能越早的监测到目标。

## 五、检验标准

### 1. 倒车雷达检验标准

倒车雷达安装完成后，可将挡位挂入倒车挡，先检查倒车雷达是否自动通电，在倒车雷达通电工作的状态下，看是否有出现车后无障碍物而显示器有显示或蜂鸣器有提示的现象，如果有此现象说明探头安装工艺不当或者电磁干扰太大，应查明原因将其排除。可选取一定的物品作为障碍物，慢慢进入倒车雷达感测区域，检验倒车雷达的功能和可靠性、准确性等，也可以采取小心倒车进行实际模拟检验。

### 2. 汽车防盗检验标准

汽车防盗器安装好后，操控遥控器开门键时，如果中控门锁能让车门打开，则完好。操控遥控器锁门键时，如非法打开车门，防盗报警器能响起，同时车门不能非法打开，则完好。

## 【小结】

（1）汽车精品的概念：汽车精品是汽车文化的延伸，是汽车品牌传播的工具，是汽车行业中不可缺少的一部分。

（2）汽车精品分类：汽车精品分为汽车礼品和汽车用品两大类。

（3）电子狗的作用：作用是提前提醒车主电子眼或测速雷达的存在，可防止因为超速或违规而被罚款和扣分，让驾驶者有防备的尽享驾驶乐趣。电子狗又叫安全驾驶提醒仪，至今法律上没有禁止或允许的界定。

（4）倒车雷达的组成：超声波传感器、控制器、显示器。

（5）汽车防盗器可分为机械式和电子式两种。机械式正在逐渐被淘汰。电子防盗器主要由脉冲转发器、识读线圈、防盗器控制单元和发动机控制单元等组成。

## 【课后练习】

### 1. 填空题

（1）______是汽车文化的延伸、是汽车品牌传播的工具、是汽车行业中不可缺少的一部分。

（2）汽车精品分为________和________两大类。

（3）汽车香水的组成：香水、________、________、香水垫。

（4）亚麻纤维具有吸湿、________、透气、________、散热性好等优点。

（5）________是指汽车停车、倒车时的安全辅助装置，能以声音或者图像告知驾驶员周围障碍物的情况。

（6）倒车雷达的组成有________、控制器、显示器。

（7）目前流行的是电子防盗器，主要由脉冲转发器、________、________和发动机控制单元等组成。

## 2. 看图题

（1）量尺寸，画线。

（2）用电动钻钻孔。

## 3. 问答题

（1）请简述防盗系统工作原理。

（2）请简述倒车雷达的原理。

（3）超声波传感器作用是什么？

（4）安装汽车防盗有哪些注意事项？

（5）汽车倒车雷达安装有哪些注意事项？